Arbeiten und Lernen mit diesem Buch

Wesentliche Inhalte und Anliegen

Das Projekt-Seminar zur **Studien- und Berufsorientierung (P-Seminar)**, das Sie gezielt auf die Anforderungen von Hochschule und moderner Arbeitswelt vorbereitet, findet in der Qualifikationsphase der Oberstufe statt. In diesem Seminar stehen die Vermittlung von **Methoden-, Sozial- und Selbstkompetenzen** sowie eine **selbstständige** und **fächerübergreifende Arbeitsweise** im Vordergrund, die in unserer vernetzten modernen Arbeitswelt vorausgesetzt werden.

Heutzutage ist das **Gymnasium offen** für Partner aus Unternehmen, Hochschulen, öffentlichen und sozialen Einrichtungen u. a. Eine Zusammenarbeit mit externen Partnern erfolgt dabei sowohl beim Modul allgemeine Studien- und Berufsorientierung als auch insbesondere beim anwendungsbezogenen Modul Projektarbeit. Im P-Seminar schlägt sich dies z. B. in Wirklichkeitsnähe, Praxisbezug und Aktualität nieder. An verschiedenen Stellen des Buches erfolgen deshalb immer wieder Hinweise auf Externe.

Ein wichtiges Anliegen des P-Seminars ist die Vermittlung von wesentlichen Inhalten zur Studien- und Berufsorientierung. Dabei sollen Sie erkennen, wie entscheidend eine richtige Studien- und Berufswahl ist, um Fehlentwicklungen wie Studienabbruch oder Studienwechsel zu vermeiden.

Eine selbstverantwortliche Studien- und Berufsorientierung erfordert vor allem eine intensive Auseinandersetzung mit folgenden Schwerpunkten:

- Wirtschaftliche, technische, gesellschaftliche und soziale Trends sowie Wandel in der **modernen Arbeitswelt.** Dafür stehen Schlagwörter wie Globalisierung, Megatrends, Bedeutung von Schlüsselqualifikationen und Anforderungsprofile in Hochschule und Wirtschaft, die Ihren zukünftigen Arbeitsplatz prägen werden.
- Notwendige Grundlage für das Vorgehen ist die zutreffende Einschätzung der Studien- und Berufsorientierung sowie das Erkennen der eigenen **Stärken und Schwächen** mithilfe geeigneter **Diagnoseinstrumente**.
- Die Kenntnis von Berufen, Berufsfeldern, Sonderausbildungsgängen in der Wirtschaft für Abiturientinnen und Abiturienten, der Hochschullandschaft sowie der gängigen Bewerbungs- und Auswahlverfahren von Unternehmen und Hochschulen wie Hochschuleingangsprüfung oder Assessment-Center-Verfahren sind für Ihre Entscheidung wichtig und hilfreich.

Der Zeitanteil des Moduls allgemeine Studien- und Berufsorientierung beträgt etwa ein halbes Jahr. Der überwiegende Anteil beim P-Seminar verbleibt somit für die Umsetzung des Moduls Projektarbeit, das einen Bezug zur wissenschaftlichen bzw. beruflichen Praxis hat und deshalb je nach Projekt im unterschiedlichen Umfang ebenfalls zur Vermittlung von Studien- und Berufsorientierung beiträgt. Dabei können die inhaltlichen Schwerpunkte, wie folgende Grafik des Staatsinstituts für Schulqualität und Bildungsforschung (ISB) zeigt, je nach Konzeption des Einzelprojekts sowohl im Block als auch in Bausteinen erfolgen. Denn ein wichtiges Merkmal des P-Seminars ist eine **inhaltliche Verzahnung** der Module Studien- und Berufsorientierung sowie Projektarbeit unter Einbeziehung verschiedener Methoden. Die vielfältigen Materialien in diesem Buch ermöglichen diesen Ansatz.

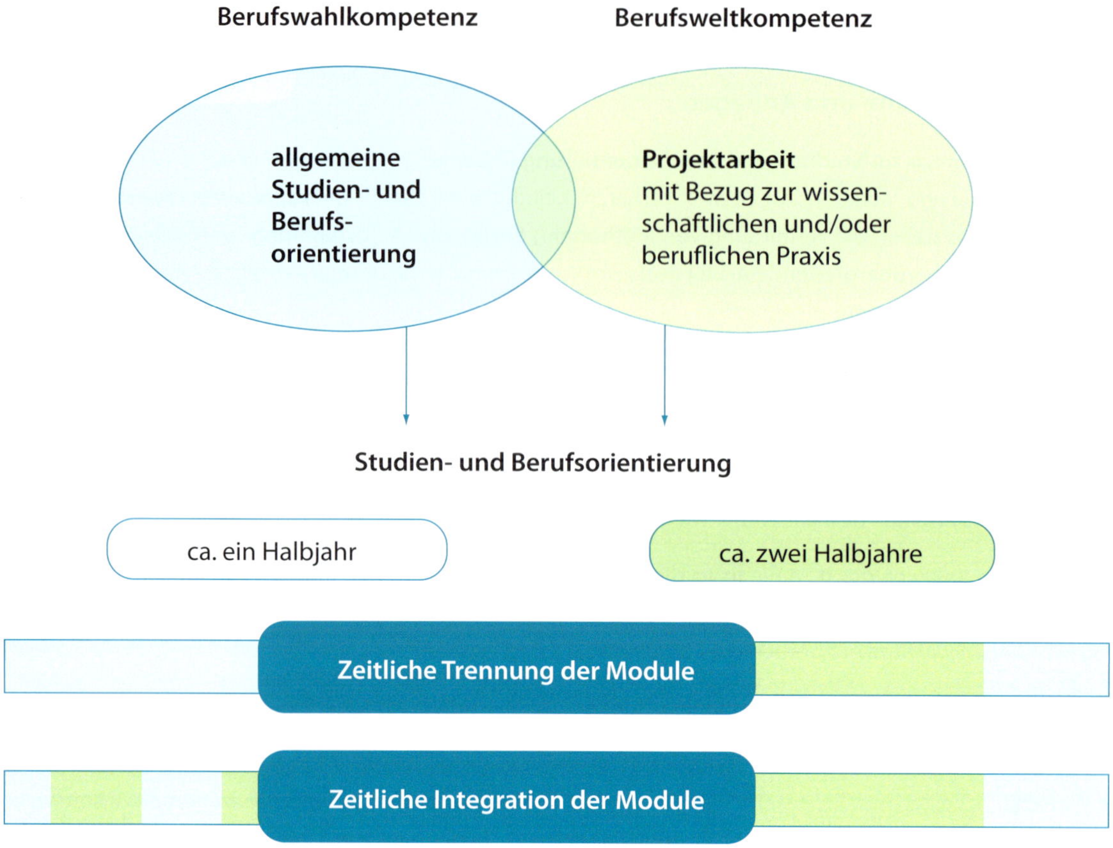

(Quelle: bearbeitet nach: Staatsinstitut für Schulqualität und Bildungsforschung (ISB). Die Seminare in der gymnasialen Oberstufe, München 2008, S. 35)

Ziel dieses Buches ist nicht die konkrete Umsetzung des an Ihrer Schule ausgewählten individuellen Projekts, es schafft jedoch die notwendigen Grundlagen für die Arbeit mit Projekten aus unterschiedlichen Fächern bzw. Fachbereichen.

Bei beiden Modulen hat die Erreichung des Ziels **Methodenkompetenz** einen hohen Stellenwert. Bestimmte Methoden wie Entscheidungstabelle oder Projekttag haben beispielsweise ihren Schwerpunkt im Modul Studien- und Berufsorientierung; andere Methoden wie Erkundung, Zeitmanagement, Teamentwicklung dagegen eher bei der Projektarbeit. Denkbar ist aber auch, in beiden Modulen mit denselben Methoden (z. B. Befragung oder Erkundung) zu arbeiten.

Je nach **individueller Schwerpunktsetzung** im P-Seminar werden also **unterschiedliche Methoden** eingesetzt. Von den dargestellten Methoden wird jedoch aus Zeitgründen und in Abhängigkeit vom ausgewählten Projekt lediglich ein Teil zur Anwendung kommen. Denkbar ist auch, dass die ausgewählten Methoden mit **unterschiedlicher Intensität** in das P-Seminar einbezogen werden.

Konzept und Aufbau dieses Buches

Diesem Buch liegt ein Konzept zugrunde, das der richtigen Umsetzung der inhaltlichen und methodischen Anliegen des P-Seminar-Projekts dienen soll. Aufgrund unterschiedlicher individueller Schwerpunktsetzungen im jeweiligen P-Seminar erfordert dieser Ansatz **Flexibilität** bei der Auswahl von Inhalten, Materialien, Methoden und Arbeitsanweisungen. Dieses **Bausteinprinzip** schafft für das jeweilige P-Seminar die notwendigen Spielräume.

Nachdem die moderne Arbeitswelt ein lebenslanges Lernen erfordert, soll Ihnen dieses Buch die notwendigen Voraussetzungen dazu vermitteln.

Arbeitsanweisungen werden durch blau unterlegte Kästen und ein entsprechendes Piktogramm hervorgehoben. Sie haben unterschiedliche Zielsetzungen, sollen z. B. motivieren und Impulse setzen, dienen aber ebenso der Wiederholung und Einübung von Lerninhalten, der Anwendung von Methoden, der Vertiefung, der gedanklichen Weiterführung und der fächerübergreifenden Verknüpfung. Arbeitsanweisungen berücksichtigen verschiedene Schwierigkeitsgrade, ermöglichen Einzel- oder Teamarbeit und ergänzen den Unterricht durch Vorschläge zur häuslichen Übung oder Vorbereitung. Die vielfältigen Arbeitsanweisungen sind als Anregungen gedacht; eine sinnvolle Auswahl wird dringend empfohlen. Je nach Interesse können selbstständig auch eigene Schwerpunkte gesetzt und bestimmte Inhalte bzw. Kompetenzen – z. B. durch weitere Recherchen – vertieft werden.

Im Rahmen des P-Seminars ist es wichtig, sich im und über das P-Seminar hinaus weitergehend zu informieren. Nützliche Internet-Adressen und Links sind durch ein Info-Piktogramm besonders gekennzeichnet. Darüber hinaus gibt das **Adressen- und Literaturverzeichnis** am Ende dieses Buches konkrete Hinweise auf Möglichkeiten zur Informationsbeschaffung.

In diesem Buch werden, wie bereits erläutert, verschiedene wichtige **Methoden** systematisch für die Umsetzung der beiden Module eingeführt und flexibel angewendet. Einen hohen Stellenwert haben auch Querverbindungen zu wichtigen Methoden des W-Seminars, wie etwa die Präsentation.

Arbeits- und Informationstexte sind hellblau unterlegt, Beispiele hellgelb.

Im **Inhaltsverzeichnis** können Sie sich schnell über die wesentlichen Inhalte und Methoden informieren. Wichtige Stichwörter finden Sie alphabetisch geordnet in einem **Stichwortverzeichnis**.

Wir wünschen Ihnen beim P-Seminar und beim Arbeiten mit diesem Buch viel Freude und Erfolg. Anregungen zur Verbesserung dieses Buches nehmen die Autoren und der Verlag gern entgegen.

Die Verfasser

1 Notwendigkeit einer Studien- und Berufsorientierung

Abb. 1.1: Oder doch eher Musik?

Verschiedene Shell-Jugendstudien belegen den hohen Stellenwert von Familie und zukünftigem Beruf für die heutigen Jugendlichen. Eine frühzeitige Beschäftigung mit dem späteren Beruf würde daher der wichtigen Rolle für ihre eigene Zukunftsgestaltung nur gerecht. Trotzdem nehmen sie eine gezielte Studien- und Berufswahl nicht immer als eine wichtige Aufgabe wahr und lassen sich häufig viel Zeit bei ihrer Entscheidung. Eine unzureichende Vorbereitung auf die Studien- und Berufswahl kann jedoch – wie Abb. 1.2 zeigt – zu erheblichen Fehlentwicklungen führen, die im Folgenden noch konkretisiert werden.

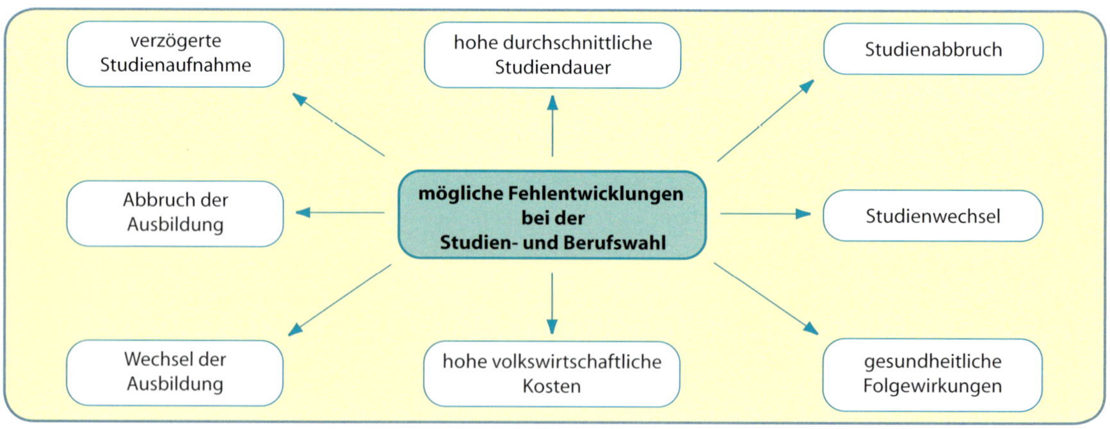

Abb. 1.2: Mögliche Fehlentwicklungen bei der Studien- und Berufswahl

1. Warum kann die Studien- und Berufswahl ein Labyrinth sein (siehe Abb. 8.1, S. 50) und was steckt hinter der Aussage in Abb. 1.1?
2. Welche möglichen Ursachen gibt es für die in Abb. 1.2 dargestellten Fehlentwicklungen bei der Studien- und Berufswahl?

Der Anteil an Studienanfängern mit verzögerter Studienaufnahme (z. B. wegen Unentschlossenheit, Auslandsaufenthalt, Wehr- oder Ersatzdienst) hat sich u. a. nach der HIS-Studienabbruchquote 2005 auf über 50 % erhöht, teilweise kommt es bei dieser Gruppe zu einer Verzögerung von knapp drei Jahren. Durchschnittlich dauert es zwischenzeitlich bis zum Studienbeginn mehr als eineinhalb Jahre. Dabei spielt die Ableistung des Wehr- bzw. Zivildienstes bei Abiturienten nur eine relativ geringe Rolle. Die durchschnittliche Studiendauer liegt in vielen Studienrichtungen bei über 6 Jahren.

Nach verschiedenen Untersuchungen vom HIS (Hochschul-Informations-System) zum **Studienabbruch** verlassen zwischen 25 und 27 Prozent aller Studierenden (Erststudium) in Deutschland die Hochschule ohne Abschluss, bei den Fachhochschulen sind es etwa 22 %. Während die Abbrecherquote bei Sprach- und Kulturwissenschaften mit ca. 45 % sehr hoch liegt, sind es in den zulassungsbeschränkten Fächern wie Medizin nur ca. 10 %. Ein Grund für die hohen Abbruchquoten ist, dass viele Schülerinnen und Schüler die Entscheidung für ein Studium zu leicht nehmen.

Auch die Zahl der **Studienwechsler** ist hoch und in den verschiedenen Fachbereichen unterschiedlich stark. So wechseln beispielsweise nur 7 % der Studienanfänger in Medizin das Fach, aber 55 % in den Sprach- und Kulturwissenschaften. Erstaunlich ist auch der späte Zeitpunkt des Wechsels: Ein Drittel aller Wechsler entscheidet sich erst nach mehr als drei Semestern zu diesem Schritt. Es lohnt sich deshalb, die genannten Daten zu hinterfragen und die Erfahrungen von Studienabbrechern und Fachleuten bei der eigenen Zukunftsplanung zu berücksichtigen.

„Ein klares Berufsbild entwickeln“

Dr. Ulrich Heublein ist Projektleiter beim Hochschul-Informations-System Hannover und Mitverfasser der „Studienabbruchstudie 2005“. Sie vergleicht die Abbrecherzahlen von Mitte der neunziger Jahre mit denen von Ende der neunziger Jahre. Mit abi sprach er über die wichtigsten Erkenntnisse.

>> **abi:** ***Herr Heublein, welches sind die häufigsten Gründe für einen Studienabbruch?***

>> **Heublein:** Ausschlaggebend ist meist nicht nur ein Grund, sondern es sind mehrere Motive, die miteinander verknüpft sind. Wichtigstes ist die berufliche Neuorientierung. Diese Studierenden haben erkannt, dass sie für ein Studium nicht geeignet sind oder dass eine Berufstätigkeit für sie wichtiger ist. Ein weiterer bedeutender Grund betrifft die Frage der Studienfinanzierung. Auch die Motivation ist entscheidend: Viele Abbrecher merken, dass das gewählte Studienfach nicht ihren Erwartungen entspricht. Darüber hinaus können Leistungsprobleme, familiäre Gründe, Prüfungsversagen oder Krankheit eine Rolle spielen. Einige Abbrecher führen zudem schlechte Studienbedingungen als Grund an.

>> **abi:** ***Seit die Arbeitsmarktchancen beispielsweise für Lehrer steigen, sinkt auch die Abbrecherquote unter den Lehramtsstudierenden. Ist das Zufall oder haben Prognosen wirklich Einfluss auf die Abbrecherquote?***

>> **Heublein:** Dies ist eine schwierige Frage, die wir noch nicht endgültig beantworten können. Viele Studierende gehen davon aus, dass es keine sicheren Arbeitsmarkt-Prognosen gibt. Besonders enge Beziehungen zwischen Studienabbruch und der Entwicklung auf dem Arbeitsmarkt scheint es in den Sprach- und Kulturwissenschaften und auch in den Sozialwissenschaften zu geben. Dennoch ist der Zustrom von Studienbewerbern in diese Fächer nicht geringer geworden. Für alle Studienberechtigten gilt: Für einen erfolgreichen Berufseinstieg ist es wichtig, dass die Studierenden die Kraft aufbringen, etwa

durch Praxiskontakte, eine klare Vorstellung von ihren beruflichen Zielen zu entwickeln und ihr Studium entsprechend darauf einzurichten.

>> **abi:** ***Worauf lässt sich die hohe Abbrecherquote in einem Fach wie Informatik zurückführen?***

>> **Heublein:** Viele, die sich einschreiben, arbeiten zwar gern am Computer, unterschätzen aber die Leistungsanforderungen, die mit dem Studium, etwa in Grundlagenfächern wie Mathe und Physik, verbunden sind. Allgemein haben Studienabbrecher häufig kein klares Bild von den eigenen Fähigkeiten und falsche Informationen über das Studium. Studieninteressenten sollen mehr mit Studierenden und Hochschullehrern sprechen, um eine bessere Vorstellung zu entwickeln. Auch die Hochschulen könnten dies mehr unterstützen, etwa indem sie Tests anbieten, die den Interessenten die Frage beantworten: Bin ich wirklich geeignet für ein Informatik-Studium?

>> **abi:** ***Welche Kriterien begünstigen einen erfolgreichen Studienverlauf?***

>> **Heublein:** Ein erheblicher Teil der Studierenden stellt das Studium zu wenig ins Zentrum ihres Lebens, sie betrachten es als gleichwertig mit anderen Lebensbereichen wie einem Job oder bestimmten Freizeittätigkeiten. Einen erfolgreichen Studienverlauf schafft jedoch eher derjenige, der sich auf sein Studium konzentriert. Zudem ist es wichtig, ein klares Bild von zukünftigen Berufsmöglichkeiten zu haben.

abi 2/2006, Bundesagentur für Arbeit, Nürnberg, S. 9

Studienabbruch – aus welchen Gründen?

Dr. Fritz Köster ist Hochschulkoordinator beim Arbeitsamt Münster und Autor des Buches „Studienabbruch. Perspektiven und Chancen".

„Studienabbruch? Was soll denn das jetzt?" So etwa reagieren Schüler, wenn ich in Gruppengesprächen zur Studienwahl Erfahrungen aus meiner Arbeit mit Studienabbrechern einbringe. Natürlich ist diese Reaktion verständlich. Warum soll man sich, wenn noch nicht einmal das Studienziel feststeht, mit einem möglichen Scheitern seines Studiums befassen? Aber schon Schüler können von der Beschäftigung mit dem Thema Studienabbruch profitieren. Sie können lernen, dass es viele Gründe für einen Abbruch gibt: falsche Erwartungen, nachlassendes Interesse am Fach, Zweifel an der Studieneignung, fehlerhafte Einschätzungen des Arbeitsmarktes und so weiter. So zeigt sich in Gesprächen mit Studienabbrechern oftmals, dass deren Studienentscheidung von einer erschreckenden Ahnungslosigkeit bestimmt war. Studieninhalte und -anforderungen wie auch berufliche Perspektiven waren vielfach nicht bekannt; über die Motivation oder Fragen der Finanzierung war nicht genügend nachgedacht worden.

Diese Aspekte sollten aber bei der Studienentscheidung gründlich bedacht werden. Internetangebote, Schnupperkurse, Tage der offenen Tür an Hochschulen wie auch die Berufsberatung der Arbeitsämter bieten Möglichkeiten, die wichtigsten Informationen zu sammeln. Wenn Schüler die Studienentscheidung als Meilenstein in ihrer Biografie bewerten und die Unterstützungsangebote weiter verbessert werden, müsste die Zahl der Studienabbrecher zu reduzieren beziehungsweise die Dauer einer Orientierungsphase bis zu einem möglichen Abbruch zu begrenzen sein.

abi 3/2003, Bundesagentur für Arbeit, Nürnberg, S. 9

3. Analysieren Sie die Texte „Ein klares Berufsbild entwickeln“ sowie „Studienabbruch – aus welchen Gründen?“ und fassen Sie wichtige Ergebnisse zusammen!
4. Überprüfen Sie anhand Ihrer eigenen Person, inwiefern bestimmte Aussagen in den beiden Texten auf Sie zutreffen!

Hinzu kommen nach dem Institut der deutschen Wirtschaft und nach verschiedenen Handwerkskammern ein häufiger **Abbruch und Wechsel bei der Ausbildung**. Fast jeder vierte Ausbildungsvertrag in Deutschland wird vorzeitig aufgelöst, mehr als die Hälfte davon auf Wunsch der jungen Arbeitnehmer. Die Gründe hierfür sind sehr unterschiedlich. Ein rechtzeitiger Studienwechsel oder -abbruch sowie ein Wechsel oder Abbruch der Ausbildung kann jedoch zur Vermeidung weiterer Fehlentwicklungen durchaus sinnvoll sein.

Gesamtwirtschaftlich und gesamtgesellschaftlich betrachtet trägt eine richtige Studien- und Berufswahlvorbereitung dazu bei, **hohe volkswirtschaftliche Folgekosten** zu vermeiden oder zumindest zu reduzieren. Auch **gesundheitliche Auswirkungen** sind oft die Folge einer verkehrten Studien- oder Ausbildungswahl. Aus diesen Gründen ist es notwendig, die Berufswahlkompetenz bei den Jugendlichen bewusst zu fördern. Dazu sollten sich diese bereits frühzeitig mit dem Thema Studien- und Berufswahl auseinandersetzen, Problemlösungsmethoden entwickeln und konkrete Handlungsmöglichkeiten und -alternativen ausarbeiten, damit sie auf dieser Grundlage eine reflektierte Berufswahlentscheidung treffen können.

In einer groß angelegten Untersuchung hat das HIS eine auf Bundes- und Landesebene sowie nach Geschlecht, Schulart und Art der Hochschulreife repräsentative Stichprobe von Schülerinnen und Schülern durchgeführt, die im Schuljahr 2005/2006 an allgemeinbildenden oder beruflichen Schulen die allgemeine oder fachgebundene Hochschulreife, die Fachhochschulreife oder eine fach- oder landesgebundene Fachhochschulreife erworben bzw. angestrebt haben. Untersucht wurden dabei der Informationsbedarf, die Informationsangebote und Schwierigkeiten bei der Studien- und Berufswahl. Die Zusammenfassung der HIS-Publikation (S. 1 f.) zeigt folgende wesentliche Ergebnisse:

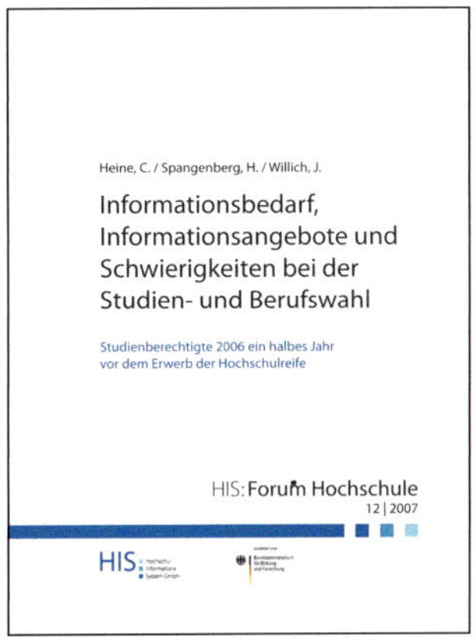
Heine, C. / Spangenberg, H. / Willich, J.
Informationsbedarf, Informationsangebote und Schwierigkeiten bei der Studien- und Berufswahl
Studienberechtigte 2006 ein halbes Jahr vor dem Erwerb der Hochschulreife
HIS:Forum Hochschule
12 | 2007

Abb. 1.3: Titel der HIS-Studie

Studienberechtigte verfügen im Vergleich mit Absolventen und Absolventinnen anderer schulischer Abschlussniveaus über die besten Voraussetzungen für eine optimale Planung und Umsetzung individueller Ausbildungs- und Berufsplanung. Mit dem Erwerb der Hochschulzugangsberechtigung stellt sich ihnen ein breites Spektrum an fachlichen und beruflichen Alternativen dar […]. Zum einen besteht freilich die Option zur Aufnahme eines Hochschulstudiums. Entsprechend des anhaltenden Trends zur allgemeinen Höherqualifizierung erweitern sich zum anderen aber auch die Chancen auf einen Ausbildungsplatz in anspruchsvollen Berufsfeldern.

Trotzdem gilt […], dass Entscheidungen vor dem Hintergrund der oft unüberschaubaren Rahmenbedingungen und schwer kalkulierbarer Entwicklungen getroffen werden. So birgt die Entscheidungsvielfalt in besonderer Weise ein Risiko für mangelnde Entscheidungsrationalität und letztlich für Fehlentscheidungen, die Korrekturen und Brüche in der Bildungsbiografie praktisch unausweichlich machen.

Dr. Christoph Heine/Heike Spangenberg/Julia Willich: Informationsbedarf, Informationsangebot und Schwierigkeiten bei der Studien- und Berufswahl, in: HIS: Forum Hochschule 12/2007, S. 1 f.

Weiter heißt es in der HIS-Studie:

Mehrheit der Studienberechtigten nicht hinreichend auf Studien- und Berufswahl vorbereitet

Eine, wenn nicht die Möglichkeit, Unsicherheiten zu reduzieren, ist ein hoher Stand der Informiertheit über infrage kommende Alternativen und deren Randbedingungen (z. B. inhaltliche Aspekte, fachliche Ansprüche, berufliche Entwicklungsmöglichkeiten, Arbeitsmarktaussichten). [...] Gut jede/r zweite Studienberechtigte (53 %) beginnt vor bzw. mit dem Übergang in die gymnasiale Oberstufe oder die zur Hochschulreife führende berufliche Schule mit der aktiven Informationseinholung über nachschulische Alternativen. Zwei von fünf Befragten setzen sich allerdings erst im Laufe des letzten Schuljahres mit diesem Thema auseinander. Weitere 6 % haben auch ein halbes Jahr vor dem Erlangen der Hochschulreife noch nicht damit begonnen. Wie bereits im Vorjahr zu beobachten, informieren sich Frauen früher [...]. Zum Zeitpunkt der Befragung im Dezember 2006 fühlten sich lediglich 27 % der Schülerinnen und Schüler in den Abschlussklassen hinreichend auf die anstehende Entscheidung vorbereitet. 30 % stuften ihren Informationsstand als unzureichend ein.

Dr. Christoph Heine/Heike Spangenberg/Julia Willich: Informationsbedarf, Informationsangebote und Schwierigkeiten bei der Studien- und Berufswahl, in: HIS: Forum Hochschule 12/2007, S. 1 f.

Abb. 1.4 zeigt eine Übersicht über den Stand der Informiertheit ein halbes Jahr vor Studienbeginn (in Prozent).

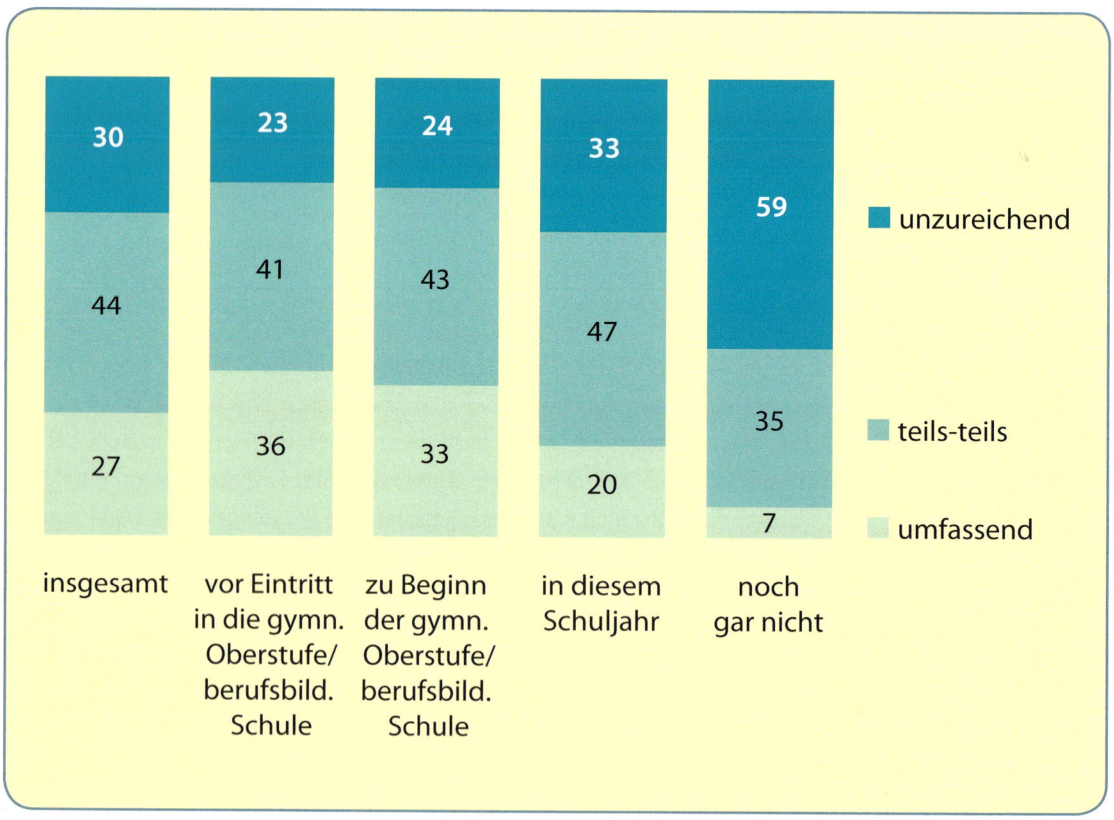

Abb. 1.4: Informationsgrad nach Informationsbeginn (HIS: Forum Hochschule 12/2007, S. 10)

Hauptprobleme bei der Studien- und Berufswahl bleiben die Arbeitsmarktaussichten

Wie bereits im Vorjahr bereitet die schwer absehbare Entwicklung auf dem Arbeitsmarkt den Schülerinnen und Schülern besondere Probleme bei der Wahl ihres nachschulischen Werdegangs. Gut die Hälfte der Befragten (53 %) benennt diesen Aspekt. Erschwerend hinzu kommt für viele die kaum überschaubare Zahl der Möglichkeiten nach dem Schulabschluss (42 %) und die Schwierigkeit abzuschätzen, welche Kompetenzen und Qualifikationen in Zukunft wichtig sein werden (28 %). Ein Drittel der Befragten (32 %) ist sich über die eigenen Fähigkeiten, fast ebenso viele über die eigenen Interessen (28 %) nicht im Klaren. Lediglich 7 % der Befragten geben an, keine besonderen Schwierigkeiten und Probleme bei der Wahl ihres nachschulischen Werdegangs zu haben.

Dr. Christoph Heine/Heike Spangenberg/Julia Willich: Informationsbedarf, Informationsangebote und Schwierigkeiten bei der Studien- und Berufswahl, in: HIS: Forum Hochschule 12/2007, S. 2

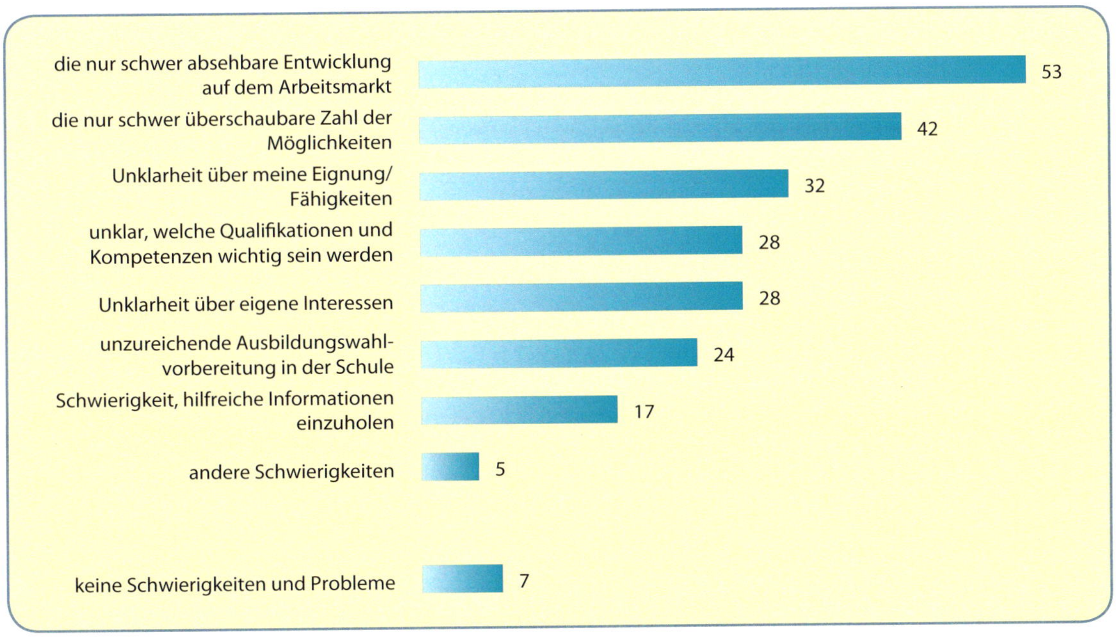

Abb. 1.5: Persönliche Schwierigkeiten und Probleme bei der Wahl des nachschulischen Werdegangs, in Prozent, Studienberechtigte 2006, ein halbes Jahr vor Schulabgang (HIS: Forum Hochschule 12/2007, S. 11)

5. Fassen Sie wichtige Aussagen in der HIS-Untersuchung zusammen!
6. Übertragen Sie die Aussagen auf Ihre eigene Situation!

Die Materialien dieses Kapitels machen deutlich, wie notwendig eine frühzeitige und qualifizierte Information ist, um Probleme beim Studium und im Beruf zu vermeiden. Je früher Sie sich qualifiziert informieren, umso sicherer können Sie über die nächsten Weichenstellungen entscheiden. Deshalb ist es notwendig, dass Sie sich im Rahmen dieses P-Seminars mit dem Thema Studien- und Berufsorientierung intensiv auseinandersetzen. Für die Informationsbeschaffung können Sie vielfältige Möglichkeiten nutzen, die im Kapitel 7 näher beschrieben sind.

2 Kompetenzen für das P-Seminar

Nicht nur in der modernen Arbeitswelt und im Studium, sondern auch in der Schule finden durch offenere, kreative und innovative Unterrichtsformen notwendige und sinnvolle Veränderungen statt. Mit dem P-Seminar werden in der Oberstufe grundlegende neue Impulse gesetzt, damit Abiturientinnen und Abiturienten die Herausforderungen von Hochschule und moderner Arbeitswelt besser bewältigen können. Zu den zentralen Aufgaben des P-Seminarunterrichts gehört es, dass Sie auf eine selbstständige und kreative Arbeitsweise vorbereitet werden und Ihre Selbsttätigkeit gezielt gefördert wird. Deshalb stellt im P-Seminar die Vermittlung **überfachlicher Kompetenzen** wie

- **Methodenkompetenz,**
- **Sozialkompetenz** und
- **Selbstkompetenz** (andere Bezeichnung: **Personalkompetenz**)

einen Schwerpunkt dar. Neben diesen Kompetenzen nimmt jedoch die

- **Fachkompetenz**

zur Bewältigung verschiedener Aufgaben nach wie vor einen sehr hohen Stellenwert ein.

1. Analysieren Sie Stellenanzeigen verschiedener Unternehmen und ordnen Sie die dort beschriebenen Anforderungen den verschiedenen Kompetenzen zu (z. B. Kommunikationsfähigkeit → Sozialkompetenz)! Welche Kompetenzen haben einen hohen Stellenwert?

Praxis- und Handlungsorientierung sowie **vernetztes Denken** führen im P-Seminar zu einem nachhaltigen Wissens- und Kompetenzerwerb. Abb. 2.1 zeigt zusammenfassend die Ziele des P-Seminars, die im Studium und in der modernen Arbeitswelt erwartet werden.

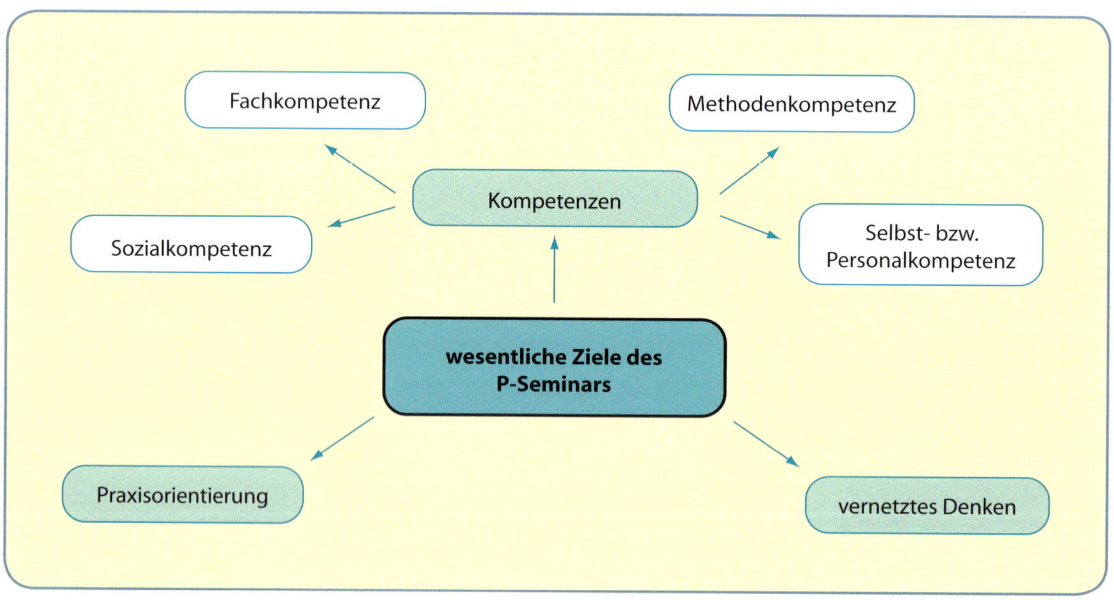

Abb. 2.1: Wesentliche Ziele des P-Seminars

Die folgende Übersicht zeigt die wesentlichen Inhalte verschiedener Kompetenzen:

Fachkompetenz

Mit ihr können Fragestellungen mit fachlichen Kenntnissen und Fähigkeiten sachgerecht, ziel- und entscheidungsorientiert sowie selbstständig gelöst und die gefundenen Ergebnisse fachgerecht beurteilt werden.

Selbst- bzw. Personalkompetenz, z. B.

- Selbstständigkeit
- Kritikfähigkeit
- Zielorientierung
- Kooperationsbereitschaft
- Urteilsfähigkeit
- Engagement
- Wertvorstellungen
- Flexibilität
- Übernahme von Verantwortung
- Selbstdisziplin
- Selbst- und Fremdeinschätzung
- Nutzung von Netzwerken

Methodenkompetenz

Sammeln und Ordnen, z. B.

- Internet
- Befragungen
- Brainstorming
- Brainwriting
- Medien
- Bibliotheken
- Lexika
- Expertenreferate
- Dateien

Auswählen und Strukturieren, z. B.

- Mindmap
- Baumstruktur
- Netzstrukturen
- Entscheidungstabelle
- Pro-Kontra-Debatte

Erstellen eines Ablaufplans, z. B.

- Zielformulierung
- Zeitmanagement
- Projektarbeit
- Businessplan

Präsentieren der Ergebnisse, z. B.

- Powerpoint
- Ausstellung
- Flipchart
- Referat
- Broschüre
- Zeitungsartikel

Sozialkompetenz, z. B.

- Verhalten im Team
- Gesprächsfähigkeit
- Führungsverhalten
- Entscheidungsverhalten
- Beachtung von Regeln
- Zuhören können
- Feedback-Kultur
- Umgang mit Konflikten
- Umgang mit Kritik
- Koordinationsfähigkeit

2. Kopieren Sie den Fragebogen und ermitteln Sie mit seiner Hilfe Ihre bereits vorhandene Methodenkompetenz!

Fragebogen zur Ermittlung der Methodenkompetenzen

aufgrund meiner Selbsteinschätzung kann ich bereits Folgendes leisten

	trifft voll zu	trifft zu	trifft in etwa zu	trifft kaum zu	trifft nicht zu
selbstständig arbeiten	☐	☐	☐	☐	☐
Niederschriften anfertigen	☐	☐	☐	☐	☐
Unterstreichtechnik anwenden	☐	☐	☐	☐	☐
Ergebnisse darstellen	☐	☐	☐	☐	☐
Ziele formulieren	☐	☐	☐	☐	☐
Recherchetätigkeit durchführen	☐	☐	☐	☐	☐
• im Internet	☐	☐	☐	☐	☐
• in der Bibliothek	☐	☐	☐	☐	☐
Fragebogen erstellen und auswerten	☐	☐	☐	☐	☐
Interview vorbereiten und durchführen	☐	☐	☐	☐	☐
in Teams erfolgreich arbeiten	☐	☐	☐	☐	☐
Medien auswerten	☐	☐	☐	☐	☐
Betriebserkundung vorbereiten	☐	☐	☐	☐	☐
Arbeiten mit einer Entscheidungstabelle	☐	☐	☐	☐	☐
Powerpoint nutzen	☐	☐	☐	☐	☐
Dateiverwaltung	☐	☐	☐	☐	☐
Mindmapping anwenden	☐	☐	☐	☐	☐
Arbeiten mit Baum-, Netzstrukturen	☐	☐	☐	☐	☐
Zeitmanagement planen	☐	☐	☐	☐	☐
Projektarbeit durchführen	☐	☐	☐	☐	☐
Ausstellungen gestalten	☐	☐	☐	☐	☐
Brainstorming durchführen	☐	☐	☐	☐	☐
Moderation durchführen	☐	☐	☐	☐	☐
Businessplan erstellen	☐	☐	☐	☐	☐

3. Werten Sie im Team die ausgefüllten Fragebögen des gesamten P-Seminars aus und stellen Sie die Ergebnisse in geeigneter Form dar! Welche Schlussfolgerungen ergeben sich daraus für die Umsetzungen des P-Seminars?
4. Erstellen Sie zusätzlich jeweils einen Fragebogen zur Ermittlung Ihrer Sozial- und Selbstkompetenz! Hinweise zur Erstellung eines Fragebogens erhalten Sie bei der Methode „Befragung" (Kapitel 16.1).
5. Soft Skills stehen seit Jahren bei Hochschulen und Unternehmen als Basistechniken hoch im Kurs. Informieren Sie sich über den Begriff!

Anhand der Auswertungsergebnisse dieses Fragebogens kann im Unterricht bei geeigneten Themen flexibel auf die festgestellten Stärken und Schwächen bei den einzelnen Fähigkeiten eingegangen werden.

Das folgende Interview macht die Bedeutung der dargestellten Kompetenzen deutlich.

Welche Kompetenzen erwarten Sie von Bewerberinnen und Bewerbern?

Interview des Schülers Konstantin Brandmeier, 17 Jahre, Ismaning, mit Carmen E. Kühnl, Fachreferentin in der zentralen Kommunikationsabteilung der Siemens AG

Carmen E. Kühnl, Siemens AG

Konstantin: *Welche Bedeutung haben Methodenkompetenzen für den Beruf?*
Kühnl: Methodenkompetenzen werden heute in jedem Beruf als selbstverständlich vorausgesetzt. Diese Kompetenzen werden bei uns bereits beim Einstellungsverfahren überprüft. Auch die sogenannten Schlüsselqualifikationen und die Soft Skills spielen eine enorme Bedeutung beim Auswahlverfahren.

Konstantin: *Welche Kompetenzen werden bei der Siemens AG vor allem erwartet?*
Kühnl: Einen sehr hohen Stellenwert haben bei uns die Kompetenzen Präsentation, Teamfähigkeit, Recherchetechniken, aber auch Zeitmanagement, damit alle Vorhaben auch fristgerecht realisiert werden können.

Konstantin: *Was erwarten Sie in puncto Teamfähigkeit?*
Kühnl: Wir haben festgestellt, dass nicht nur unsere Führungskräfte, sondern alle Mitarbeiterinnen und Mitarbeiter in den verschiedenen Teams besonders gefordert sind. Zwar arbeiten die meisten Mitarbeiter nach ihrem Empfinden ganz gut zusammen, dennoch wird sich beispielsweise eine neu ernannte Teamleiterin fragen: Akzeptieren mich die ehemaligen Mitarbeiter? Wie können die gesetzten Ziele am besten im Team umgesetzt werden? Oder: Funktioniert die Teamentwicklung? Damit die Teams bei uns gut funktionieren, setzen wir auch Beobachter oder Coaches ein.

Konstantin: *Wie lassen sich Kompetenzen wie Präsentation oder Vortragstechniken schulen?*
Kühnl: Wir erwarten selbstverständlich, dass unsere neuen Mitarbeiterinnen und Mitarbeiter aus Schule und Studium bereits die Referattechnik beherrschen. PowerPoint-Präsentationen sind inzwischen Standard. Auch Präsentationen werden heute wesentlich besser als noch vor einem Jahrzehnt durchgeführt. Damit eine Optimierung der Präsentationskompetenz stattfindet, bieten wir allen Mitarbeiterinnen und Mitarbeiten z. B. geeig-

nete interne Schulungen an, in denen der Feinschliff erfolgt. Diese Schulungen haben sich sehr bewährt und werden auch stark nachgefragt, obwohl sie meistens am Wochenende stattfinden.

Konstantin: *Welche Bedeutung hat eigentlich Kreativität?*

Kühnl: Deutschland hat kaum Rohstoffe, deshalb spielen andere Faktoren eine besondere Rolle, z. B. Bildung, Forschung und vor allem auch Kreativität, damit wir im internationalen Wettbewerb bestehen können. Kreativität in konzentrierter Form spielt gerade auch in unserem Unternehmen eine wichtige Rolle. Alle Chefs, Mitarbeiterinnen und Mitarbeiter müssen in ihrem Job kreativ sein, damit sie zu den Gewinnern zählen.

Konstantin: *Herzlichen Dank für das Interview.*

6. Arbeiten Sie die Kernaussagen dieses Interviews heraus und begründen Sie diese!

3 Portfolio

Abb. 3.1: Bildhauer und Künstler bieten König Ludwig I. ihre Werke an (Ölgemälde von Wilhelm von Kaulbach, 1848)

Der Begriff Portfolio leitet sich aus dem lateinischen *portare* „tragen" und *folium* „Blatt" ab und bedeutet zunächst Sammelmappe, in der allerlei nützliche Blätter zusammengetragen und aufbewahrt werden. Schon zur Zeit der Renaissance haben Künstler und Architekten ein Portfolio mit sich geführt, wenn sie sich in Akademien bzw. um Bauaufträge bewarben. Damit war es ihnen möglich, nicht nur zu zeigen, was sie bereits alles gezeichnet oder gebaut haben, sondern sie konnten auch nachweisen, wie sie sich mit der Zeit weiterentwickelt haben.

Im P-Seminar muss ein Portfolio verpflichtend geführt werden und dieses wird als Grundlage für das abschließenden Einzel- oder Gruppengespräch am Ende des P-Seminars sowie als Grundlage für das Zertifikat eingesetzt. Das Portfolio ist eine schriftliche Dokumentation aller im Rahmen des P-Seminars individuell geleisteten

Vollständigkeit

Übersichtlichkeit

Portfolio

- Bewerbungsmappe
- Bescheinigungen über die Teilnahme an Veranstaltungen (z. B. Beratungsgespräche, Seminare)
- Recherche-Ergebnisse
- Präsentationen, Referate
- Interviews, Befragungen
- Skizzen und Versuchsanordnungen
- …

Zielorientierung

selbstständige Erarbeitung

Abb. 3.2: Inhalt eines Portfolios

Beiträge. Dabei sollten nur Inhalte Eingang finden, die im P-Seminar erarbeitet wurden und im direkten Zusammenhang stehen. Natürlich dürfen die angeführten Materialien nur auf den eigenen Gedanken und Ideen der P-Seminarteilnehmer basieren.

Das Portfolio des P-Seminars dient nicht alleine der Beurteilung, sondern soll auch den individuellen Lern- und Entwicklungsprozess aufzeigen. Mithilfe der Dokumentationsmappe werden auch Kompetenzen und Qualifikationen nachgewiesen, die ebenfalls Eingang in das Zertifikat finden.

Deckblatt

- Name
- Nennung des P-Seminars
- Bearbeitungszeitraum

Inhaltsverzeichnis

- Aufzählung der unterschiedlichen Arbeitsfelder im Rahmen der Studien- und Berufsorientierung
- Projektarbeit
- weitere Untergliederung

Materialien zur Portfolioarbeit

- chronologische oder thematische Anordnung

Ergebnisse aller Pflichtaufgaben

- zum Beispiel in Form von Texten, Bildern, Dateien, Verweisen auf Werkstücke usw.
- thematische Anordnung

Bearbeitung des freien Teils bzw. ergänzender Aufgabenstellungen

- im Anschluss an den jeweils passenden Aufgabenbereich

Abb. 3.3: Aufbau eines Portfolios

Das im P-Seminar erstellte Portfolio dient auch Ihrem weiteren beruflichen Werdegang. Wenn Sie sich später z. B. bei einem Unternehmen oder an einer Hochschule bewerben, werden Sie auf diese Unterlagen zurückgreifen. Damit werden neben dem schulischen Werdegang und den erworbenen Abschlüssen auch ausgewählte Nachweise und Arbeiten aus einem oder mehreren Bereichen, die Aufschluss über die individuellen Fähigkeiten und Kompetenzen in Bezug auf den gewünschten Beruf oder Ausbildung sowie die eigene Person und den Charakter geben, aufgelistet.

Gymnasium Sonnenblick

Zertifikat

für

Bella Bodenstiehl

über die Teilnahme am

Projekt-Seminar zur Studien- und Berufsorientierung

Frau Bella Bodenstiehl hat in der Qualifikationsphase des Gymnasiums Sonnenblick gemäß § 51 Gymnasialschulordnung in den Ausbildungsabschnitten 11/1 bis 12/1 am Projekt-Seminar zur Studien- und Berufsorientierung teilgenommen.

I. Schwerpunkte im Bereich der Studien- und Berufsorientierung	*Nähere Betrachtung folgender Berufe/Berufsfelder und Studiengänge:* • Mathematik an der TU • Mathematik für das Lehramt LMU • Maschinenbau FH *spezielle Schwerpunkte:* • Innenarchitektur, Modellbau *Praktika bzw. praktische Übungen:* • Modellbau „Müller Design" *Teilnahme an folgenden Veranstaltungen:* • Studieninformationstag TU und LMU • Abi-Messe • Assessment-Center bei der „IAB AG" • Bewerbungstraining bei der Bundesagentur für Arbeit • Teilnahme an einem Probestudium der LMU Mathe-Sommer • Teilnahme am Tag der Mathematik
II. Tätigkeiten im Rahmen des Projekts **Konzeption und Gestaltung einer Dauerausstellung „Mathematik zum Anfassen und Be-Greifen"**	• Erarbeitung eines Ausstellungskonzepts • Zeichnen von Plänen • Recherchearbeit in Bibliotheken, Ausstellungen und im Mathematikum • Erstellung von Begleittexten zu verschiedenen Exponaten • Modellbau • Aufbau von Kontakten zu Museen • Dokumentation
Die in I. und II. beschriebenen Leistungen wurden mit der Note **sehr gut** (26 von 30 Punkten) bewertet.	
III. Kompetenzen, die die Schülerin im Rahmen des P-Seminars gezeigt hat.*	• sehr ausgeprägte Fachkompetenz, insbesondere räumliches Vorstellungsvermögen und Kreativität bei der Lösung von Problemen • ausgeprägte Methodenkompetenz, insbesondere Organisationsgeschick und Präsentationskompetenz • soziale Kompetenzen, insbesondere Teamfähigkeit • sehr ausgeprägte Selbstkompetenz, insbesondere Selbstständigkeit und Engagement

* *Es handelt sich um eine Auswahl von Kompetenzen, die die Schülerin bzw. der Schüler unter den speziellen Bedingungen des P-Seminars (u. a. Rollenverteilung in der Projektgruppe, P-Seminarkonzeption) zeigen konnte.*

....

Ort, Datum

.... (Siegel) ....

Schulleiterin oder Schulleiter Leiterin oder Leiter des P-Seminars

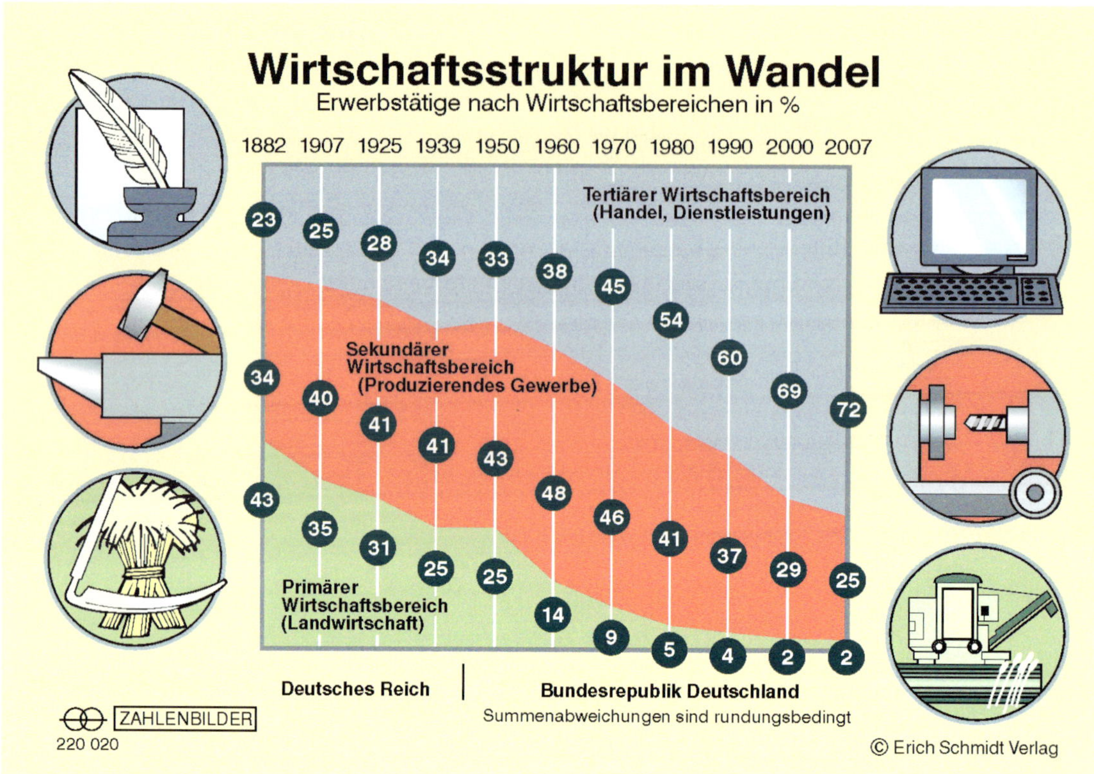

Abb. 4.1: Wirtschaftsstruktur im Wandel

Durch gesellschaftliche und wirtschaftliche Weiterentwicklungen, durch wissenschaftlichen und technischen Fortschritt und durch die fortschreitende Globalisierung hat sich die Arbeitswelt erheblich gewandelt. Jugendliche sollten sich bei der Wahl ihres Studiums und Berufs darauf einstellen, von welchen Faktoren die Berufs- und Arbeitswelt geprägt ist und welche zukünftigen Trends bereits absehbar sind.

Sektoraler Wandel

Ein wesentliches Merkmal moderner Volkswirtschaften ist eine fortlaufende Veränderung der Beschäftigungs- und Produktionsstruktur, die sich in der Entwicklung der einzelnen **Wirtschaftssektoren** spiegelt. Folgende Trends waren bzw. sind erkennbar:

- Die Bedeutung des **primären Sektors** (Land- und Forstwirtschaft) nimmt kontinuierlich ab, er produziert jedoch sehr effektiv.
- Der **sekundäre Sektor** (Handwerk und Industrie) erreichte in der Bundesrepublik Deutschland in den 70er-Jahren den höchsten Wert (ca. 50 % der Erwerbstätigen), nimmt jedoch seit einigen Jahrzehnten bei den Beschäftigtenzahlen ab.
- Sobald ein bestimmtes Reifestadium der industriellen Entwicklung erreicht ist, nimmt der Anteil des **tertiären Sektors** zu. Nach einer Prognose des Instituts für Arbeitsmarkt- und Berufsforschung erhöht sich der Anteil des Dienstleistungssektors bis 2015 weiter. Dieser Trend wird sich nach einer neueren Prognose bis zum Jahr 2025 noch verstärken (Abb. 4.3).

1. Recherchieren Sie im Internet und in Printmedien nach Beispielen für Trends und Wandel in der modernen Arbeitswelt und ordnen Sie diese den drei Wirtschaftsbereichen zu (siehe Abb. 4.1)!

Anforderungsprofile und Qualifikationen

Der zukünftige Arbeitsmarkt wird durch veränderte **Anforderungsprofile** und **Qualifikationsstrukturen** geprägt sein. So nimmt nach einer Prognose der Prognos AG der Anteil der höher qualifizierten Tätigkeiten in Bereichen wie Forschung und Entwicklung, Organisation, Management und Beratung weiter zu; er wird sich bis zum Jahr 2010 auf ca. 40 % der Erwerbstätigen erhöhen (Abb. 4.2). Die Entwicklungen in der modernen Arbeitswelt führen zu erheblichen Veränderungen der Anforderungsprofile in Unternehmen und bei Arbeitnehmern. Dies erfordert eine qualifiziertere Ausbildung der Jugendlichen mit einer höheren Abiturienten- und Studienquote, damit sich Deutschland auch an die europäischen Vergleichswerte annähert.

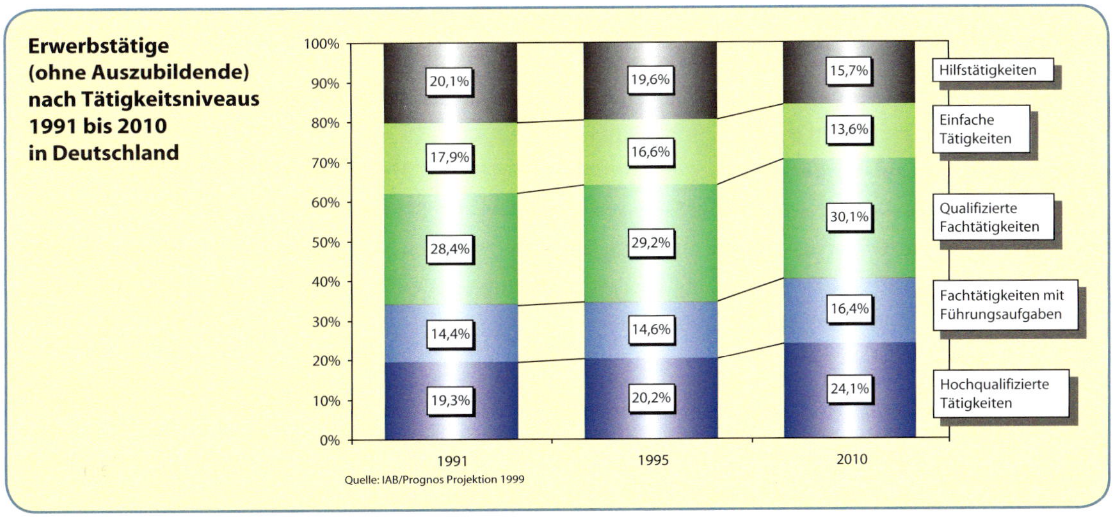

Abb. 4.2: Erwerbstätige nach unterschiedlichen Anforderungsprofilen und Tätigkeiten 1991, 1995 und 2010

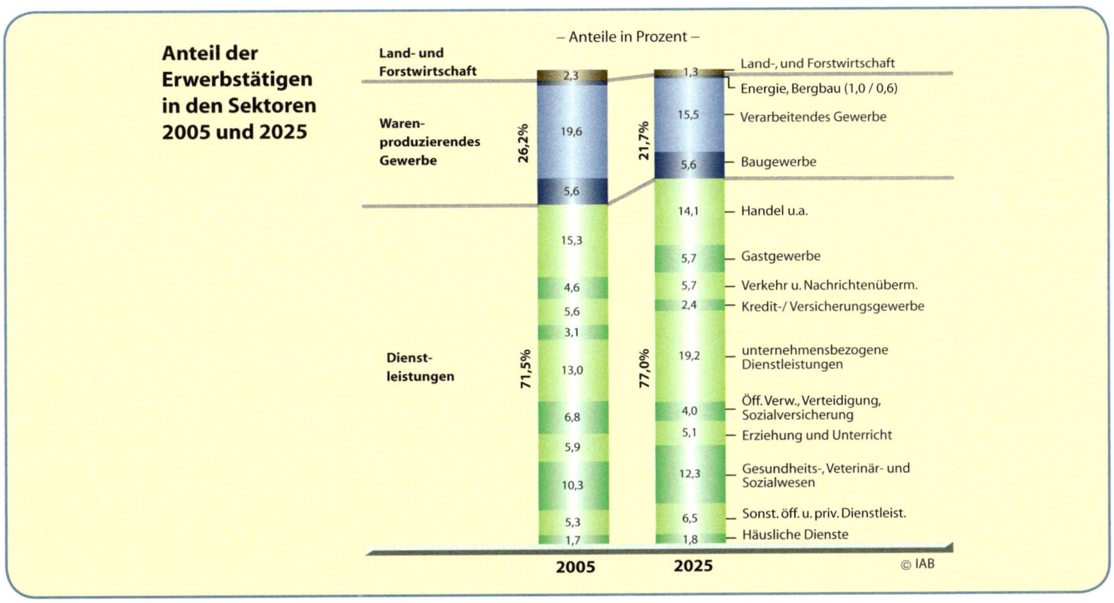

Abb. 4.3: Anteil der Erwerbstätigen in den Sektoren 2005 und 2025

2. Wie entwickelten sich die verschiedenen Wirtschaftssektoren in Deutschland (Abb. 4.1, 4.2 und 4.3) und wie werden sie sich voraussichtlich weiterentwickeln? Begründen Sie diese Entwicklungen kurz!

Der Abschluss einer Schulausbildung, einer Ausbildung oder eines Studiums bedeutet nicht das Ende der individuellen Bildung. Aufgrund der zunehmenden Komplexität in Gesellschaft und Wirtschaft müssen sich die Berufstätigen, vor allem aber die Akademiker, darauf einstellen, ihr Wissen und ihre Fähigkeiten ständig zu erweitern und zu vertiefen. **Lebenslanges Lernen** ist verstärkt gefordert, um den Anforderungen dieser Entwicklungsprozesse zu genügen. Schulen und Hochschulen vermitteln deshalb zunehmend das Know-how für eigenständiges Weiterlernen.

Auch **Schlüsselqualifikationen** wie Flexibilität, Mobilität, Innovationsfähigkeit, Kreativität, vernetztes Denken, Kommunikations- und Kooperationsfähigkeit sowie Führungskompetenz sind neben Fachwissen für die Bewältigung zukünftiger Aufgaben im Beruf sehr wichtig. Akademiker mit Visionen sind gesucht.

Die zukünftige Entwicklung der Berufs- und Arbeitswelt, auf die sich die Jugendlichen frühzeitig einstellen sollten, wird vermutlich von folgenden über Szenarien ermittelten **Megatrends** geprägt sein: u. a. Globalisierung, Nachhaltigkeit, technologische und demografische Entwicklung.

Globalisierung

Die derzeitige gesellschaftliche, politische und wirtschaftliche Diskussion ist von Globalisierung geprägt. Darunter versteht man die zunehmende Verflechtung und Verschmelzung der Volkswirtschaften zu einer Weltwirtschaft. Fakten für diese Globalisierung sind beispielsweise:

- eine zunehmende internationale **Öffnung der Märkte**, die vor allem im Finanzsektor weit fortgeschritten ist.
- der vielfältige **grenzüberschreitende Austausch von Gütern und Dienstleistungen** zwischen verschiedenen Ländern und Wirtschaftsblöcken; Güter und Dienstleistungen werden dort produziert, wo dies am günstigsten geschehen kann. Globalisierung ist also eher ein Miteinander statt ein Gegeneinander.
- die zunehmenden **Auslandsinvestitionen deutscher Unternehmen und die Investitionen des Auslands in Deutschland**.
- die umfangreichen **gegenseitigen Kapitalbeteilungen** von Unternehmen. So sind z. B. die größten deutschen Aktiengesellschaften bereits mehrheitlich im Auslandsbesitz, wie umgekehrt auch deutsche Unternehmen über erhebliche Auslandsbeteiligungen verfügen.
- die Zunahme **internationaler Unternehmenszusammenschlüsse**.
- eine **Internationalisierung der Arbeitsmärkte** insbesondere bei hoch qualifizierten Arbeitskräften.
- eine deutliche Zunahme von **Mitarbeiter- und Unternehmensnetzwerken**, die sich je nach Situation bilden.
- eine größere **Anfälligkeit** bei Ereignissen in bestimmten Regionen. Die erhebliche weltwirtschaftliche Auswirkung des Hurrikans Katrina im Jahr 2006 auf die Ölwirtschaft ist ein geeignetes Beispiel.

Durch die Globalisierung kommt es auf dem deutschen Arbeitsmarkt einerseits zu einer Verlagerung von nicht mehr wettbewerbsfähigen Arbeitsplätzen in Länder mit niedrigerem Entwicklungsstand; andererseits bieten sich gerade einem Land wie Deutschland durch qualitativ hochwertige Produkte sehr gute Exportchancen. Damit erfolgt eine Sicherung und Schaffung hoch qualifizierter Arbeitsplätze, die gerade für Akademiker von besonderem Interesse sind.

Abb. 4.4: Ursachen der Globalisierung

Technologische Entwicklungen

Diese entscheiden zunehmend über die Wettbewerbsfähigkeit eines Landes. Deshalb bietet sich – bei geeigneten Voraussetzungen – eine Orientierung bei der Studien- und Berufswahl auf diese Bereiche an. Zu erwähnen sind hier insbesondere die Computer- und Informationstechnologie, die Entwicklung neuer Materialien in der Werkstoff- und Mikro-Technologie wie die Laser-Technologie, Life Sciences/Biotechnologie, Mechatronik (Mechanik und Elektronik) und die Nanotechnologie. So verdoppeln sich z. B. derzeit alle 18 Monate die Rechnerkapazitäten, die Halbwertszeit des Wissens hat sich auf ca. fünf Jahre vermindert. Die Verarbeitung einer derartigen Wissensvermehrung erfordert neue Möglichkeiten der Informationsgewinnung und -verarbeitung.

Nach einer Studie der Arthur D. Little International Inc. für das Bayerische Staatsministerium für Wirtschaft, Verkehr und Technologie (www. stmwvt.de) sind für viele Bereiche bereits Märkte, z. B. Mobilkommunikation, vorhanden bzw. eine Marktnachfrage noch stärker zu entwickeln, z. B. intelligente Verkehrsmittel (Abb. 4.5). Schlagwörter wie CIM (computer integrated manufactoring), CAD (computer aided design), Fabrik der Zukunft (FOF, factory of future), Roboterisierung der Wirtschaft und Just-in-time-Produktion verdeutlichen diese Entwicklungsprozesse.

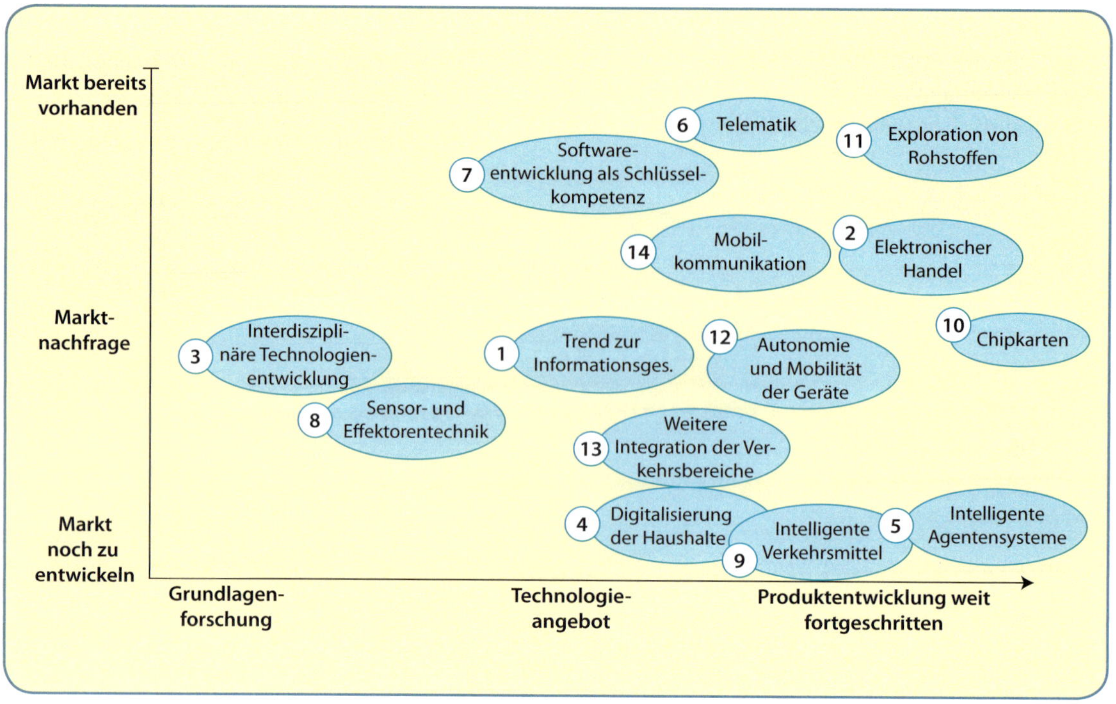

Abb. 4.5: Megatrend: Die Computer- und Informationstechnologie entscheidet zunehmend über die wirtschaftliche Wettbewerbsfähigkeit

Demografische Entwicklungen und Nachhaltigkeit

Die Wirtschaft wird auch durch einen deutlichen Trend zur Nachhaltigkeit sowie durch demografische Entwicklungen verstärkt geprägt. Internationale politische Vereinbarungen zwingen Unternehmen u. a. stärker als bisher auf Schonung von Umwelt und Ressourcen zu achten. Wesentliche demografische Merkmale in Deutschland werden dabei eine zunehmende Überalterung und eine rückläufige Entwicklung der Bevölkerung sein mit erheblichen Auswirkungen auf die verschiedenen Systeme der Sozialversicherung. Der Anteil der 15- bis 19-Jährigen wird sich auf dem Arbeitsmarkt nach IAB-Berechnungen in wenigen Jahren bei rund 20 Prozent einpendeln. Die Altersgruppe ab 50 dagegen wird von etwa einem Fünftel heute auf ein Drittel bis 2020 zunehmen – und auch längerfristig die 30-Prozent-Marke nicht mehr unterschreiten. Das führt dazu, dass bis 2040 selbst bei einer Nettozuwanderung von 200 000 Personen pro Jahr 7,2 Millionen weniger Arbeitskräfte in Deutschland vorhanden sein werden (nach: uni 7/2006, S. 23 f.).

Begriffe aus der modernen Arbeitswelt

Bereits vor Studienbeginn und vor dem Berufseinstieg ist es sinnvoll, sich mit Fragestellungen aus dem Bereich des Managements in der modernen Arbeitswelt zu beschäftigen. Jeder, der sich einem Bewerbungsgespräch unterzieht, muss nämlich mit derartigen Fragen rechnen. Die meisten Fachwörter dieses Bereichs stammen aus dem Englischen und sind inzwischen weit verbreitet. So ist es durchaus denkbar, dass beim Bewerbungsgespräch die Frage gestellt wird, wie man zum Beispiel zu einem bestimmten Management-Konzept eines Unternehmens steht.

Im Folgenden ein kurzer Überblick über wichtige, im Wirtschaftsleben weit verbreitete Begriffe:

Just-in-time-Produktion
ist ein Logistikverfahren – vor allem für die Großserienfertigung –, das zum Ziel hat, den gesamten Prozess von der Warenbeschaffung über die Produktion bis zum Absatz zu optimieren und die Lagerbestände bzw. die Durchlaufzeiten zu minimieren. Bei Planungsabweichungen wirkt sich dieses Verfahren allerdings negativ auf den Fertigungsprozess aus.

Lean Production
(„schlanke Produktion") ist ein in der japanischen Automobilindustrie entwickeltes Fertigungskonzept, das die Vorteile der flexiblen, qualitativ hochwertigen Handwerksarbeit mit denen der kostengünstigen Massenanfertigung kombinieren soll. Lean Production baut auf selbstverantwortlichen Teams und der Eliminierung überflüssiger Prozesse und Strukturen auf.

Benchmarking
ist ein systematisches Vorgehen zur Bewertung von Produkten, Dienstleistungen oder Prozessen im internen Vergleich (zwischen Abteilungen) oder mit anderen Unternehmen aus derselben oder aus anderen Branchen. Ziel ist es, aus identifizierten Leistungsunterschieden Maßnahmen zur Verbesserung abzuleiten.

Outsourcing
bezeichnet die Verlagerung von Unternehmensaktivitäten wie EDV, Logistik an externe Zulieferer oder Dienstleister. Ziel ist eine Verringerung der Fixkosten, eine Erhöhung der Flexibilität und eine Konzentration auf Kernkompetenzen des Unternehmens.

Shareholder-Value-Management (wertorientierte Unternehmensführung)
konzentriert sich nicht auf die traditionellen Ziele wie Umsatz oder Gewinn, sondern auf die Steigerung des Unternehmenswertes. Dieses Konzept beruht auf der Annahme, dass es die Kernaufgabe des Managements ist, für die Aktionäre einen nachhaltigen Wert zu erwirtschaften, der langfristig über dem Ertrag alternativer Anlagen liegt.

Coaching
ist eine Form der Beratung von Führungskräften. In einer Kombination aus individueller, unterstützender Problembewältigung und persönlicher Beratung hilft der Coach als neutraler Feedbackgeber bei der Klärung und Bewältigung beruflicher und zum Teil auch privater Herausforderungen seines Klienten.

Change-Management
hat sich als Schlagwort für die aktive und zielgerichtete Gestaltung von Veränderungsprozessen, zum Beispiel bei einer organisatorischen Neuausrichtung oder bei Fusionen, etabliert. Teilaspekte sind: Diagnose des Veränderungsvorhabens, Entwicklung einer Veränderungsstrategie, Management der Veränderung sowie Bewältigung von internen/externen Widerständen, Konflikten und Krisen.

Total-Quality-Management (TQM)
ist ein Konzept, das die ständige Verbesserung der Qualität von Prozessen und Produkten sowie eine umfassende Ausrichtung an den Anforderungen der Kunden, Mitarbeiter und Lieferanten anstrebt. TQM kann als eine Vorstufe zum Stakeholder-Management angesehen werden.

Stakeholder-Management
Im Gegensatz zum Shareholder-Value-Management fordert dieses die Orientierung eines Unternehmens an den Anforderungen aller Interessensgruppen und nicht nur an den Bedürfnissen der Aktionäre. Zu den Stakeholdern („Anspruchsgruppen") zählen unter anderem die Mitarbeiter, die Kunden, die Lieferanten, der Staat, die Umwelt, die Öffentlichkeit/Nachbarn und die Medien.

(nach: Managementkonzepte, in: Uni 5/2006, S. 58 ff. und Akademiker mit Visionen gesucht, in: Uni 7/2007, S. 22 ff.)

Globalisierung, Internationalisierung und Mobilität
Unter dem Begriff Globalisierung werden verschiedene Wandlungsprozesse zusammengefasst, die sich seit dem Ende der Achtzigerjahre immer mehr durchsetzen. Darunter fallen beispielsweise die Internationalisierung der Märkte, die Verschärfung des Standortwettbewerbs zwischen Staaten, die rasche weltweite Vernetzung aufgrund neuer Informations- und Kommunikationstechnologien und die zunehmende Instabilität lokaler Märkte. Arbeitsplätze werden europa- oder weltweit gesucht und gefunden, weil sich die Arbeitsmärkte erweitern und internationalisieren. Arbeitnehmer müssen dafür den Willen zur Mobilität mitbringen.
(http://www.unimagazin.de/rubrik/interview200603.jsp)

Office 21
Kabellose Technologien ermöglichen flexibles Arbeiten, sowohl im Büro als auch außerhalb. Breitbandige Zugänge zu den Daten im Unternehmen und zu den Diensten im komplett vernetzten Zuhause stehen zur Verfügung. Allgegenwärtige Informations- und Kommunikationstechnologien ermöglichen flexibles Arbeiten zu jeder Zeit und an jedem Ort. Eine Vielfalt von Endgeräten, die entweder fest installiert sind oder sich am Körper des Anwenders befinden, unterstützt die Arbeit.

Fraktal und vernetzt zugleich
Lineare Hierarchien und lebenslange Beschäftigungsverhältnisse sind schon heute in vielen Berufen längst nicht mehr zeitgemäß. Das Arbeiten in zeitlich begrenzten, branchenübergreifend agierenden Netzwerken an einem gemeinsamen Projekt wird in Zeiten der kürzer werdenden Produktlebenszyklen weiter zunehmen, lebenslange Beschäftigungsverhältnisse werden dagegen abnehmen. Nach Beendigung eines Projekts löst sich ein Team wieder auf und es bilden sich Teams in anderen Zusammensetzungen. Diese Arbeitswelten sind dann fraktal und zugleich vernetzt, wenn auch nur auf Zeit.
(http://www.unimagazin.de/rubrik/special20040304.jsp)

Digitalisierung und Automatisierung
In zunehmendem Maße werden Arbeitsprozesse automatisiert, damit einhergehend sinken die Erwerbstätigenzahlen. Mittlerweile gibt es bereits Konzepte, die komplette Produktion vorab digital zu simulieren, Stichwort „Digitale Fabrik“. Mit diesem Konzept, das statt auf reale auf virtuelle Produktion setzt, wird vor der eigentlichen physischen Produktion eine vollständige digitale Repräsentation von Produkt, Prozess und Ressourcen vorgenommen. Mithilfe aufwändiger Computersimulationen und digitaler Verfahren werden Produktionsanlagen und Fertigungsprozesse getestet, um sicherzustellen, dass alle Anlagen später störungsfrei arbeiten können.
(http://www.ipa.fraunhofer.de/Arbeitsgebiete/digitalfabrik/)

(nach: Managementkonzepte, in: uni 5/2006, S .58 ff. und Akademiker mit Visionen gesucht, in: uni 7/2007, S. 22 ff.)

3. Welche wesentlichen Ursachen gibt es für den Änderungsprozess in der modernen Arbeits- und Berufswelt im Rahmen der Globalisierung?
4. Welche Auswirkungen hat die zunehmende Globalisierung voraussichtlich auf die Wahl Ihres Studiums und Ihres zukünftigen Berufs? Begründen Sie Ihre Aussagen!
5. Informieren Sie sich u. a. bei der Methode „Szenario-Technik“ (Kapitel 16.4) über allgemeine Megatrends in der Gesellschaft! Wählen Sie einen Megatrend aus und diskutieren Sie die Konsequenzen, die sich daraus für die Arbeitswelt ergeben!

Zusammenfassend kann festgestellt werden, dass die derzeit rasant ablaufenden Entwicklungen in der Arbeitswelt zu erheblichen Herausforderungen für Sie als zukünftige Erwerbstätige führen werden. Darin liegen einerseits Chancen, aber auch Risiken für den Standort Deutschland und für Ihre zukünftigen Arbeitsplätze.

5 Arbeitsmarktprognosen

Abb. 5.1: Trends auf dem Arbeitsmarkt?

1. Interpretieren Sie die Abb. 5.1!
2. Recherchieren Sie zum Begriff Prognose, insbesondere zur Arbeitsmarktprognose, und stellen Sie wichtige Trends zusammen!

Prognosen, insbesondere Arbeitsmarktprognosen, sind nicht einfach zu erstellen. Das Institut für Arbeitsmarkt- und Berufsforschung (IAB) der Bundesagentur für Arbeit in Nürnberg arbeitet bei Arbeitsmarktprognosen eng mit der schweizerischen Prognos AG zusammen, um allgemeine Trends differenziert nach Qualifikationsgruppen, Art der Tätigkeiten, Entwicklung der Wirtschaftssektoren oder von Berufsfeldern zu ermitteln. Nachträglich betrachtet waren die bisherigen globaleren Prognosen auch weitgehend zuverlässig.

Die bereits im Kapitel 4 dargestellten Trends zur Entwicklung der Wirtschaftssektoren hin zu Dienstleistungen und zur deutlichen Zunahme höherwertiger Tätigkeiten (Qualität ist gefragt) belegen die Zuverlässigkeit von Prognosen. Ein Trend ist in Deutschland im internationalen Vergleich klar ersichtlich: Deutschland hat zu wenig Akademiker (Abb. 5.2), um die wirtschaftliche Zukunft hinreichend zu sichern.

Eine Prognose wird umso schwieriger, je konkreter sie sich auf bestimmte Branchen oder Berufszweige bezieht. Schülerinnen und Schüler, z. B. der Jahrgangsstufe 11 des Gymnasiums, beginnen ihr Studium je nach individueller Situation (Wehrdienst, Ersatzdienst, Auslandsaufenthalt, soziales Jahr, vorherige Abiturientenausbildung u. a.) durchschnittlich erst nach ca. 1 bis 3 Jahren nach dem Abitur. Da die durchschnittliche Studiendauer je nach Fach und Hochschulart zwischen 4 und 7 Jahre beträgt, beginnt die angestrebte Berufstätigkeit erst in 6 bis 10 Jahren. Das bedeutet, dass sich Entscheidungen zur Studien- und Berufswahl erst mit einer erheblichen zeitlichen Verzögerung auf den Arbeitsmarkt auswirken. Warteschleifen, Studien- und Ausbildungsplatzwechsel können zu weiteren Verzögerungen führen.

Nach Abschluss der Berufsausbildung bzw. des Studiums bedeutet das dann keineswegs, dass der erlernte Beruf bis zum Eintritt der Rente ausgeübt werden kann. Dies dürfte eher die Ausnahme sein. Das heißt zwar nicht, dass ein ständiger Berufswechsel stattfinden wird, ein hohes Maß an Flexibilität und Mobilität ist jedoch erforderlich.

Mangel an Hochqualifizierten
Deutschland ist weit entfernt von einer Akademikerschwemme. 1991 hatte jeder fünfte Bundesbürger zwischen 25 und 34 Jahren einen Hochschulabschluss, im Jahr 2003 waren es mit 22 % nur unwesentlich mehr. Im gleichen Zeitraum dagegen stieg die Akademikerquote beispielsweise in Kanada von 33 auf 53 Prozent. Auch in Norwegen, Finnland und Schweden konnten 2003 vier von zehn Einwohnern unter 35 Jahren ein abgeschlossenes Studium vorweisen.

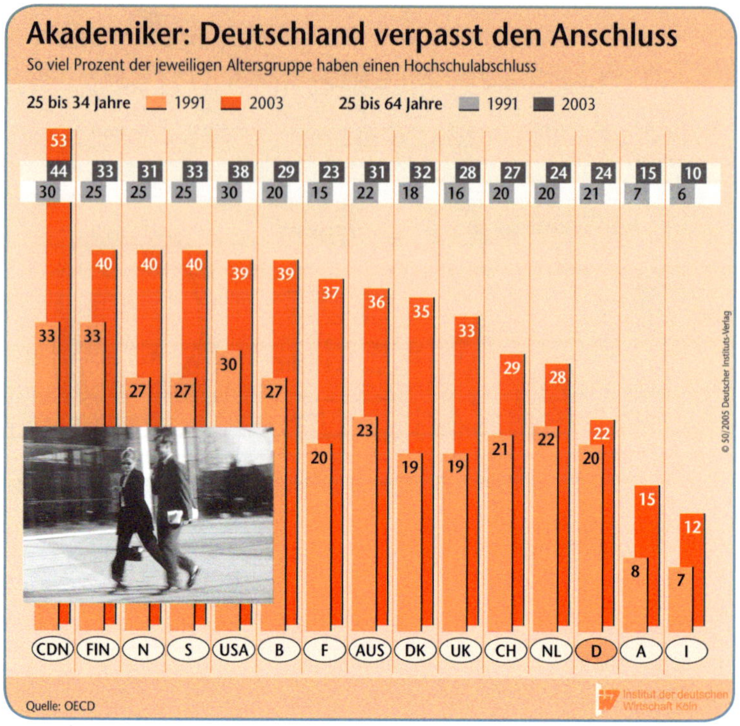

Abb. 5.2: Akademiker: Deutschland verpasst den Anschluss

Unbeständige Aussichten

Welche Jobs haben Zukunft? Welche Branchen suchen Bewerber? Und wie finde ich heraus, ob auf Prognosen überhaupt Verlass ist?

Weil es wenig gibt, was Arbeitsmarkt- und Berufsforscher nicht ergründen, haben sie auch schon herausgefunden, wie sich Jugendliche auf der Suche nach dem passenden Beruf verhalten. Manche wählen einfach das, was sie interessiert und wovon sie glauben, es auch leidlich zu beherrschen. Andere vergleichen ihre Interessen und Begabungen mit den Aussichten auf dem Arbeitsmarkt und entscheiden sich für einen Kompromiss zwischen Neigung und Perspektive. Und dann gibt es noch Jugendliche, die sich von vornherein nur für Berufe interessieren, die eine abgesicherte Zukunft versprechen. Die meisten Experten raten – wenig überraschend – zum zweiten Weg.

Die allermeisten Jugendlichen sind dankbar für möglichst exakte Einschätzungen ihrer Berufsperspektiven. An Vorhersagen mit Titeln wie „Branchenreport", „Prognose 2010" oder „Job-Ampel" besteht auch kein Mangel. […]

Wie aber lässt sich die Zukunft so genau vorhersagen – oder geht das vielleicht gar nicht? Verantwortlich für viele Fehlprognosen ist immer wieder der sogenannte Schweinezyklus. Der heißt nicht so, weil er so unerfreulich ist, sondern [weil er] auf einem klassischen Dilemma zwischen der Angebot- und Nachfrage-Regelung in der Landwirtschaft basiert: Werden die Rippchen rar, werden sie teurer. Der Preis steigt, es werden mehr Schweine gezüchtet. Werden diese auf den Markt geworfen, sinkt der Preis prompt wieder und die

Zahl der Schweineställe nimmt wieder ab – bis die Rippchen erneut rar werden und der Preis wieder steigt. So ähnlich ist das auch in der Arbeitsmarktpolitik. [...]

Für eine seriöse Prognose muss man nicht nur den Bedarf der Vergangenheit kennen, sondern auch eine fundierte Vision für den von morgen haben. Die bekommt man, wenn man das momentane Personal mit den Renten-Eintritten und dem Nachwuchs – also den Auszubildenden und Studenten – in einen sinnvollen Zusammenhang gesetzt hat. Der Prognose-Forscher Reinhard Schüssler sagt, wer diese Daten kenne und zusätzlich die möglichen Auswirkungen der aktuellen Prognosen einbeziehe, der könne schon recht zuverlässig in die Zukunft blicken. [...]

Jeanette Goddar: Unbeständige Aussichten, in: Schule & Job, Beilage der Süddeutschen Zeitung, 27. Sept. 2006

3. Analysieren Sie den Text „Unbeständige Aussichten" und fassen Sie die Kernaussagen zusammen!
4. Welche Folgerungen könnten sich daraus für Ihre Studien- und Berufsentscheidung ergeben?
5. Könnte es sinnvoll sein, sich bei der Wahl des Studiums antizyklisch und nicht zyklisch zu verhalten? Begründen Sie Ihre Vermutung!

Am Beispiel des Lehrerberufs ist nachvollziehbar, dass es in Zeiten von Lehrermangel am Gymnasium nicht unbedingt sinnvoll ist, ein Lehrerstudium zu beginnen, da damit zu rechnen ist, dass viele Studierende dieses Studium auch tatsächlich beginnen und gemeinsam eine Art „Schweinezyklus" verursachen. Eine sinnvolle Strategie könnte z.B. sein, in Zeiten eines Lehrerüberschusses mit dem Studium zu beginnen, da – vereinfacht ausgedrückt – nach ca. fünf Jahren vermutlich nur relativ wenige Lehrer zur Verfügung stehen. Diese Entscheidung sollte jedoch auch durch die Altersstruktur der Lehrer an bestimmten Schularten, durch die Wahl der Unterrichts-/Studienfächer sowie durch Schülerprognosen abgesichert werden.

Neuere Informationen zum Markt für Gymnasiallehrer sind beispielsweise in der Zeitschrift uni Nr. 2/2007, S. 8–13 enthalten, die über Internetrecherche bei der Bundesagentur für Arbeit (siehe Kapitel 7) abgerufen werden können.

Gute Chancen dürfte tendenziell ein Studium der Ingenieurwissenschaften bieten, da einerseits die Zahl der Studierenden rückläufig ist (siehe Abb. 5.3, S. 32), andererseits gerade Ingenieure aufgrund der zunehmenden Technisierung gesucht sind.

Beeinflusst werden die Chancen und Risiken beim Berufsstart vor allem auch durch die jeweilige konjunkturelle Lage. Bei einer positiven Wirtschaftsentwicklung werden z.B. in der Regel mehr Arbeitskräfte benötigt als bei einer ungünstigen.

Zu den zukünftigen Beschäftigungschancen sind in der Broschüre Studien- & Berufswahl der Bundesagentur für Arbeit wichtige Hinweise enthalten.

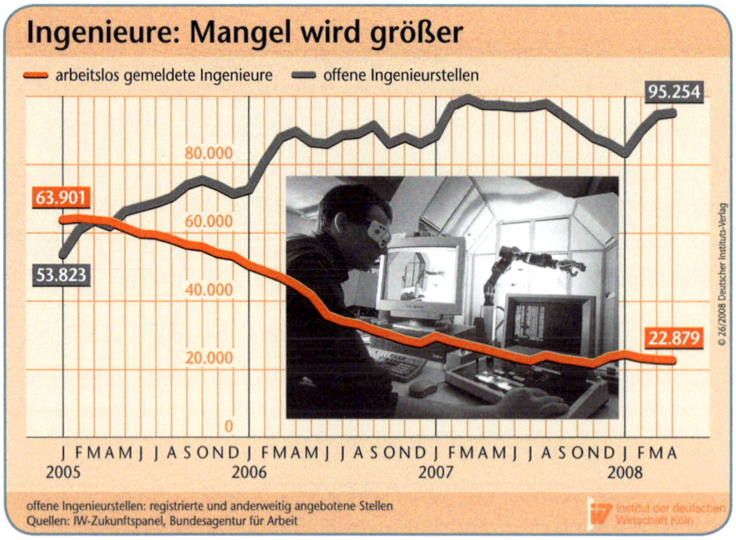

Abb. 5.3: Ingenieure: Mangel wird größer

Berufseinstieg: Ingenieursmangel

Innerhalb von zehn Jahren ist die Zahl der Hochschulabsolventen in den ingenieurwissenschaftlichen Fächern um mehr als 20 % gesunken.

Der fehlende Nachschub aus den Hochschulen wirkt sich auf die Zusammensetzung der Belegschaften in Betrieben aus. Die Zahl der erwerbstätigen Akademiker unter 30 Jahren mit Abschluss in den sogenannten MINT-Fächern Mathematik, Ingenieurwissenschaften und Naturwissenschaften sank von 152 000 im Jahr 2000 auf 119 000 im Jahr 2004.

6. Fassen Sie die Kernaussagen der beiden folgenden Texte zusammen!

Mit Prognosen und Modellrechnungen richtig umgehen

[…] Prognosen können die zukünftige Realität nicht mit Sicherheit vorhersagen.

Bei Prognosen/Modellrechnungen handelt es sich in der Regel um Fortschreibungen von grundlegenden Trends der Vergangenheit in die Zukunft. Dabei wird von bestimmten (alternativen) Annahmen hinsichtlich der weiteren Entwicklung, z. B. von Wirtschaftswachstum und Produktivität, ausgegangen. […] Erweisen sich die Annahmen hierzu als unzutreffend oder ergeben sich nicht vorhergesehene Einflüsse gesellschaftlicher, wirtschaftlich-technischer oder politischer Art, so wird die tatsächliche Entwicklung von den Projektionsergebnissen abweichen.

Ein Beispiel: Der künftige Bedarf bzw. das künftige Angebot an Arbeitsplätzen ist im öffentlichen Dienst immer auch abhängig etwa von den jeweils herrschenden Auffassungen über Inhalt und Umfang staatlicher Aufgaben und den Finanzierungsmöglichkeiten. […]

Prognoseergebnisse: Gegenläufiges Handeln kann manchmal richtig sein!

Prognosen/Modellrechnungen haben unter bestimmten Umständen auch zur Folge, sich selbst zu widerlegen: Angebliche Angebotsüberschüsse können abschreckend, angebliche Bedarfsüberschüsse motivierend auf Studien- und Berufsentscheidungen wirken, sodass prognostische Aussagen vor allem im Hinblick auf einzelne Studienfächer häufig eine gegenteilige Entwicklung zur Folge haben können.

Dieses Phänomen war in den vergangenen Jahren besonders gut bei den Elektro- und Maschinenbauingenieuren und -ingenieurinnen zu beobachten. Anfang der 90er-Jahre führte ein Überangebot und höhere Arbeitslosigkeit in diesen Berufsgruppen dazu, dass die Zahl der Studienanfänger/-innen zwischen 1993 und 1995 drastisch zurückging. Dadurch bedingt sanken zeitversetzt die Absolventenzahlen. Der vonseiten der Wirtschaft daraufhin beklagte Mangel an qualifizierten akademischen Nachwuchskräften in ingenieurwissenschaftlich-technischen Berufen, insbesondere im Maschinenbau, im Elektroingenieurwesen, in der Verfahrenstechnik und in den IT-Berufen, und die damit erwarteten verbesserten Berufschancen für Ingenieurinnen und Ingenieure hatten das Interesse für das ingenieurwissenschaftliche Studium wiederum geweckt. Über den gesamten Zeitraum von 1996 bis 2003 sind die Studienanfängerzahlen stark gestiegen. Dieser Trend hat sich allerdings in den folgenden Studienjahren nicht fortgesetzt; inzwischen beklagt die Wirtschaft wieder einen starken Mangel an Ingenieurinnen und Ingenieuren.

Studien- & Berufswahl, Ausgabe 2007/2008, S. 50

Persönliche Berufschancen einschätzen

Die allgemeinen Entwicklungen auf dem Arbeitsmarkt lassen zwar den Schluss zu, dass sich ein Studium lohnt, für die individuelle Ausbildungs- und Berufsentscheidung bieten sie allerdings nur eine begrenzte Hilfestellung. [...] Viele Fragen, die sich bei der Studien- und Berufswahl stellen, können nicht generell beantwortet werden. Auch werden nicht alle Fragen für jede und jeden und für jeden Beruf die gleiche Bedeutung haben. Die folgenden, keineswegs erschöpfenden Fragen [...] können jedoch als Grundlage dienen, um sich gezielt Informationen [...] einzuholen.

- Welches Spektrum an Berufen und Tätigkeitsfeldern steht mir aufgrund meiner beabsichtigten Ausbildung zur Verfügung?
- Inwieweit gibt es Übergangsmöglichkeiten in andere Berufe, falls die Beschäftigungssituation sich verschlechtern sollte oder wenn einem die Tätigkeit nicht mehr zusagt? Wie viele der bisherigen Kenntnisse können bei einem Berufswechsel verwertet werden?
- Inwieweit ist auch eine berufliche Selbstständigkeit möglich?
- Wie ist der berufliche und soziale Status einzuschätzen?
- Wie war die Arbeitsmarktsituation (z. B. Erwerbstätigkeit, Arbeitslosigkeit) bei bestimmten Studienfächern in der Vergangenheit, wie ist sie gegenwärtig?
- Haben konjunkturelle Einflüsse oder Planungen und Entscheidungen der öffentlichen Hand für bestimmte Berufe besondere Bedeutung?
- Wie ist die Altersstruktur der Erwerbstätigen mit einer bestimmten Ausbildung? [...]
- Inwieweit gibt es Aufstiegsmöglichkeiten?
- Mit welcher Konkurrenz aus anderen Bereichen ist zu rechnen [...]?
- Sind für spätere Spezialisierungen Zusatz-, Ergänzungs- oder Aufbaustudien möglich?
- Wie krisenanfällig sind die Arbeitsplätze in dem angestrebten Beruf?

Jede Berufswahl und Ausbildungsentscheidung findet im Hinblick auf die Beschäftigungschancen unter Unsicherheit statt. Diese Unsicherheit lässt sich mildern, indem man sich zügig breite und solide Grundlagen in seinem Studienfach aneignet, im Rahmen von Praktika berufliche Erfahrungen sammelt und dabei evtl. entscheidende Kontakte knüpft sowie bereits während des Studiums fachübergreifende Fähigkeiten erwirbt. Hinzukommen sollten realistische Status- und Einkommenserwartungen sowie eine möglichst große regionale und berufliche Mobilität, bis hin zur Bereitschaft zur beruflichen Umorientierung. Eine solche Einstellung und Vorgehensweise trägt oft mehr zur Erhöhung der Beschäftigungschancen bei als Spezialistenwissen, das man sich später bei Bedarf aneignen kann.

Studien- & Berufswahl, Ausgabe 2007/2008, S. 51

6 Analyse des eigenen Informationsstandes und Diagnose zur Eignung

Abb. 6.1: Diagnose zur Eignung?

1. Interpretieren Sie die Abb. 6.1!

Wird das Thema Studien- und Berufsorientierung im Unterricht behandelt, stellen Lehrkräfte häufig fest, dass die Interessenslage und der Kenntnisstand bei den Jugendlichen sehr unterschiedlich ausgeprägt sind. Andererseits bemängeln diese immer wieder, dass sie mit den in der Schule vermittelten Kenntnissen unzufrieden sind. Deshalb ist es nötig, dass durch geeignete Verfahren sowohl die Lehrkraft über den Informationsstand des Jugendlichen Bescheid weiß, als auch dem Jugendlichen deutlich wird, was er will und was er kann.

2. Erstellen Sie zur Ermittlung der Selbsteinschätzung einen Fragenkatalog mit geeigneten Kriterien!
3. Welche Selbsteinschätzung haben Sie im Hinblick auf Ihren eigenen Kenntnisstand zur Studien- und Berufswahl?

In einer Untersuchung des Staatsinstituts für Schulqualität und Bildungsforschung München (ISB) wurden von November 2000 bis Januar 2001 Schülerinnen und Schüler der Jahrgangsstufen 12 und 13 an 21 bayerischen Gymnasien hinsichtlich ihrer Selbsteinschätzung zum Stand der Studien- und Berufsorientierung befragt. Nach dieser Untersuchung, die in einem umfangreichen Ordner Beruf und Studium (BuS) veröffentlicht wurde (einsehbar unter www.bpv.de/stiftung →„Fortbildung BuS"), wurden die Schüler in vier Klassen eingeteilt:

Typ A: Ich habe noch wenig konkrete Vorstellungen darüber, was ich machen soll, und ich weiß auch nicht wirklich, wie ich so etwas angehen soll.

Typ B: Ich habe schon mehr oder weniger genaue Vorstellungen darüber, was ich machen werde, und ich weiß auch schon ungefähr, wie ich so etwas angehen soll.

Typ C: Ich habe schon sehr konkrete Vorstellungen darüber, was ich machen werde, möchte mich aber vor einer endgültigen Entscheidung nochmals absichern.

Typ D: Ich weiß schon konkret, was ich machen werde, und ich bin mir meiner Sache sicher.

BuS-Themenordner, ISB, München 2005, Kapitel 5.4, S. 3

Auffallend ist, dass ca. 72 % der Befragten den Typen A und B zugeordnet wurden. Die Unterschiede zwischen den Jahrgangsstufen 12 und 13 waren nicht gravierend. Ein wesentliches Ziel dieses P-Seminars ist es nun, dass die Schülerinnen und Schüler im Verlauf dieses P-Seminars von ihrem Typ her aufsteigen und im Idealfall am Ende des P-Seminars alle Beteiligten den Status von Typ D erreichen. Die Untersuchung war so angelegt, dass die Befragten zu den folgenden zwölf Items antworten sollten, wobei Mehrfachnennungen möglich waren. Die Fragen lauteten:

Brauchen Sie:

1. Informationen über Inhalte von Berufen bzw. Studiengängen
2. Informationen, welche Berufe Zukunft haben
3. Aufstiegs-/Karrierechancen im Beruf
4. Ausbildungsmöglichkeiten zum Wunschberuf
5. Hilfe bei der Suche eines Ausbildungsplatzes
6. Informationen über Studium und Beruf im Ausland
7. jemanden, mit dem Sie ausführlich über Ihre beruflichen Vorstellungen reden
8. Beratung, welche Berufe/Studiengänge für Sie in Frage kommen
9. das Aufzeigen von Alternativen, an die Sie selbst nicht gedacht haben
10. jemanden, der Ihnen hilft herauszufinden, wofür Sie geeignet sind
11. eine Empfehlung, was Sie werden sollen
12. einen Studien- und Berufswahlkurs (ohne Noten) in der Kollegstufe

nach: BuS-Themenordner, ISB, München 2005, Kapitel 5.4, S. 3 f.

4. Beantworten Sie für sich selbst die oben genannten 12 Items und werten Sie anschließend für Ihren P-Seminarkurs die Ergebnisse aus! Visualisieren Sie die Ergebnisse!
5. Leiten Sie aus den Ergebnissen der Aufgabe 4 eine Typisierung Ihres P-Seminarkurses nach den Schülertypen A, B, C und D ab!
6. Überlegen Sie, welche Maßnahmen für die nach Typen geordneten Kleingruppen geeignet sein könnten, um die vorhandenen Defizite zu beseitigen!

Für die oben angesprochenen Schülertypen wurden vom ISB anschließend individuelle Selbsterkundungshefte konzipiert, mit denen sich die Jugendlichen systematisch selbst kennenlernen, sodass sie einen Überblick über ihren eigenen Status gewinnen. Als Beispiel die verschiedenen Etappen der Selbsterkundung bei Typ A:

Nummer	Thema	Seite
0	Vorbemerkungen	3
0.1	Arbeitstechnische Hinweise	3
0.2	Wo soll ich nur die Zeit hernehmen, um mich mit meiner Berufswahl intensiv zu beschäftigen?	4
0.3	Was man über die Berufswahl wissen sollte	5–6
1	Meine **Interessen**	7
1.1	Träume – keine Schäume, sondern Wegweiser (**Traumberufe** und was sie heute noch bedeuten)	8–9
1.2	Meine **Interessen für Berufsfelder**	10–14
1.3	Meine **Interessen für** bestimmte **Tätigkeitsarten**	15–17
1.4	Meine **Interessen** im Hinblick auf die **Arbeitsbedingungen** meiner Ausbildung und meiner Berufstätigkeit	18–21
2	Meine **Werte und Lebensziele**	22–24
3	Meine **Fähigkeiten**	25–26
3.1	**Langzeitnotenanalyse**	27–30
3.2	**Stärken- und Schwächenanalyse** unabhängig von den Noten	31–42
4	**Persönlichkeitsmerkmale**, die für meine Berufswahlentscheidung wichtig sind	43–47
5	Mein **Umfeld** und wie es mich geprägt hat	48–50
6	Was mache ich nun mit all den gewonnenen Informationen? Ein **Wegweiser**!	51

Abb. 6.2: Etappen der Selbsterkundung bei Typ A

7. Besorgen Sie sich bei Ihrem Beratungslehrer oder Oberstufenkoordinator das für Ihren Typ entsprechende BuS-Selbsterkundungsheft! Sie können es auch selbst unter der bereits genannten Internetadresse http://www.bpv.de/stiftung herunterladen.
   a) Bearbeiten Sie das Selbsterkundungsheft!
   b) Füllen Sie das Zusammenfassungsblatt für Ihren Typ aus und beachten Sie dabei die Hinweise im 1. und 2. Schritt!

Was mache ich nun mit all den gewonnenen Informationen? Ein Wegweiser!

1. Schritt

Auf dem **Zusammenfassungsblatt** haben Sie die Hauptergebnisse einer ganzen Reihe von berufswahlrelevanten Gesichtspunkten notiert. Sie haben viel über sich selbst nachgedacht und die gewonnenen Informationen auf das Wesentliche reduziert. Damit besitzen Sie eine wertvolle Basis für den weiteren Entscheidungsprozess.

- Legen Sie das Zusammenfassungsblatt für einige Tage zur Seite und betrachten Sie es dann mit Distanz. Wahrscheinlich drängen sich auf der Grundlage all der gesammelten Daten über Ihre Einstellungen, Werte, Fähigkeiten, Schwächen usw. bestimmte konkrete Berufe auf. **Notieren Sie diese Ideen für Berufe, zu denen Sie passen, in der Mitte der Zusammenfassungsblattes.**
- Oder kommen Sie trotz der Informationen auf dem Blatt immer noch nicht auf konkrete Berufsideen? Dann vereinbaren Sie zunächst einen Termin mit dem **Berufsberater**, damit dieser Ihnen weiterhilft. Mit Hilfe Ihrer Vorarbeiten ist der Berufsberater dazu in der Lage – ohne solche Vorüberlegungen wäre er es nicht, denn wie sollte er wissen, was zu Ihnen passt? Nehmen Sie also unbedingt das Zusammenfassungsblatt zum Gespräch mit.

2. Schritt

Der zweite Schritt führt Sie ins **Internet** (z. B. **www.berufswahl.de** oder **http://berufenet.arbeitsagentur.de**) oder in die Arbeitsagentur. Denn jetzt – nachdem Sie sich einer gründlichen „Inspektion" unterzogen haben – geht es darum, Informationen zu den Berufen zu sammeln, die in der Mitte des Blattes stehen:

- Dabei dient Ihnen das **Zusammenfassungsblatt** als **Checkliste**.
- Führen Sie einen **Vergleich mit dem Info-Material** der Arbeitsagentur durch. Das geht so: Werten Sie die Informationen aus den Heften, Büchern oder Videos der Arbeitsagentur bzw. des Berufsinformationszentrums systematisch dadurch aus, dass Sie sie mit den Notizen auf Ihrem Zusammenfassungsblatt über Ihre Interessen, Werte, Stärken und Schwächen vergleichen. Beispiel: Passt das, was in dem Info-Material über die Arbeitsbedingungen eines Berufs steht, zu dem, was Ihnen hinsichtlich der beruflichen Rahmenbedingungen und Werte wichtig ist? Sind Ihre Stärken die Fähigkeiten, die in dem Beruf gefordert sind?
- Sollten Sie an gewissen Punkten nicht weiterkommen, sammeln Sie diese und vereinbaren Sie dann mit dem Berufsberater einen (evtl. schon zweiten) Termin, um die offenen Fragen zu klären.

Im Idealfall sind Sie am Ende des zweiten Schrittes in der Lage, eine konkrete Berufs- und Studienwahlentscheidung zu treffen. Sie sind jetzt sicher nicht mehr „Typ A". Gratulation!
Vermutlich bleiben aber noch gewisse Bedenken und Unsicherheiten – dann sollten Sie die entsprechenden Hefte für die Typen B und C durcharbeiten und so Ihre Sicherheit erhöhen. Wichtig: Heben Sie sich alle Ergebnisse Ihrer bisherigen Arbeiten (d. h. alle Listen usw.) auf. Sie könnten für die nächsten Entscheidungsphasen (B und C) wichtig werden.

BuS-Selbsterkundungsheft für Typ A, ISB, München 2005, S. 51

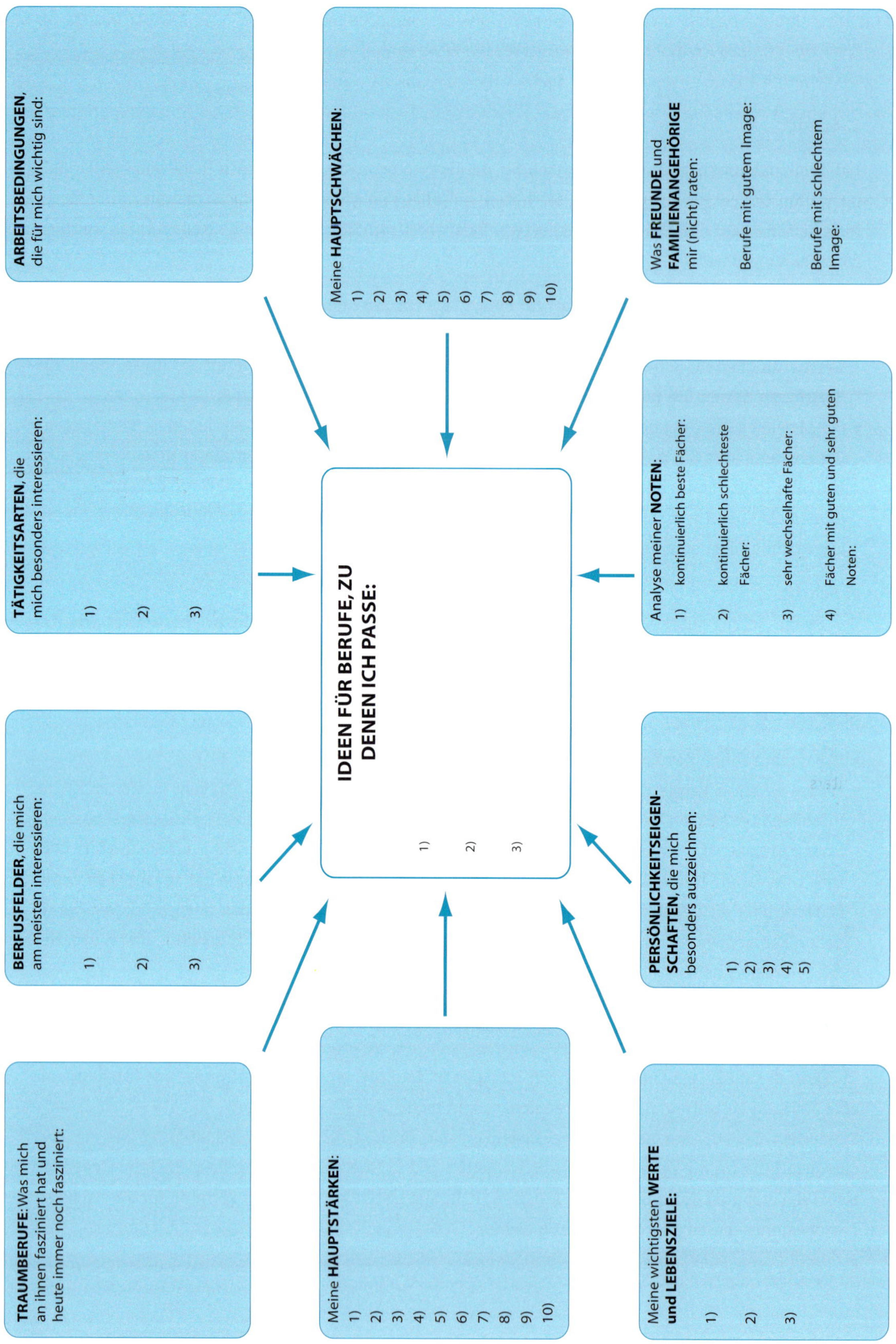

Abb. 6.3: Beispiel: Zusammenfassungsblatt Typ A

Außer den Möglichkeiten von BuS gibt es noch eine Vielzahl anderer Diagnose- und Analyseansätze für die Feststellung der eigenen Neigungen, Interessen und Fähigkeiten. Neben dem Auffinden eigener Stärken und Schwächen durch Selbsterkundungsprogramme gibt es einen weiteren wichtigen Grund, sich mit solchen Analysebögen zu beschäftigen: Arbeitgeber verwenden Testverfahren, um geeignete Bewerberinnen und Bewerber zu finden; ebenso Hochschulen auf der Suche nach den besten Studierenden aus der Vielzahl der Bewerberinnen und Bewerber. Eine genaue Information über die verschiedenen Testtypen verschafft Vorteile im Kampf um Ausbildungs- und Studienplätze; außerdem erfährt man eine Menge über sich selbst.

8. Recherchieren Sie im Internet bzw. im Berufsinformationszentrum (BIZ) der Arbeitsagenturen über die verschiedenen Tests!

Testverfahren – Wer bist du und was kannst du?

Tests sind vielfältig. Sie helfen Schülern, die eigenen Stärken und Interessen zu erkunden, Arbeitgebern, die passenden Bewerber zu finden und Hochschulen, die begabtesten Studierenden aus der Flut an Bewerbern herauszufiltern. Wenn du weißt, welche Testtypen es gibt und wofür sie dienen, hast du einen Vorteil im Kampf um Ausbildungs- oder Studienplätze und kannst außerdem eine Menge über dich selbst erfahren.

Tests liegen im Trend, allein die große Menge im Internet zeugt davon. Aber es sind sehr unterschiedliche Qualitäten und Dinge, die sich mit ihrer Hilfe herausfinden lassen. Testverfahren lassen sich unterscheiden in solche, die der Selbsteinschätzung und Definition der Stärken und Schwächen des Testkandidaten dienen, sowie in Tests, die der testenden Institution, also der Hochschule oder dem Unternehmen, bei der Auswahl der Bewerber helfen. Sie spiegeln damit die Anforderungen an das Fach oder die Position aus Sicht der Hochschule beziehungsweise des Unternehmens wider und versetzen die Testkandidaten in Konkurrenz untereinander. Zudem kann man allgemeine Tests wie zum Beispiel Intelligenztests, die ganz ohne bestimmtes fachspezifisches Vorwissen auskommen, von solchen Tests unterscheiden, die bereits eine Beschäftigung mit einer bestimmten Fachrichtung voraussetzen. Mit welchen Tests könntest du also während deines beruflichen Wegs konfrontiert werden? Ein kurzer Abriss.

Selbsteinschätzungtests: Neigungen und Stärken

Schon vor Studium oder Ausbildung können Schüler über Eignungs- und Selbsteinschätzungstests ihre Interessen und Stärken fundiert und genau ausloten: Hierzu gibt es viele verschiedene Tests online. Explorix beispielsweise, die deutschsprachige Fassung des weltweit angewendeten Self-directed Search (SDS) Tests, oder JobGuide-Pro, ein software-gestütztes Beratungssystem, das die Brücke zwischen Schule und Studium oder Beruf schlagen will. Viele Hochschulen bieten Tests an, mit denen du deine gewünschte Studienrichtung ermitteln kannst, zum Beispiel BORAKEL, ein Beratungstool der Universität Bochum, mit dem sich passende Studiengänge finden lassen.

Die Bundesagentur für Arbeit hält studienfeldbezogene Beratungstests für Abiturienten bereit. Wer einen solchen Test absolviert hat, kann danach die Ergebnisse mit einem Psychologen besprechen und erfährt, wie seine Ergebnisse im Vergleich mit anderen Studieninteressenten einzuschätzen sind.

Ein solches Vorgehen ist auch bei anderen Selbsteinschätzungs- und Eignungstests empfehlenswert, denn bei allen Tests gilt die Faustregel: nicht streng testgläubig sein. Die endgültige Entscheidung für einen Beruf oder ein Studienfach sollte man nicht allein von einem Testergebnis abhängig machen, sondern sich zusätzlich mit Berufs- oder Studienberatern besprechen.

Auswahlinstrumente der Hochschule

Mit der Novellierung des Hochschulzugangs im Wintersemester 2005/2006 werden nur noch 40 Prozent der Studienplätze in den bundesweit zulassungsbeschränkten Fächern über die Zentralstelle für die Vergabe von Studienplätzen (ZVS) vergeben, die übrigen 60 Prozent der Studierenden dürfen die Hochschulen selbst auswählen. Neben Abiturnote, Wartezeit, Auswahlgespräch, Motivationsschreiben, Engagement und fachlicher Vorbildung sind Tests, wie beispielsweise der Test für medizinische Studiengänge (TMS), hierfür beliebte Auswahlinstrumente.

Tests und Auswahlverfahren erwarten aber nicht nur die Abiturienten, die sich für eines der ZVS-Fächer Biologie, Medizin, Pharmazie, Psychologie, Tiermedizin oder Zahnmedizin entschieden haben. Von den insgesamt 7 989 geplanten oder vorhandenen Studiengängen in Deutschland gibt es für 3 888 schon jetzt Auswahlverfahren, für weitere 325 sind Auswahlverfahren geplant. Bei rund 30 Prozent dieser Auswahlverfahren ist ein Test Bestandteil. Zu diesem Ergebnis kommt eine Studie der Hochschul-Informations-System GmbH (HIS) vom März 2006. Üblich sind Sprachtests bei internationalen Studiengängen oder der Zulassung zu manchen philologischen Studien.

Tests von Unternehmen

Schon auf Bewerber um eine Berufsausbildung kommen oft Auswahltage zu, bei denen sie sich mit ihren Konkurrenten messen müssen. Neben Auswahlgesprächen haben sie Eignungstests zu absolvieren. Meist werden die allgemeine Intelligenz, Mathe-, Englisch- und Deutschkenntnisse sowie die Persönlichkeit der Bewerber geprüft. Sollte der Ausbildungsplatz in Kombination mit einem dualen Studienangebot vergeben werden, kannst du mittlerweile mit einem handfesten Assessment-Center rechnen. Spätestens nach Studienabschluss prüfen die großen Unternehmen ihre Bewerber auf Herz und Nieren: Aber auf Onlinevorauswahl, um die Anzahl der Bewerber einzuschränken, Online-Bewerbungsverfahren, Auswahlgespräche, Wettbewerbe und Assessment-Center kannst du dich einstellen.

abi 4, 2007/2008, Bundesagentur für Arbeit, Nürnberg, S. 15 (Onlinefassung, http://abi.de/orientieren_entscheiden/berufswahlfahrplan/testverfahren02692.htm)

9. Fassen Sie die wesentlichen Inhalte dieses Textes zusammen!

Tests zur Selbsteinschätzung haben Sie bereits ausführlich kennengelernt. Die **Auswahlinstrumente der Hochschule** basieren zum Teil auch auf Tests. Bekannt sind z. B. der Medizinertest oder die Sprachtests für die Zulassung zum Fremdsprachenstudium.

Beispiel für eine Testaufgabe: Welches Auto ist am schnellsten?

Auto A ist langsamer als C.
Auto D ist langsamer als Auto B, aber schneller als Auto C.

Studienplatzvergabe

Mit dem Medizinertest zum Studienplatz

Teresa Schönwandt hat einen Studienplatz in Medizin in Mannheim bekommen. Ein gutes Ergebnis in dem an baden-württembergischen Unis erneut eingeführten Test für Medizinische Studiengänge (TMS) hat ihr dabei Rückenwind gegeben.

Ihrer Meinung nach kann man für den Test nichts wirklich lernen, aber man tut sehr gut daran, sich im Vorhinein mit der Art der Aufgabenstellung vertraut zu machen, um später im Test nicht noch unnötig Zeit damit zu vertun, die Aufgabenstellung überhaupt zu begreifen. Denn die insgesamt fast sechs Stunden Bearbeitungszeit sind knapp kalkuliert.

Mit dem TMS werden Fähigkeiten überprüft, die für den Erfolg in medizinischen Studiengängen nachweislich besonders wichtig sind. Diese spiegeln sich in den Aufgabenbereichen wider: Über das Zuordnen von Mustern und das Erkennen von Schlauchfiguren werden das räumliche Vorstellungsvermögen und die Fähigkeit, Ausschnitte aus komplexen Bildern wieder zu erkennen, geprüft. In Form von kurzen Texten und anschließenden Multiple-Choice-Fragen wird dann das medizinisch-naturwissenschaftliche Grundverständnis geprüft. Ein spezielles medizinisches Vorwissen ist dafür nicht nötig.

Im Bereich „formale und quantitative Probleme" gilt es, innerhalb von medizinischen und naturwissenschaftlichen Fragestellungen mit Zahlen und Formeln richtig umzugehen. Weiterhin gibt es Übungen zum konzentrierten und sorgfältigen Arbeiten, zur Merkfähigkeit, zum Textverständnis und zur Interpretation von Diagrammen und Tabellen.

Lohnende Mühe

An bundesweit 16 Testorten hatte die Koordinations- und Organisationsstelle TMS der Uni Heidelberg das Verfahren organisiert. In Teresas Fall haben sich die Mühen gelohnt: Mit ihrem Abiturschnitt von 1,6 war sie bei der Verteilung der Studienplätze unter dem erforderlichen Mittel und hätte ohne den Test wahrscheinlich auf Anhieb keinen Studienplatz bekommen. Ihr gutes Testergebnis hat ihr bei der Universität Mannheim dann zu einem Platz im reformierten Modellstudiengang Medizin verholfen.

Wie die Verrechnung von Testnote und Abiturnote genau aussieht, legt jede Universität selbst fest. Ob der TMS in Baden-Württemberg auch im kommenden Jahr noch freiwillig ist, also die Universitäten den Test nicht von den Bewerbern einfordern, ein überdurchschnittliches Testergebnis aber einen Vorteil bei der Bewerbung bedeuten kann, ist derzeit noch nicht entschieden.

abi 4, 2007/2008, Bundesagentur für Arbeit, Nürnberg, S. 18 (Onlinefassung, http://abi.de/orientieren_entscheiden/berufswahlfahrplan/studienplatzvergabe02746.htm)

Was heißt „er hört" in einer fiktiven Fremdsprache?

zenoi heißt „er sprach", zenoa heißt „ich spreche", tuloa heißt „ich hörte"
Welche Antwort heißt somit „er hört"?

a) tuløi b) zenoa c) tuloa d) tuloi e) zenøa

Sprachtest

Einstiegshürde für Anglisten

Peter Hofmann studiert Englisch und Französisch auf Lehramt an der Ludwig-Maximilians-Universität in München. Aufnahmevoraussetzung für das Anglistik-Studium war ein erfolgreich bestandener Sprachtest.

Wirklich Sorgen machen musste sich der 21-Jährige vor dem testbasierten Eignungsfeststellungsverfahren, dem so genannten C-Test, allerdings nicht. Denn mit seinem Spitzenabitur von 1,0 hätte sich Peter Hofmann theoretisch sogar ein ungenügendes Testergebnis leisten können und hätte dennoch einen Studienplatz bekommen. Über die Zulassung zum Studium entscheidet in München nämlich eine Mixtur aus Abiturnote und Testnote. So gesehen handelt es sich bei dem für alle Anglistikanwärter an der LMU obligatorisch vorgeschriebenen Testverfahren um eine Art von indirektem Numerus Clausus.

Die Zulassung für einen Studienplatz bekommt jeder, der mit einem Wert von maximal 30 – dabei zählt Abiturnote sechsfach und Testnote vierfach – abschließt. Das sind bei weitem nicht alle. Den Test bestehen in der Regel 55 bis 60 Prozent der Bewerber.

Unregelmäßige Verben als Vorbereitung

Zur Vorbereitung auf den Test hatte Peter sich zunächst die online verfügbare Demoversion angeschaut und sich im Internet über C-Tests im Allgemeinen informiert. Getestet wird bei einem solchen Verfahren die Sprachbeherrschung in Form eines integrierten schriftlichen Tests, der in der Regel aus mehreren Lückentexten besteht, die von dem Testkandidaten gefüllt werden müssen. In Peters Fall waren es vier Texte aus inhaltlich ganz verschiedenen Gebieten. „Die fehlenden Wortteile mussten dann so ergänzt werden, dass ein logischer und sprachlich korrekter Gesamtzusammenhang entsteht", erläutert Peter Hofmann. Dabei sind sowohl Grammatikkenntnisse als auch der Wortschatz wichtig. Ganz einfach war der Test auch für Peter nicht. Zugute kam dem Lehramtsanwärter in der Testsituation schließlich, dass er schon seit der Schulzeit und dem Englisch-LK immer viel englische Literatur gelesen hatte und er sich speziell für den Test auf die unregelmäßigen Verben mittels Wörterbuch vorbereitet hatte.

abi 4, 2007/2008, Bundesagentur für Arbeit, Nürnberg, S. 19 (Onlinefassung, http://abi.de/studium/studienpraxis_campus/studienbeginn/sprachtest02696.htm)

10. Informieren Sie sich im Internet unter http://www.tms-info.org über den Medizinertest bzw. unter http://www.anglistik.uni-muenchen.de über Sprachtests für Anglisten!
11. Recherchieren Sie nach weiteren selbst gewählten Beispielen für Hochschultests, bearbeiten Sie Testbeispiele und berichten Sie darüber im P-Seminar!

12. Recherchieren Sie bei Unternehmen aus dem Heimatraum bzw. bei überregional oder international tätigen Unternehmen nach Einstellungstests, bearbeiten Sie Testbeispiele und berichten Sie darüber im P-Seminar!
13. Analysieren Sie den folgenden Text und informieren Sie sich genauer über Verfahrensabläufe bei Bewerbungsverfahren! Informieren Sie sich dazu auch bei den Surftipps auf S. 45!

Auswahltest von Unternehmen

Getestet und für gut befunden

Lisa Gebhardt fährt zweigleisig: Sie macht ein duales Studium. Das heißt, sie verbindet ihr Wirtschaftsstudium mit Ausbildungszeiten bei einem Unternehmen, wechselt zwischen Hochschule und Betrieb. Das Studium macht sie am Fachbereich Berufsakademie der FHW Berlin, die Praxis lernt sie bei der Bayer Schering Pharma AG. Der Weg dorthin führte über einen Auswahltest des Pharmaunternehmens.

Lisa Gebhardt bewarb sich bei insgesamt zehn Konzernen für einen Ausbildungsplatz im dualen System, darunter Bertelsmann, Bosch, BASF und auch Schering. Nach der schriftlichen Bewerbung wurde Lisa bei fast allen Unternehmen zu einem Auswahltest eingeladen, nur eines der Unternehmen führte ausschließlich ein Bewerbungsgespräch. Bei allen anderen hieß es anreisen und in der Regel zwei bis drei Stunden unter Zeitdruck Aufgaben unterschiedlichster Art bearbeiten, mit denen die Arbeitgeber die allgemeine Intelligenz sowie die Persönlichkeit testen und bewerten.

Rechnen, Englisch und Logik sind Standard

Bei fast allen Tests wurde Mathematik, Englisch und deutsche Rechtschreibung getestet. „Beim Rechnen war der Schwerpunkt meist beim kaufmännischen Rechnen, und teils durfte man mit Hilfsmitteln arbeiten, teils musste man aber auch ohne Taschenrechner auskommen", erinnert sich Lisa. Die Überprüfung der Englischkenntnisse lief meistens über Multiple-Choice-Fragen, es kamen aber auch Lückentexte vor, in denen es fehlende Wortteile zu ergänzen galt. Aber auch im Deutschen mussten sich die Testkandidaten als sattelfest erweisen: Die Beherrschung der neuen deutschen Rechtschreibung galt es mittels Diktat oder ebenfalls per Multiple Choice zu beweisen. Ein weiterer fester Bestandteil der Eignungstests waren Aufgaben, die das logisch-analytische Denkvermögen überprüfen, also zum Beispiel Symbole nach bestimmten Regeln ordnen oder Wortgruppen finden.

Nach erfolgreich absolviertem Test wurde Lisa in der nächsten Stufe zu einem Gruppeneinstellungsgespräch und danach zu einem Assessment-Center eingeladen. „Da stand dann anstatt schriftlicher Aufgaben mehr die mündliche Interaktion im Vordergrund", sagt Lisa, die an diesem Tag eine komplexe Organisationsübung, ein Rollenspiel, einen weiteren Englischtest, eine Gruppendiskussion zu einem vorgegebenen Thema sowie eine Präsentation gemeistert hat.

Letztlich schaffte Lisa es dann noch bei zwei anderen Unternehmen bis auf die Warteliste, war aber über den positiven Ausgang bei Schering in ihrer Heimatstadt Berlin sehr froh.

abi 4, 2007/2008, Bundesagentur für Arbeit, Nürnberg, S. 20 (Onlinefassung, http://abi.de/bewerbung/ausbildung_arbeitsstelle/auswahltests_von_unternehmen02697.htm)

Einstellungstest: Womit müssen Sie rechnen?

[...] Diese „Klassiker" werden immer wieder getestet:

Logisches Denken

Kombinationsgabe ist gefragt, wenn Sie aus lückenhaften Angaben etwas rekonstruieren, wenn Sie Zahlen- oder Zeichenketten ergänzen dürfen. Rätselfreaks machen solche Aufgaben zum Spaß – alle anderen können sie recht einfach trainieren.

Gedächtnis und Konzentration

[...] Ausdauer und sorgfältiges Arbeiten: Auch heute zählen solche „altmodischen" Tugenden viel. Getestet werden sie etwa durch Personensteckbriefe, nach denen Sie später gefragt werden, oder durch Buchstabenkolonnen, in denen Sie jedes b und q markieren müssen.

Rechnen und Sprachfertigkeiten

[...] Jetzt interessieren Kenntnisse, die man im Beruf anwenden kann. In Textaufgaben, Prozent- und Zinsrechnung, Rechtschreibung und Grammatik sollten Sie fit sein. Beliebt sind auch Übungen, in denen Sie Wortpaare mit ähnlichen oder gegensätzlichen Bedeutungen erkennen müssen.

Fachspezifische Fähigkeiten

Technisches Verständnis, räumliches Vorstellungsvermögen, praktisches Geschick – der Phantasie der Prüfer sind keine Grenzen gesetzt. Für jemanden, der seine Ausbildung nach seinen Fähigkeiten gewählt hat, sollten diese Übungen nicht allzu schwierig sein ...

Allgemeinwissen

Grundwissen zum politischen System, zur Geografie, Geschichte oder Literatur zeigt, dass Sie vielseitig interessiert sind. Spürbar verbessern können Sie solche Kenntnisse nur langfristig.

Persönlichkeit und Berufsmotivation

[...] Was möchten Sie im Beruf erreichen? Machen Sie sich noch einmal klar, was Sie sich bei der Berufswahl gedacht hatten.

Wie bereite ich mich vor?

- Besorgen Sie sich ein Testtrainingsbuch (im Buchhandel oder im BIZ), und arbeiten Sie die Aufgaben durch.
- Versuchen Sie, die Testsituation unter realistischen Bedingungen durchzuspielen. Gute Möglichkeiten sind Probetests bei der Berufsberatung oder der Eignungstest Berufswahl des geva-instituts.
- Klären Sie ab, wo genau der Test stattfindet und wie Sie dort hinkommen. Planen Sie genug Zeit für Verspätungen ein. Suchen Sie etwas zum Anziehen aus, das auch für ein Vorstellungsgespräch angemessen wäre.
- Nehmen Sie sich für den Testtag nichts vor, das Sie stresst oder während des Tests ablenken könnte.

Wie überstehe ich den Test?

- Hören Sie gut zu, wenn der Ablauf erklärt wird. Fragen Sie gleich nach, wenn Sie etwas nicht verstanden haben.
- Lesen Sie alle Aufgaben zunächst gründlich durch. Viele Fehler passieren, weil man die Frage falsch interpretiert hatte. Werden Sie nicht nervös, wenn Sie nicht alle Aufgaben schaffen – darauf sind diese Tests gar nicht ausgerichtet. [...]
- Verbeißen Sie sich nicht an einzelnen Problemen. Besser ist es, zur Not eine Lösung zu raten und zur nächsten Frage zu gehen. Wenn es geht, bearbeiten Sie aber die Aufgaben von vorn nach hinten – meist sind die ersten auch die einfachsten.

geva Gesellschaft für Verhaltensanalyse und Evaluation, München, www.geva-institut.de/privatkunden/tipps & themen/bewerben vom 17. Juni 2008

14. Analysieren Sie den Text über die unternehmerischen Auswahltests!

Schriftliche Auswahlprüfungen

Wer zu einer Auswahlprüfung eingeladen wird, muss nicht unbedingt mit einem Test rechnen. Es werden auch andere Arten von Aufgabensammlungen eingesetzt. Vor allem kommen drei Formen schriftlicher Auswahlprüfungen vor.

1. Schulähnliche schriftliche Prüfungen

Diese sind vergleichbar mit den Klassenarbeiten, die Sie aus der Schule kennen. Sie werden vor allem zur Überprüfung des Wissens eingesetzt, das in der Schule vermittelt wird.

2. Psychologische Fähigkeitstests

Diese von Psychologen sorgfältig entwickelten und erprobten Verfahren dienen vor allem der Überprüfung allgemeiner geistiger Fähigkeiten und teilweise auch spezieller Eignungsvoraussetzungen (beispielsweise Ihres technischen Verständnisses). Die Aufgabenarten und besonders der Ablauf der Testbearbeitung werden von den Teilnehmern oft als ungewohnt und anstrengend erlebt.

3. „Pseudo"-Tests

Manche Aufgabensammlungen sehen ganz ähn-lich aus wie psychologische Tests [...] Besonders zur Überprüfung der Rechtschreibkenntnisse und des Allgemeinwissens bedienen sich Betriebe solcher testähnlichen Aufgabensammlungen. [...]

Orientierungshilfe zu Auswahltests. Information für Jugendliche. Training, Tipps und Taktik, Bundesagentur für Arbeit, Nürnberg 2007, S. 8

Surftipps zu Diagnose- und Testverfahren

- **abi-Portal**: Zum Thema Testverfahren erhalten Sie z. B. eine Übersicht über die wichtigsten Testtypen sowie über einige Selbsteinschätzungstests: www.abi-magazin.de.
- **Anglistik an der LMU München**: Informationen rund um das Eignungsfeststellungsverfahren und Demo-Version des Tests: www.anglistik.uni-muenchen.de
- Die Beratungsfachkräfte in den Teams für akademische Berufe der Agentur für Arbeit vermitteln den Kontakt zum **Psychologischen Dienst** in den Arbeitsagenturen. Hier können neben Beratungsgesprächen auch Termine für den studienfeldbezogenen Beratungstest wahrgenommen werden: www.arbeitsagentur.de – Partner vor Ort
- **Bundesagentur für Arbeit**: Veröffentlichung „Orientierungshilfe zu Auswahltests" mit Download: www.ba.bestellservice.de
- **Einstellungstests von Unternehmen**: Informationen erhalten Sie in der Regel über deren Internetpräsenz.
- **GEVA-Test**: Hier handelt es sich um einen weit verbreiteten und sehr aussagefähigen Test, der allerdings nicht kostenlos ist. Informationen erhalten Sie unter www.geva-institut.de
- **Informationen rund ums Studium** gibt es unter www.wege-ins-studium.de.
- **Studien- und Berufswahl Online** ist unter www.studienwahl.de erreichbar.
- **Tests für medizinische Studiengänge**: www.tms-info.org
- **Ordner Beruf und Studium:** www. bpv.de/stiftung
- **Ruhr-Universität Bochum:** Der Online-Test „Mein Berufsweg" kann kostenlos unter http://borakel.de abgerufen werden.

15. Informieren Sie sich anhand der Surftipps über ausgewählte Testverfahren!

7 Informationsbeschaffung zur Studien- und Berufsorientierung

Abb. 7.1: Beratungsgespräch bei der Agentur für Arbeit

1. Legen Sie einen Ordner für Ihre persönliche Informationsbeschaffung zur Studien- und Berufsorientierung an und fassen Sie darin wichtige Ergebnisse zusammen, die im Laufe des P-Seminars erarbeitet werden! Erstellen Sie auch ein Stichwortverzeichnis!

Eine ausreichende Informationsbasis ist eine wichtige Grundlage für eine abgesicherte Studien- und Berufsentscheidung mit anschließender positiver Verwirklichung.

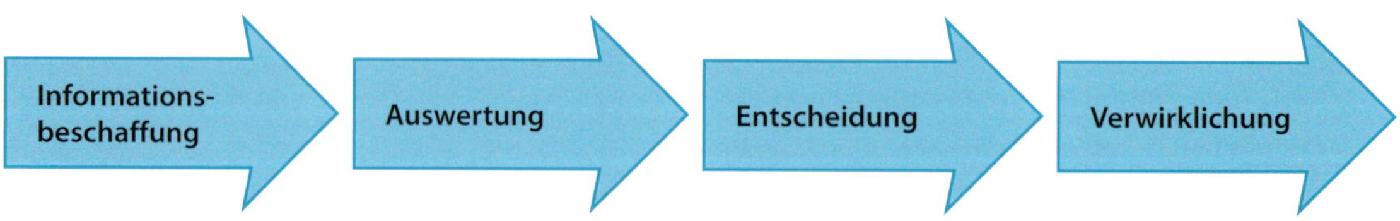

Beim P-Seminar werden an verschiedenen Stellen immer wieder Informationen benötigt, die analysiert und in einem Entscheidungsverfahren bewertet werden. Für diesen Prozess bietet es sich an, eine Entscheidungstabelle (siehe Kapitel 16.3) zu verwenden. Die getroffene Entscheidung soll dann abschließend zielorientiert verwirklicht werden. Doch vorab ist es von zentraler Bedeutung, sich systematisch zu informieren (siehe Abb. 7.2).

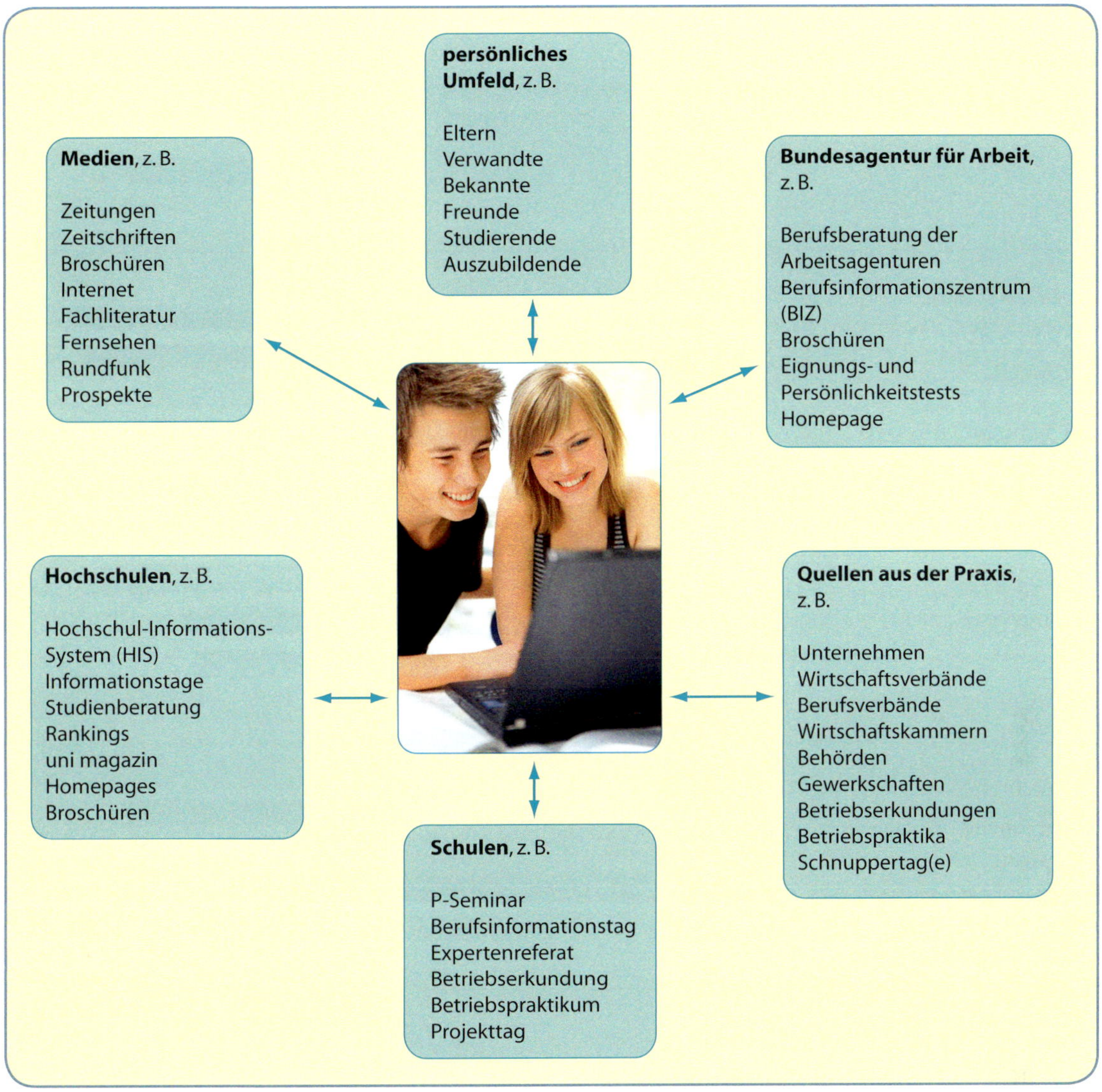

Abb. 7.2: Mögliche Informationsquellen für Jugendliche

Die Studien- und Berufswahl besteht aus komplexen Prozessen, die eine vielfältige Informationsbeschaffung und -verarbeitung erfordern. Nach einer HIS-Studie von 2006 reichen die zu berücksichtigenden Aspekte von persönlichen Kompetenzen und Interessen, über grundsätzlich infrage kommende Studien- und Ausbildungsalternativen mit ihren spezifischen Anforderungsprofilen, bis hin zu den Entwicklungsmöglichkeiten und Arbeitsmarktchancen in den einzelnen Berufsfeldern und deren Rückbindung an grundsätzliche persönliche Berufs- und Lebensziele. In diesem Zusammenhang ist es von Interesse, aus welchen Informationsquellen die Studienberechtigten ihr Studien- und Berufswissen beziehen und welche dieser Quellen sich als besonders ertragreich für die nachschulische Entscheidungsfindung herausstellen.

Bei der HIS-Studie zeigte sich, dass sowohl elektronische Medien als auch Printmedien leicht zugängliche und „niedrigschwellige" Informationsquellen für die Jugendlichen sind. Das persönliche Umfeld, teilweise auch die professionellen Beratungsangebote sowie die hochschulbezogenen Quellen haben bei den Jugendlichen einen hohen, verschiedene Praxisquellen dagegen einen geringeren Stellenwert (siehe Abb. 7.3).

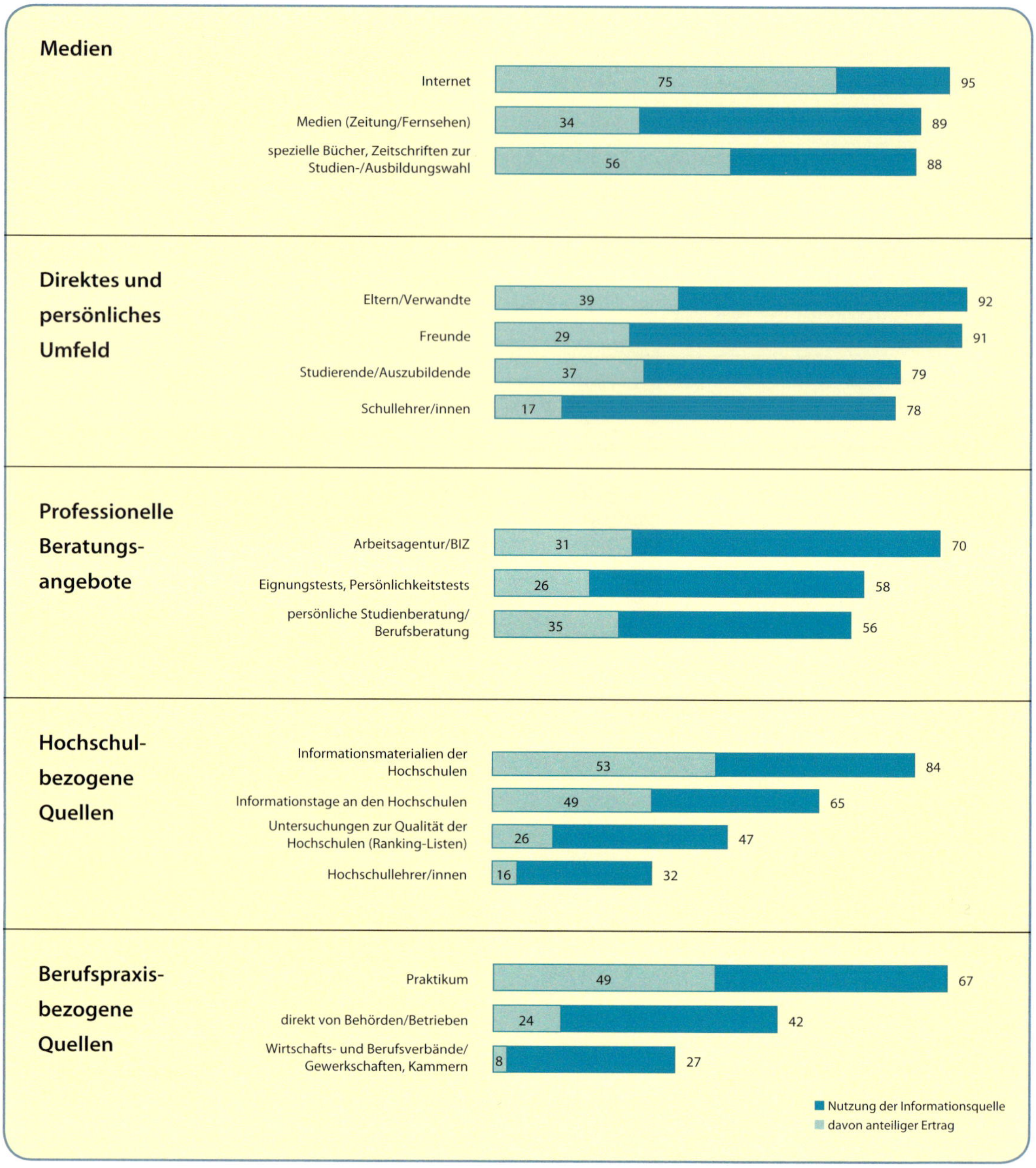

Abb. 7.3: Nutzung und Ertrag von verschiedenen Informationsquellen[1]

2. Interpretieren Sie die Grafiken! Vergleichen Sie die Ergebnisse der HIS-Studie mit Ihren eigenen Erfahrungen mit den verschiedenen Informationsquellen!

1 Angaben in %, Studienberechtigte 2006 ein halbes Jahr vor Schulabgang, nach: Hochschul-Informations-System GmbH: Forum Hochschule, Hannover 2006, S. 20–25

Wo erhalten Sie Informationen zur Studien- und Berufsorientierung?

Bundesagentur für Arbeit:

- **abi-magazin** ist die Schwester des uni-magazins. Auf der Internetseite **www.abi-magazin.de** werden Sie viele Themen rund um Beruf, Branchen und Arbeitsmarkt finden, die auch für Studierende und Akademiker interessant sind.
- Aktuelle Beiträge zu Themen der Studien- und Berufswahl erhalten Sie unter **www.abi.de**.
- Ausführliche Informationen über Studium, Jobs, Praktika und Stellenangebote in Europa und weltweit erhalten Sie unter **www.ba-auslandsvermittlung.de**.
- **BERUFENET** ist die Datenbank für Ausbildungs- und Tätigkeitsbeschreibungen der Bundesagentur für Arbeit – **www.berufenet.arbeitsagentur.de**. Hier finden Sie die aktuellen Berufsbeschreibungen zu über 6 300 Berufen in Deutschland. Und Sie finden Alternativen, falls die Aussichten in Ihrem Wunschberuf nicht so rosig sein sollten.
- **Bestellservice:** Wenn Sie sich für Publikationen der Bundesagentur für Arbeit interessieren, können Sie den Bestellservice unter www.ba.bestellservice.de nutzen.
- Die Datenbank zu den verschiedenen Studienangeboten an deutschen Hochschulen mit Hintergrundinformationen finden Sie unter **www.studienwahl.de**. „Studien- & Berufswahl" gibt es auch als Broschüre.
- **Homepage der Bundesagentur für Arbeit** unter **www.arbeitsagentur.de**: Im Onlineauftritt finden Sie aktuelle Stellenangebote, Informationen zur Studien- und Berufswahl sowie weitere zahlreiche Informationen und Serviceangebote zu Arbeitsmarkt und Berufsfragen.
- **Jobbörse** ist die größte virtuelle Stellensuchmaschine in Deutschland. Rund um die Uhr können Sie via persönlichem Zugang Ihr individuelles Bewerberprofil anlegen und damit nach für Sie passenden Stellen suchen. Sie erreichen die Jobbörse unter **http://jobboerse.arbeitsagentur.de.**
- **KURSNET** ist die führende Datenbank für berufliche Aus- und Weiterbildung. Fast 600 000 Veranstaltungen und circa 20 000 Bildungsanbieter finden Sie unter **www.kursnet.arbeitsagentur.de**.
- **Zentralstelle für Arbeitsvermittlung (ZAV)** ist die internationale Personalagentur im Netzwerk der Bundesagentur für Arbeit. Sie liefert Analysen, Fakten und Trends zu den Akademikerarbeitsmärkten. Der Vermittlungsservice bietet Ihnen unter anderem Informationen zum europäischen Vermittlungs- und Beratungsservice der ZAV.

- Ausführliche Informationen über deutsche Hochschulen, deren Studienangebote und Ansprechpartner erhalten Sie unter **www.hochschulkompass.de**.
- Das Institut der deutschen Wirtschaft gibt in seiner Homepage einen Überblick über Ausbildungsangebote, duale Studienangebote und Infos zur Berufsausbildung: **www.ausbildung-plus.de**.
- Die Homepage aller Berufsakademien finden Sie unter **www.berufsakademien.de**.
- Informationen über duale Studienangebote der bayerischen Fachhochschulen sind unter **www.hochschule-dual.de** abrufbar.
- Wege ins Studium finden Sie unter **www.wege-ins-studium.de**.

8 Entscheidungsfindung bei der Studien- und Berufswahl

Abb. 8.1: Die Berufswahl – tatsächlich ein Labyrinth?

In vielen Untersuchungen zum Verhalten Jugendlicher bei der Studien- und Berufswahl kam heraus, dass sie ihre Entscheidungen häufig hinausschieben oder unentschlossen sind aus Angst, die falsche Entscheidung zu treffen. Auch können bestimmte Ereignisse, z. B. eine schlechte Note in einer Schulaufgabe, eine bereits getroffene Entscheidung wieder verändern. Eigene positive Lernerfahrungen, eine genaue Bestandsaufnahme (Diagnose) und geeignete Problemlösungsmethoden können jedoch dazu beitragen, dass der Prozess der Studien- und Berufsorientierung systematisch weiterentwickelt wird. Entsteht daraus ein beständiger, auch Veränderungen unterworfener Prozess, dann können die Jugendlichen zukünftig begründete und gut fundierte individuelle Entscheidung treffen.

Die folgenden Beispiele eignen sich für eine selbstständige Bearbeitung im Rahmen dieses P-Seminars. Ein weiteres Beispiel ist bei der Methode Entscheidungstabelle in Kapitel 16.3 ausführlich dargestellt und sollte von Ihnen durchgespielt werden, damit Sie Erfahrungen mit dieser Methode gewinnen.

Beispiel 1

Die 17-jährige Anna besucht derzeit die 11. Klasse eines bayerischen Gymnasiums. In ihren bisherigen Zeugnissen hatte sie in den Fächern Deutsch, Englisch, Französisch und Religion sehr gute, in den übrigen Fächern gute bis befriedigende Leistungen. Im Unterricht beteiligt sie sich rege, vor allem an kontroversen Diskussionen nimmt sie sehr aktiv teil. Sie arbeitet mit großem Einsatz bei der Schülerzeitung mit und übernimmt regelmäßig die Aufsicht in der Schulbibliothek. In ihrer Freizeit engagiert sich Anna in der Jugendgruppe der Kirchengemeinde in ihrem Wohnort. In diesem Rahmen arbeitet sie auch in der Redaktion der regelmäßig erscheinenden Kirchenzeitung mit. Dabei zeigt sich, dass Anna sehr gut auf andere Menschen zugehen kann, über hohe kommunikative Fähigkeiten verfügt und einen klaren, verständlichen Schreibstil hat. Computer und Internet nutzt Anna häufig und gern für die Schule und für ihre Tätigkeit bei der Schülerzeitung und der Kirchenzeitung. In verschiedenen Medien verfolgt sie aktuelle Ereignisse in Politik, Wirtschaft und Gesellschaft.

Anna interessiert sich für die Berufsbilder einer Journalistin bei einer Zeitung bzw. einer Gymnasiallehrerin für Englisch und Deutsch sowie für eine Tätigkeit als Medienkauffrau Digital/Print. Sie beschafft sich deshalb beim Beratungslehrer und beim BIZ Unterlagen über den Weg zum Beruf einer Journalistin und informiert sich beim Studienberater der nahe gelegenen Universität. Außerdem kontaktiert sie verschiedene Medienunternehmen wegen einer Ausbildung zur Medienkauffrau und recherchiert im Internet zur Entwicklung des Lehrerberufs.

1. Welche Entscheidungen muss Anna im Zusammenhang mit ihrer Berufsentscheidung Journalistin bzw. Gymnasiallehrerin bzw. Medienkauffrau Digital/Print treffen?
2. Wie könnte sie die Einflussfaktoren für ihre Entscheidung systematisch erfassen, bewerten und ein zielführendes Ergebnis finden?
3. Wiederholen Sie die Anfertigung einer Entscheidungstabelle, die Ihnen bereits aus dem Unterricht des Faches Wirtschaft und Recht bekannt sein sollte!

Entscheiden bedeutet, dass zwischen Alternativen gewählt werden kann bzw. muss. Bei der Berufswahl handelt es sich um eine sehr bedeutsame Entscheidung mit Unbekannten, da z. B. verschiedene Einflussfaktoren nicht hundertprozentig richtig (z. B. Eignung) bzw. für die Zukunft nicht hinreichend sicher prognostiziert werden können. Unklarheit besteht z. B. auch über zukünftige Wandlungsprozesse innerhalb der Berufe, gesamtwirtschaftliche Entwicklungen oder betriebliche Probleme.

Bei einer so wichtigen Entscheidung wie der Studien- und Berufswahl darf auch nicht übersehen werden, dass nicht immer rationale Gesichtspunkte allein ausschlaggebend sind. Auch Stimmungen, Gefühle, Sympathie und Antipathie, Erziehung, Vorurteile und Wertvorstellungen spielen eine Rolle. Eine Entscheidungstabelle kann deshalb keinen Anspruch auf absolute Objektivität erheben. Es werden immer Ermessensspielräume bleiben.

Beispiel 2

Bei Peter, der in Jahrgangsstufe 10 bereits eine Klasse wiederholt hat, zeigen sich auch in der 11. Klasse in verschiedenen Fächern erhebliche Leistungsprobleme. Er kennt weder seine Stärken noch seine Schwächen. Am Wochenende jobbt er meist in einem Freizeitpark und spielt ab und zu in seiner alten Musikband mit. Sein Oberstufenkoordinator und verschiedene Fachlehrer sprechen ihn vor dem Ende des Ausbildungsabschnittes 11/1 gezielt an, wie er sich seine Schullaufbahn vorstellt, und raten ihm zu Alternativen zum Abitur am Gymnasium.

4. Informieren Sie sich über Peters schulische Möglichkeiten!
5. Erstellen Sie für sich selbst für die Alternativen Bankkaufmann – Arzt – Diplomchemiker eine Entscheidungstabelle!
6. Überlegen Sie für sich selbst geeignete Studien- und Berufsalternativen und erstellen Sie daraus eine Entscheidungstabelle! Begründen Sie das Ergebnis!
7. Warum hat dieses Verfahren in der Wirklichkeit Grenzen?

Abb. 8.2: Ein Praktikum bietet erste Einblicke in die Berufswelt

Individuelles Praktikum

Auch ein **Praktikum** kann für eine Schülerin oder einen Schüler bei der Entscheidungsfindung eine wichtige Rolle spielen, damit sie sich wichtige Einblicke in den künftigen Beruf oder Arbeitsplatz verschaffen können. Eigene praktische Erfahrungen mit dem täglichen Miteinander im Betrieb haben sowohl für einen Praktikanten als auch für den Betrieb große Vorteile, da sich z. B. durch das persönliche Kennenlernen die Chancen bei einer späteren Bewerbung deutlich verbessern können. In verschiedenen Studien ist belegt, dass sich dadurch die Gefahr eines Wechsels oder Abbruchs einer Ausbildung deutlich reduziert. Ein Praktikum verbessert auch die Erfolgschancen bei der Suche nach einem Ausbildungsplatz oder einem angestrebten Studium, weil dadurch die Nähe zu späteren potenziellen Arbeitgebern hergestellt werden kann.

Steht bereits ein bestimmter Beruf oder eine Studienrichtung fest, sollten Sie einen Blick in den Ausbildungs- und Studienplan werfen, damit Sie einen Praktikumsplatz gezielt auswählen können. Praktika finden meist in den Ferien, aber – zumindest teilweise – auch während der Schulzeit statt. Allein aus Zeitgründen muss die Durchführung eines Praktikums in aller Regel in den Ferien stattfinden. Sie können zwischen einem eintägigen Schnupperpraktikum, einem mehrtägigen Kurzpraktikum und einem mehrwöchigen Praktikum wählen. Auch die Zeit zwischen Abitur und Studium oder Ausbildung eignet sich für ein Praktikum.

Beim Absolvieren **Ihres individuellen Praktikums** sollten Sie folgende Ziele erreichen:

- Einblick in die Berufs- und Arbeitswelt gewinnen,
- sich mit der eigenen Studien- und Berufswahl auseinandersetzen,
- das Praktikum eigenverantwortlich mitgestalten,
- persönliche Begegnungen mit Ansprechpartnern aus der Berufs- und Arbeitswelt einplanen,
- ein Bewerbungsschreiben und einen Praktikumsbericht erstellen,
- das Praktikumszeugnis analysieren.

Ablaufschema eines Praktikums

Vorbereitung eines Praktikums

Vor einem geplanten Praktikum ist eine gezielte Vorbereitung ratsam. Das erhöht die Chance, einen geeigneten Praktikumsplatz zu finden. Sie sollten zunächst:

- Ihre eigenen Interessen und Fähigkeiten überprüfen und Ihr Vorwissen (Selbsteinschätzung) analysieren (siehe Kapitel 6),
- anschließend Informationen über mögliche Berufe sammeln (siehe Kapitel 9),
- Ihre eigenen Erwartungen klären,
- im nächsten Schritt geeignete Praktikumsplätze suchen (Recherchen im Internet); vielleicht kann dabei die Schule Hilfestellung geben, insbesondere auch bei geplanten Auslandspraktika z. B. in Verbindung mit dem internationalen Schüleraustausch der betreffenden Schule,
- sich um einen Praktikumsplatz bewerben und nach dem Finden eines Platzes über gewünschte Inhalte sprechen; sinnvoll: Hinweis auf Ihr derzeitiges P-Seminar,
- die organisatorischen und rechtlichen Fragen klären, z. B. Termin, Zeitdauer, Treffpunkt und Ansprechpartner, Versicherungsschutz (z. B. Haftpflichtversicherung),
- möglichst viele Informationen über den Betrieb, die Einrichtung o. Ä. sammeln, z. B. mithilfe der Homepage, anhand eines Geschäftsberichts, mithilfe von Zeitungsausschnitten oder Gesprächen mit Mitarbeitern des Betriebs.

Durchführung eines Praktikums am Beispiel eines Unternehmens

Mit Beginn des Praktikums hat der Praktikumsbetrieb verschiedene Pflichten zu erfüllen, von denen die wichtigsten hier zusammengefasst sind:

- **Vorstellung des Unternehmens und der Mitarbeiter:** Bei einem Rundgang durch das Unternehmen stellen sich in den einzelnen Abteilungen die Mitarbeiter den Praktikanten vor.
- **Betreuungsperson(en) kennenlernen:** Praktikanten benötigen eine geeignete Betreuungsperson, an die sie sich jederzeit bei Fragen und in Problemfällen wenden können.
- **Einführungsgespräch:** Am ersten Tag wird mit dem Praktikanten in einem Gespräch geklärt, was ihn während seines Aufenthalts im Unternehmen inhaltlich und organisatorisch erwartet. Der Praktikant erhält seinerseits Gelegenheit, über seine Erwartungen an das Unternehmen zu sprechen und auf eigene Interessen und Talente hinzuweisen.
- **Erläutern der wichtigsten Regeln/Unfallschutz:** Wichtig ist hier vor allem der Hinweis auf eventuelle Sicherheitsvorschriften und Unfallgefahren.
- **Verbotene Arbeiten:** Arbeiten, die die physische oder psychische Leistungsfähigkeit von Schülerinnen und Schülern übersteigen, sind verboten.
- **Persönliche Schutzausrüstung:** Wo wegen der Unfallverhütungsvorschriften persönliche Schutzausrüstungen [...] getragen werden müssen, gilt dies natürlich auch für Schülerinnen und Schüler.
- **Datenschutz:** Wenn Schülerinnen und Schüler während des Praktikums Zugang zu Daten haben, die unter das Datenschutzgesetz fallen, sind sie auf die Schweigepflicht hinzuweisen und dazu schriftlich zu verpflichten. Auch bei anderen Informationen besteht in der Regel ein Vertrauensschutz.

Institut der deutschen Wirtschaft Köln (Hrsg.): Wirtschaft und Unterricht, Erfolgreiches Praktikum (II), Deutscher Instituts-Verlag, Köln, Nr. 8/2005, S. 4

Neben dem Kennenlernen des ausgewählten Berufsfeldes sollten Sie auch einen Einblick in das Sozialgefüge sowie in eine Reihe von Abteilungen erhalten. Am Ende des Praktikums können Sie Fragen stellen und ein Abschlussgespräch mit einer Rückmeldung durch das Unternehmen führen. Denkbar wäre auch eine Befragung mit Ihrem Praktikumsbetreuer (siehe Kapitel 16.1 Befragung). Wichtig ist auch, dass Sie eine Bescheinigung über Ihr Praktikum erhalten, die Sie am besten Ihrem Portfolio (siehe Kapitel 3) für zukünftige Bewerbungen beifügen. Diese Bescheinigung hat insbesondere bei einem mehrwöchigen Praktikum den Charakter eines **Praktikumszeugnisses**, das folgendermaßen gegliedert ist:

- Zunächst werden der Name, das Geburtsdatum, der Zeitraum des Praktikums sowie das Unternehmen aufgeführt.
- Anschließend werden die verschiedenen Tätigkeiten des Praktikanten genannt, z. B. Mitarbeit bei der Erstellung einer Pressemeldung, allgemeine Bürotätigkeiten …
- In einer Art Kurzbeurteilung erfolgt eine Bewertung des Praktikanten. Prädikate wie „engagiert", „zur vollsten Zufriedenheit" deuten auf die Notenstufen 1 oder 2 hin. In der Zeugnissprache werden „stets zu unserer vollsten Zufriedenheit" mit der Note 3, „stets zu unserer Zufriedenheit" mit der Note 4 und „weitgehend zu unserer Zufriedenheit" mit der Note 5 gleichgestellt. Dabei gibt es in der Praxis jedoch auch durchaus andere Formulierungen.
- Das Praktikumszeugnis wird meist von der Personalabteilung unterschrieben.

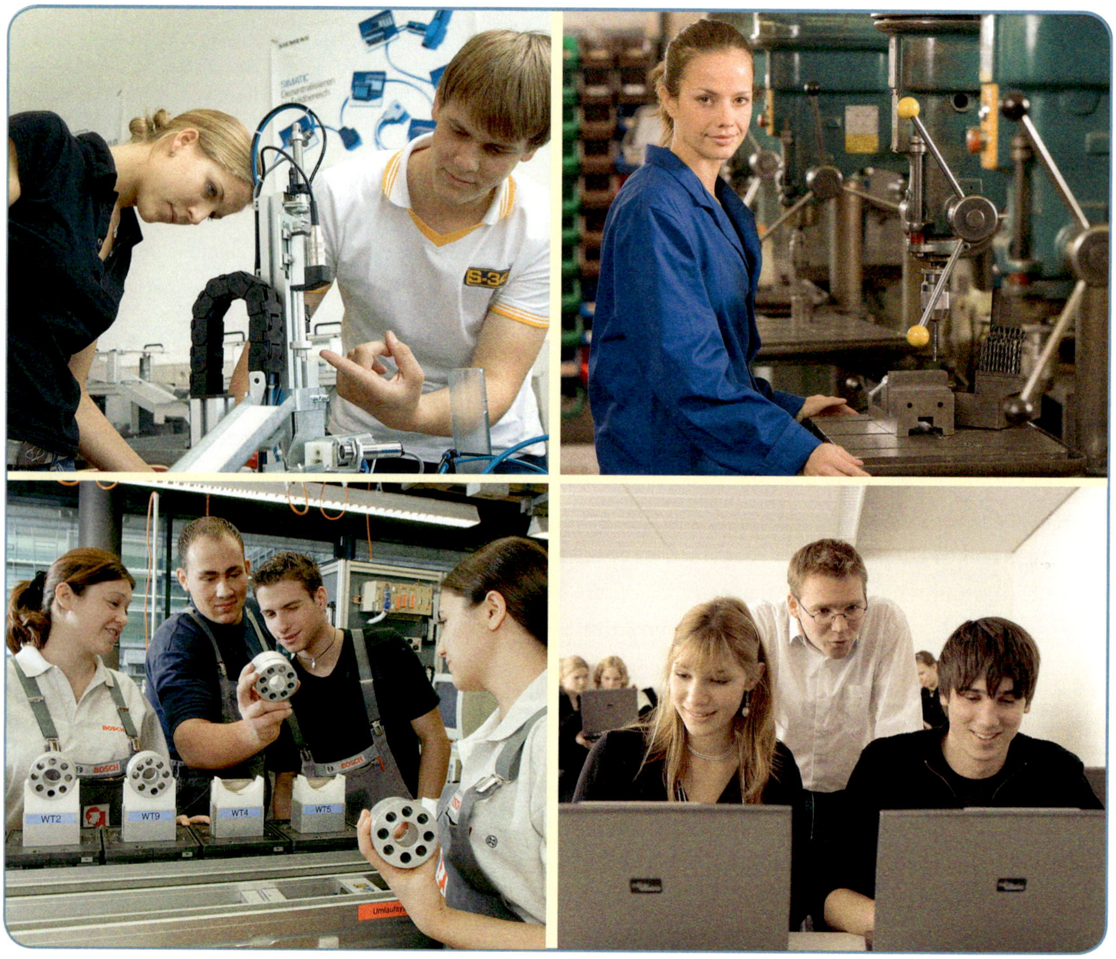

Abb. 8.3: Praktika gibt es in den verschiedensten Branchen

Nachbereitung eines Praktikums

- Erstellen eines Praktikumsberichts: In diesen gehören allgemeine Informationen zum Praktikumsbetrieb, eine Beschreibung wichtiger durchgeführter Tätigkeiten und Arbeitsabläufe mit Hinweisen auf den Erfolg und auf mögliche Probleme, eine Schilderung der Akzeptanz und des Verhaltens von Mitarbeitern;
- Erkenntnisgewinn und Wertungen für die eigene Studien- und Berufswahl;
- Rückmeldung wichtiger Ergebnisse an das Unternehmen, gegebenenfalls Aufrechterhalten der gewonnenen Kontakte im Hinblick auf eine mögliche spätere Bewerbung;
- Präsentation des Praktikums im P-Seminar.

Recherchemöglichkeiten im Internet zum Praktikum

- **Auslandspraktika** (http://www.wege-ins-ausland.de sowie www.ba-auslandsvermittlung.de)
- www.praktikum.info
- www.praktikum-service.de
- www.praktikums-boerse.de
- **Jetzt** (http://jetzt.sueddeutsche.de/f/linksnav/jetzt/wissensammeln/was-werden/dossier/praktikum) bietet umfangreiche Informationen zu Praktika. Beantwortet werden wichtige Fragen, zum Beispiel: Welche Firmen bieten ein Praktikum an? Was sind die Voraussetzungen? Welche Arbeit muss ich machen?
- **Jobbörse** unter www.arbeitsagentur.de: Hier können Sie Stellenangebote suchen, indem Sie bei Art der Nachfrage das Stichwort „Praktikum" oder „Job" eingeben.
- **Junge Karriere** (www.karriere.de/bewerbung/bewerbungs-tools/praktikumsboerse.html) hat eine Meta-Suchmaschine entwickelt, mit der man in mehreren Praktikumsbörsen gleichzeitig suchen kann. In der Trefferliste werden die Angebote aus den einzelnen Börsen angezeigt. Zusätzlich gibt es einen Praktikumsreport mit Erfahrungsberichten und einen Link zu einer Datenbank für Auslandspraktika.
- **Prabo** (www.prabo.de): Hier werden die Praktikumsangebote für Schüler und Studenten nach Aktualität, Region, Branche und Unternehmen aufgelistet.
- **Praktikum online** (www.praktikum-online.com): Die Seite bietet eine branchenübergreifende und bundesweite Vermittlung von Praktikumsplätzen mit verschiedenen Suchmöglichkeiten. Man erhält eine Übersicht über alle Unternehmen, die eine Praktikumsstelle gemeldet haben.

Verschiedene Unternehmen haben auf ihrer Homepage auch entsprechende Angebote vermerkt. Regionale Wirtschaftskammern, Agenturen für Arbeit und Verbände können gegebenenfalls ebenfalls Hinweise auf Praktikumsplätze geben.

aus: Institut der deutschen Wirtschaft Köln (Hrsg.): Wirtschaft und Unterricht Nr. 7/2005, S. 3 und abi 3, 2/2007/2008, Bundesagentur für Arbeit, Nürnberg, S. 17

9 Berufe und Berufsfelder

Abb. 9.1 Welche Tätigkeiten stellen Sie sich als Schwerpunkt Ihres zukünftigen Berufes vor?

1. Informieren Sie sich in Teams in der BERUFENET-Datenbank der Bundesagentur für Arbeit über Berufe und Berufsfelder und stellen Sie die wesentlichen Ergebnisse kurz dar!
2. Wo können Sie sich noch über mögliche Berufe für Abiturientinnen und Abiturienten informieren?
3. Recherchieren Sie in BERUFENET über den Berufsfeld-Atlas Bayern zu selbst ausgewählten Berufsfeldern genauer!

Auf dem Weg zur Berufswahl wird in der Entscheidungsphase irgendwann die Frage auftauchen, welche Berufe Sie sich für sich selbst vorstellen können. Die BERUFENET-Datenbank enthält umfassende Informationen von A–Z über mehr als 3 100 aktuelle Berufe. Nach einem einheitlichen Schema sind bis zu 60 Informationsfelder pro Beruf strukturiert.

BERUFENET – das Netzwerk für Berufe:

- beschreibt Berufe umfassend von A–Z, vom Ausbildungsinhalt über Aufgaben und Tätigkeiten, Zugangsvoraussetzungen, Verdienst- und Beschäftigungsmöglichkeiten bis hin zu Perspektiven und Alternativen
- illustriert die Berufsbeschreibungen mit berufskundlichen Bildern
- nennt für die einzelnen Berufe die jeweiligen rechtlichen Regelungen
- gibt Hinweise auf weiterführende Informationsquellen

http://berufenet.arbeitsagentur.de/berufe/help/wasi9st.html

Zur besseren Orientierung wurden die vielen Ausbildungsberufe insgesamt 13 verschiedenen **Berufsfeldern** zugeordnet.

4. Recherchieren Sie in BERUFENET über die 13 Berufsfelder für Ausbildungsberufe, erarbeiten Sie aus den Tätigkeitsbeschreibungen die für Sie interessanten Ausbildungsberufe und vergleichen Sie die Tätigkeitsprofile mit Ihren persönlichen Vorstellungen!

Im Berufsfeld-Atlas Bayern wird ein Überblick über berufliche Möglichkeiten in 29 Berufsfeldern gegeben; in diesem sind folgende Berufsfelder aufgeführt:

1. Kaufmännische Berufe/Wirtschaft
2. Recht/Verwaltung
3. Sicherheit/Schutz
4. Verkehr/Transport/Logistik
5. Tourismus/Hotel/Gaststätten
6. Fremdsprachenberufe
7. Medien
8. Werbung
9. Geisteswissenschaften
10. Bibliothek/Archiv/Dokumentation
11. Druck/Fotografie/Grafik/Kunst
12. Produkt-Design/Kunsthandwerk
13. Mode/Textil
14. Denkmalpflege/Restaurierung
15. Musik/Theater/Tanz
16. Ausbilden/Lehren/Unterrichten
17. Soziale Berufe
18. Gesundheitswesen/Medizin/Körperpflege
19. Sport/Fitness/Freizeit
20. Ernährung/Hauswirtschaft
21. Tiere/Pflanzen
22. Biologie
23. Umweltschutz/Ver- und Entsorgung/ Reinigung
24. Physik/Elektrotechnik
25. Metall/Maschinenbau/Feinwerktechnik
26. Chemie/Werkstoffkunde
27. Bautechnik/Architektur
28. Bergbau/Geologie/Meteorologie
29. Mathematik/Datenverarbeitung

Sie können z. B. unter dem Berufsfeld 1 „Kaufmännische Berufe/Wirtschaft" folgende Informationen abrufen:
– betriebliche Ausbildung – schulische Ausbildung – Weiterbildung – Hochschulstudium.

Nach einem Vergleich der Tätigkeitsbeschreibungen mit Ihren persönlichen Fähigkeiten und Vorstellungen können Sie anhand der Methode Entscheidungstabelle (siehe Kapitel 16.3) vorgehen.

5. Recherchieren Sie im Internet sowie bei lokalen Unternehmen, welche Verdienstmöglichkeiten es in den für Sie interessanten Ausbildungsberufen gibt!
6. Informieren Sie sich über die in einem Ausbildungsvertrag festgelegten Rechte und Pflichten eines Auszubildenden einerseits und eines Ausbildenden andererseits!

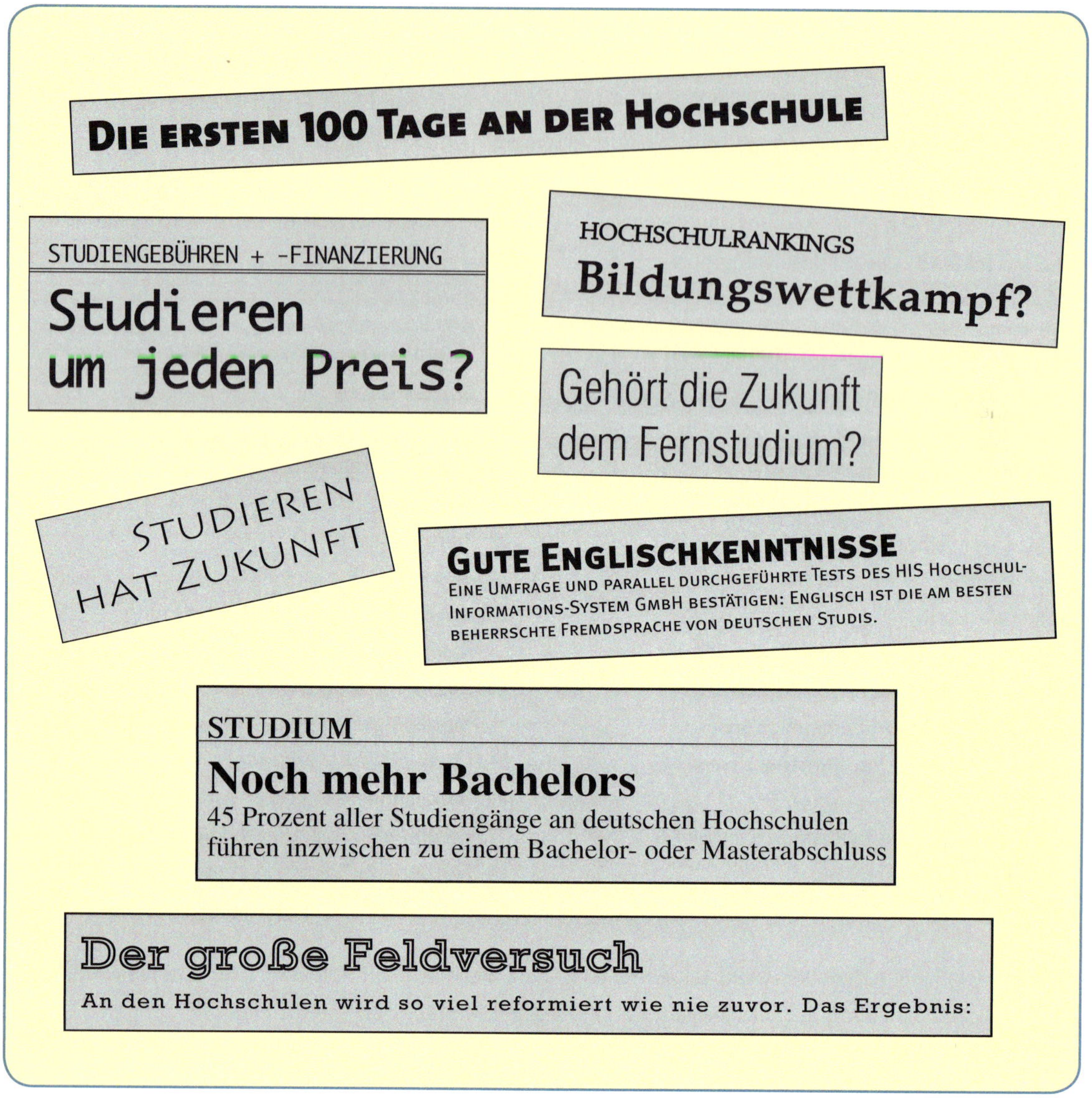

Abb. 10.1: Schlagzeilen

1. Analysieren Sie aufgrund Ihrer persönlichen Situation die folgende Checkliste und den Text „Soll ich studieren oder nicht?" (S. 60)! Welche Argumente sprechen bei Ihnen für ein Studium?
2. Entscheiden Sie mithilfe einer Entscheidungstabelle (siehe Kapitel 16.3), ob für Sie ein Studium oder eher eine Ausbildung infrage kommt!

Die ausführlichen Erläuterungen von Berufs- und Studienberatern zu den Punkten der Checkliste finden Sie im Internet. Dort gibt es auch hilfreiche Links und weiterführende Informationen, beispielsweise zu Stipendien und Self-Assessment-Tests: www.abi.de.

Checkliste: Was spricht für ein Studium?

✓ **Leidenschaft für ein bestimmtes Fach:** Wer bereits in der Schule festgestellt hat, dass es ihm große Freude bereitet, ein bestimmtes Themengebiet zu durchleuchten, und wem es nichts ausmacht, sich dabei stundenlang in Büchern zu „vergraben", der ist für ein Studium geradezu prädestiniert. Suche nach Berufen anhand des Lieblingsschulfachs über die „Erweiterte Suche": **www.abi.de**

✓ **Besondere Fähigkeiten:** Hervorragende Ergebnisse im Mathe-Leistungskurs oder ein Talent für künstlerischen Ausdruck? Wenn Sie bereits in der Schule besondere Fähigkeiten festgestellt haben, bietet Ihnen das Studium die beste Möglichkeit, diese zu vertiefen und weiterzuentwickeln. Bestellung einer Broschüre über „Studienfeldbezogene Beratungstests": **www.ba-bestellservice.de**

✓ **Schneller Berufseinstieg:** Mit den neuen Bachelor-Studiengängen können Sie schon nach drei Jahren einen hochqualifizierenden Abschluss erwerben, also in beinahe der gleichen Zeit, die Sie für eine Ausbildung brauchen. Informationen über Bachelor-Studiengänge: **www.wege-ins-studium.de**

✓ **Günstigere Beschäftigungsaussichten:** Akademiker sind insgesamt weniger von Arbeitslosigkeit betroffen als Menschen mit geringerer Qualifikation. Für die Zukunft wird sogar ein zunehmender Bedarf an Akademikern vorausgesagt [...]. Trends für Beschäftigungsaussichten in einzelnen Berufen: **www.pallas.iab.de**

✓ **Prestige:** Ein akademischer Abschluss ist mit gesellschaftlichem Ansehen verbunden.

✓ **Eintrittskarte für bestimmte Berufe:** Für viele Berufe ist ein Studium unabdingbare Voraussetzung, zum Beispiel für Ärzte, Juristen, Lehrer oder Sozialpädagogen. Selbst dort, wo ein Studium formal nicht vorgeschrieben ist, sind die Berufschancen mit einem akademischen Abschluss oftmals größer und bieten eine solidere Grundlage. Typisches Beispiel: der Journalismus. Beschreibung von Berufen mit ihren Zugangsvoraussetzungen: **www.berufenet.arbeitsagentur.de**

✓ **Erwerb von Schlüsselqualifikationen:** Bestimmte Kompetenzen können nur durch ein Studium erworben werden. Dazu gehört etwa die Fähigkeit, komplexe Themen eigenständig zu recherchieren und zu ergründen. Die Fähigkeit zum wissenschaftlichen Arbeiten wird in einigen Berufsfeldern sehr geschätzt. Beispiel: Unternehmensberatung.

✓ **Bessere Aufstiegschancen:** Ein Studium kann die Voraussetzung sein, um innerhalb von Unternehmenshierarchien aufzusteigen und eine Führungsposition einzunehmen.

✓ **Persönliche Entfaltung:** Bildung bildet. Auch wenn ein Studium nicht immer stressfrei ist, bietet die Hochschule nach wie vor viel Raum für persönliche Entfaltung, Wissenserweiterung und neue Denkanstöße.

✓ **Höherer Verdienst:** Zwar ist auch das Einkommen vieler Akademiker in den vergangenen Jahren gesunken, dennoch verdienen sie im Durchschnitt noch immer mehr als Beschäftigte, die kein Studium absolviert haben. Die Kosten, die durch die Studiengebühren auflaufen können, gleichen sich nach dem Abschluss durch den höheren Verdienst häufig sehr schnell wieder aus. Einschätzungen zum durchschnittlichen Gehalt unter Beruf – Tätigkeit – Verdienst/Einkommen: **www.berufenet.arbeitsagentur.de**

abi 7, 2007/2008, Bundesagentur für Arbeit, Nürnberg, S. 18

Soll ich studieren oder nicht?

Für viele Abiturienten ist klar: Sie wollen studieren. Andere sind sich nicht so sicher, ob ein Hochschulbesuch das Richtige für sie ist, und zögern noch – manchmal aus nicht zutreffenden Gründen. Die folgende Checkliste hilft vielleicht bei der Entscheidung.

„Ein Studium ist mir zu teuer!"

Rund 700 Euro benötigen Studierende jeden Monat, dazu kommen noch Studiengebühren in Höhe von rund 500 Euro pro Semester. Zur Finanzierung gibt es aber BAföG, Stipendien (nicht nur an Überflieger!), Nebenjobs und Studienkredite.

„Nach 13 Jahren Schule will ich jetzt lieber etwas Praktisches machen!"

Warum nicht? Auch nach der Lehre kann man noch ein Studium aufnehmen. Eine andere Möglichkeit: ein duales Studium, beispielsweise an einer Berufsakademie, zu absolvieren. Dabei wechseln sich praktische Phasen im Betrieb mit der Theorie an der Hochschule ab, die Studierenden erhalten durchgängig ein Gehalt.

„Meine Eltern waren auch ohne Studium erfolgreich!"

Zu Zeiten des Wirtschaftsaufschwungs in den Sechzigerjahren war es sicher möglich, auch ohne Studium beruflich erfolgreich zu sein und die Karriereleiter bis nach oben zu klettern. Aber anders als früher wird für viele Tätigkeiten heute ein Studium vorausgesetzt. Hier ist also ein Umdenken gefordert.

„Meine Abi-Note ist zu schlecht!"

Um an der Hochschule gut zu sein, ist vor allem eines wichtig: Das Studium muss Spaß machen! Bei der Bewerbung für einen Studiengang ist aber nicht nur der Abi-Schnitt, sondern möglicherweise auch die eine oder andere Einzelnote wichtig. Wer in seinem Wunschfach wegen der Abi-Note keinen Studienplatz bekommt, kann nach Alternativen Ausschau halten. Vielleicht gibt es ja einen ähnlichen Studiengang, bei dem die Hürden nicht ganz so hoch sind? Was viele nicht wissen: In frei zugänglichen Studiengängen spielt der Abi-Schnitt gar keine Rolle!

„Ich weiß nicht, ob ich überhaupt für ein Studium geeignet bin!"

Klar, die fachspezifische Eignung sollte vorhanden sein [...] Einige Hochschulen haben inzwischen kostenlose Self-Assessments, mit denen sich Studieninteressenten vor der Immatrikulation testen können. Neben den Noten gibt es auch die so genannten „weichen" Faktoren: Studierende sollten Einsatzbereitschaft, Fleiß und Durchhaltevermögen mitbringen und Spaß am Lernen haben. Man benötigt zudem Eigenständigkeit, Selbstorganisation und Disziplin.

„Ich weiß nicht, wie die Arbeitsmarktaussichten mit meinem Wunschfach sind!"

Akademiker haben die geringste Arbeitslosenquote. Ein Studium ist also der beste Schutz gegen Arbeitslosigkeit und wird es auch in Zukunft bleiben. Trotzdem sind die Arbeitsmarktaussichten nicht bei jedem Studienfach gleich gut. Gerade für Studierende eines geisteswissenschaftlichen Faches wie Geschichte oder Politik ist es deshalb wichtig, sich schon früh durch Praktika und Nebenjobs auf dem Arbeitsmarkt zu orientieren.

„Ich habe keine Lust auf Massenveranstaltungen!"

[...] Wer keine Massenveranstaltungen mag, kann aber einfach an eine kleine Hochschule gehen. Was die Studienbedingungen betrifft, haben die Fachhochschulen im Osten Deutschlands im Studienqualitätsmonitor der HIS Hochschul-Informations-System GmbH am besten abgeschnitten. [...]

abi STUDIUM 2007/2008, Bundesagentur für Arbeit, Nürnberg, S. 11

Haben Sie sich für ein Studium entschieden, dann steht als nächstes die Qual der Wahl des Studienplatzes an. Fragen wie

- Ist eine Universität das Richtige oder eine Fachhochschule oder eher eine andere Alternative?
- Und wie ist es mit den Abschlüssen? Bachelor, Master oder Diplom?
- In welcher Stadt und an welcher Hochschule wollen Sie studieren?
- Kommt eventuell sogar ein Studium im Ausland infrage?

stehen zur Entscheidung an, denn Studium ist nicht gleich Studium.

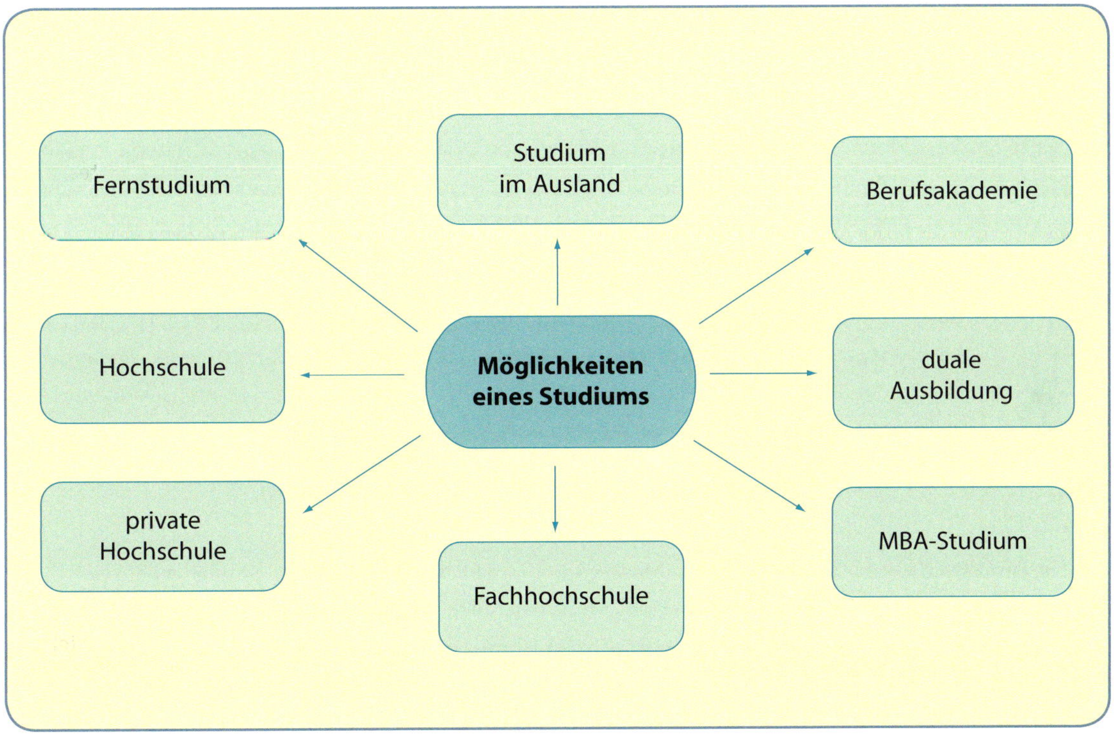

Abb. 10.2: Übersicht über Studienmöglichkeiten

In den folgenden knapp gehaltenen Ausführungen erfahren Sie zunächst, welche wesentlichen Unterschiede zwischen den einzelnen **Hochschultypen** bestehen, welche Voraussetzungen dort für ein Studium erforderlich sind und welche Abschlüsse es gibt. Details können Sie über die angegebenen Literaturtipps bzw. Internetadressen erfahren.

Zu den **wissenschaftlichen Hochschulen** gehören **Universitäten, Technische Universitäten** sowie **Kunst-, Musik- und Sporthochschulen**.

Ein Kennzeichen der Universitäten ist eine wissenschaftliche und forschungsorientierte Ausrichtung, wobei die Vermittlung theoretischer Inhalte im Vordergrund steht. Grundlagenforschung und die Weitervermittlung dieser Erkenntnisse (Lehre) haben einen hohen Stellenwert. Die Studierenden sollen wissenschaftliche Fähigkeiten entwickeln und mit ihrer Abschlussarbeit nachweisen, dass sie in der Lage sind, ein Thema zu erforschen und darzustellen. Die Studienordnung ist meist nur teilweise verbindlich festgelegt, sodass die Studierenden Spielräume bei der Wahl ihrer Lehrveranstaltungen sowie bei ihren fachlichen Schwerpunkten haben. Das Grundlagenstudium ist häufig theorielastig und ähnelt sich in verschiedenen Disziplinen. Universitäten haben ein breites Spektrum an Fachrichtungen.

Daneben gibt es aber auch **spezialisierte Hochschulen** wie die **Universitäten der Bundeswehr** oder die **Kirchlichen** und die **Philosophisch-Theologischen Hochschulen**.

Die **allgemeine Hochschulreife** (Abitur) oder die **fachgebundene Hochschulreife** sind in der Regel die Zugangsvoraussetzungen. Abiturienten können an allen Universitäten die entsprechenden Studiengänge wählen, es sei denn, dass es besondere Zulassungsvoraussetzungen gibt, z. B. durch die Zentralstelle für die Vergabe der Studienplätze (ZVS) oder wegen hochschulgebundener Bestimmungen (Auswahlverfahren siehe Kapitel 13).

Die **Kunst-, Musik- und Sporthochschulen** bieten ausschließlich Studiengänge in ihrer Fachrichtung an. Dies erfordert eine künstlerische (gestalterisch oder musikalisch) bzw. sportliche Begabung. An diesen Hochschulen ist eine Aufnahme bei herausragender Begabung auch ohne die genannten Voraussetzungen möglich.

Fachhochschulen legen Wert auf ein anwendungsbezogenes Wissen mit viel Praxisbezug. Meist sind Betriebspraktika, die teilweise bereits vor dem Studienbeginn zu absolvieren sind, Bestandteil des Studiums. Die Inhalte sind durch Studienordnungen stark strukturiert. Im Gegensatz zu den Hochschulen haben die Studierenden der Fachhochschulen eine überschaubare Studiendauer und ein eingeschränktes Fächerspektrum. Fachhochschulen bieten vor allem Studiengänge in den Bereichen Rechts-, Wirtschafts- und Sozialwissenschaften, Technik sowie Sozialwesen und Gestaltung an. Zugangsvoraussetzung ist mindestens die Fachhochschulreife.

Private Hochschulen gewinnen an Bedeutung. Das Spektrum reicht von Jura über Betriebswirtschaft bis hin zu den Sozial- und Gesellschaftswissenschaften. Da private Hochschulen kostendeckend arbeiten müssen, verlangen sie teilweise hohe Studiengebühren. Dafür haben sie den Vorteil, dass durch Kleingruppen ein intensiveres Studieren möglich ist. Auch Praktika und Auslandsaufenthalte sind in dieses Studium eingebunden.

3. Informieren Sie sich über Zugangsvoraussetzungen, inhaltliches Angebot, den Studienverlauf und Abschlussmöglichkeiten der unterschiedlichen Hochschulen für eine Fachrichtung Ihrer Wahl. Nutzen Sie dazu www.studienwahl.de bzw. www.hochschulkompass.de bzw. www.hrk.de bzw. die Broschüre Studien- & Berufswahl der Bundesagentur für Arbeit! Erstellen Sie eine „Hitliste" und begründen Sie Ihr Ranking!

Duale Studiengänge haben den Vorteil, dass sie schnell in die berufliche Praxis führen. Hochschulen und Wirtschaft haben die dualen Studiengänge gemeinsam entwickelt. Durch eine intensive Verzahnung wird in relativ kurzer Zeit eine attraktive Verbindung von Theorie und Praxis geschaffen. Bei den dualen Studiengängen gibt es vor allem zwei Varianten:

- regelmäßiger Wechsel zwischen beruflicher Ausbildung bzw. Teilzeittätigkeit und Studium,
- Beginn der Studienphase nach einer abgeschlossenen Berufsausbildung.

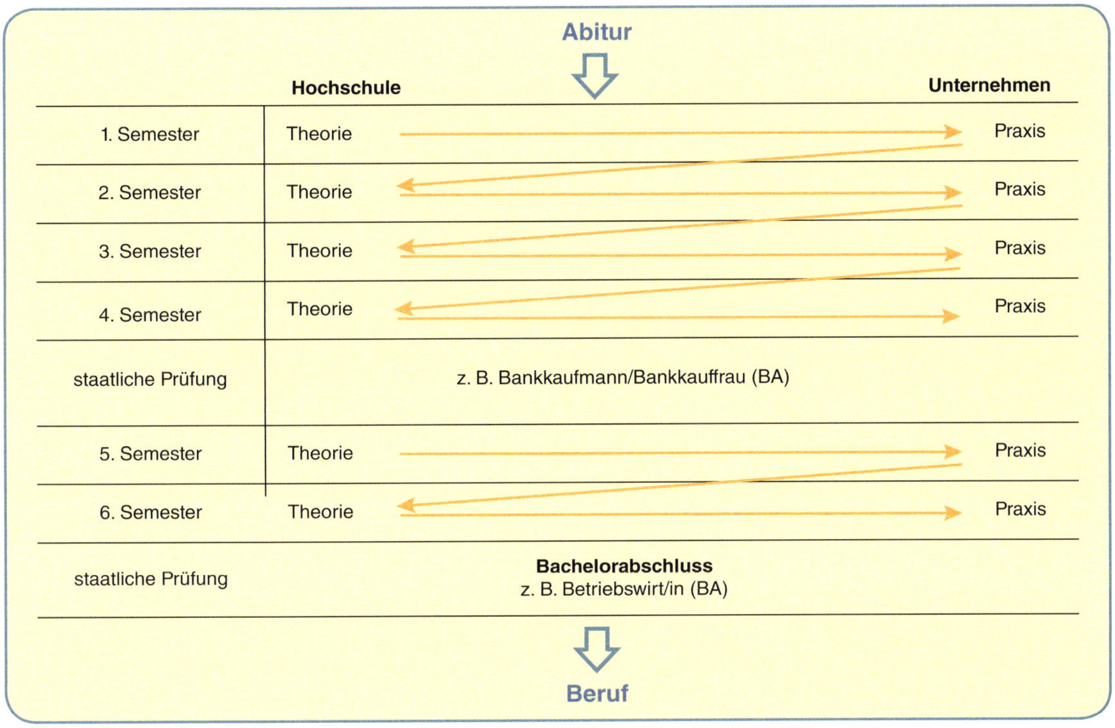

Abb. 10.3: Das duale Studienprinzip

Ein Studium an **Berufsakademien**, die vor allem in Baden-Württemberg verbreitet sind, basiert auf dem dualen Ausbildungsprinzip, d. h., praxisbezogenes Unterrichten wird mit dem Lernen an einer Akademie verknüpft. Dabei schließt der Abiturient mit einem Unternehmen einen Ausbildungsvertrag ab; erworben wird später ein staatlicher Abschluss.

Duale Ausbildungsgänge haben ebenso wie ein Studium an einer Berufsakademie den Vorteil, dass während des Studiums Geld verdient wird und dass nach dem Abschluss eine Jobgarantie gegeben ist. Voraussetzung für die Zulassung sind je nach Bundesland Abitur oder Fachhochschulreife.

Eine interessante Alternative ist das **Fernstudium**. Es ist eine flexible Lernform, die vor allem zur Weiterbildung genutzt wird. Die Zielgruppen sind Berufstätige, Eltern in der Familienphase, aber auch Menschen mit Behinderung oder in der Rehabilitation. Diese Fernstudierenden erhalten das Lern- und Lehrmaterial über Lernmedien wie Online-Kurse im Internet, Lernsoftware auf CD-ROM oder DVD oder mittels Fernsehsendungen.

Internationale Studiengänge gewinnen zunehmend an Bedeutung. So waren z. B. im Jahr 2004 laut Statistischem Bundesamt etwa 69 000 Deutsche an ausländischen Hochschulen eingeschrieben. Die beliebtesten Zielländer waren Großbritannien (16 %), die USA (12,5 %), die Niederlande (11,8 %), gefolgt von der Schweiz (10,3 %), Österreich (10,2 %) und Frankreich (9,4 %). Auslandsaufenthalte in Form von Studiensemestern oder als Auslandsstudium sind im Zeitalter der Globalisierung schon fast selbstverständlich. Kann man sie vorweisen, wachsen auch die beruflichen Erfolgsaussichten erheblich. Teilweise werden internationale Kooperationen mit Partneruniversitäten im Ausland genutzt. Diese Studienaufenthalte sind harmonisiert: Leistungsnachweise und Verlauf werden klar aufeinander abgestimmt. Auch Doppelabschlüsse an der deutschen und an der ausländischen Hochschule können erworben werden.

Eine interessante Möglichkeit für hoch qualifizierte Bewerber, die sich auf dem Sprung in die Führungsebene eines Unternehmens oder in der Verwaltung befinden, bieten die renommierten **Business Schools**, die den Abschluss eines **Master of Business Administration (MBA)** verleihen. Neben international angesehenen amerikanischen Business Schools gibt es inzwischen in Deutschland mehr als 150 MBA-Programme. Alle MBA-Angebote mit umfassender Managerausbildung orientieren sich grundsätzlich an zwei Zielgruppen: Studierende mit geringer Berufserfahrung, die Vollzeit studieren und etwa Mitte Zwanzig sind; und an Berufserfahrene, die den MBA zur Karriereentwicklung benötigen. Diese zweite Zielgruppe ist über Dreißig und bevorzugt oft Teilzeitprogramme, die sie mit ihrem Arbeitgeber vereinbaren.

4. Informieren Sie sich unter www.duales-studium.de und www.abi.de – Studiengänge – Duale sowie www.think-ing.de genauer über die Möglichkeiten eines dualen Studiums!
5. Informieren Sie sich unter http://mwk.baden-wuerttemberg.de/service/publikationen genauer über die Möglichkeiten der Berufsakademien!
6. Recherchieren Sie auf den Homepages größerer Unternehmen, welche Verbindungen es eventuell mit Berufsakademien gibt!
7. Informieren Sie sich unter www.studienwahl.de oder in der Broschüre Studien- & Berufswahl der Bundesagentur für Arbeit genauer über die Möglichkeiten eines Fernstudiums!
8. Informieren Sie sich unter www.studieren.de/internationales-studium.0.html genauer über die Möglichkeiten eines Auslandsstudiums!
9. Informieren Sie sich unter www.mba-association.de bzw. www.mba-info.de bzw. www.mba-studium.net genauer über die Möglichkeiten eines MBA-Studiums!

Wenn Sie sich an einer Hochschule einschreiben wollen, wird zwangsläufig der Begriff **Hochschulranking** auftauchen. Hochschulrankings sind populär wie nie. Viele Medien (DER SPIEGEL, Focus, DIE ZEIT u.a.) und Einrichtungen befassen sich deshalb damit. Durch die Vielfalt der Rankings hat insgesamt die Aussagefähigkeit zugenommen, andererseits sind sie auch umstritten. Immerhin haben nach einer HIS-Umfrage etwa zwei Drittel der Studienanfänger diese Rankings zu Rate gezogen.

10. Informieren Sie sich gegebenenfalls unter www.che.de oder www.das-ranking.de oder www.hochschulranking.de genauer über Rankings!

Spätestens wenn Sie sich für ein bestimmtes Studienfach entschieden haben und die Zusage über den Studienplatz vorliegt, ist es notwendig, endgültig die Frage der **Finanzierung eines Studiums** zu klären, denn ein Studium ist nicht billig.

Zu verschiedenen Aspekten finden Sie wichtige Adressen und Hinweise auf Recherchemöglichkeiten im Internet: www.studienwahl.de.

Die folgenden Aspekte sollten Ihnen bewusst sein, damit Sie die materielle Seite Ihres Studiums in den Griff bekommen:

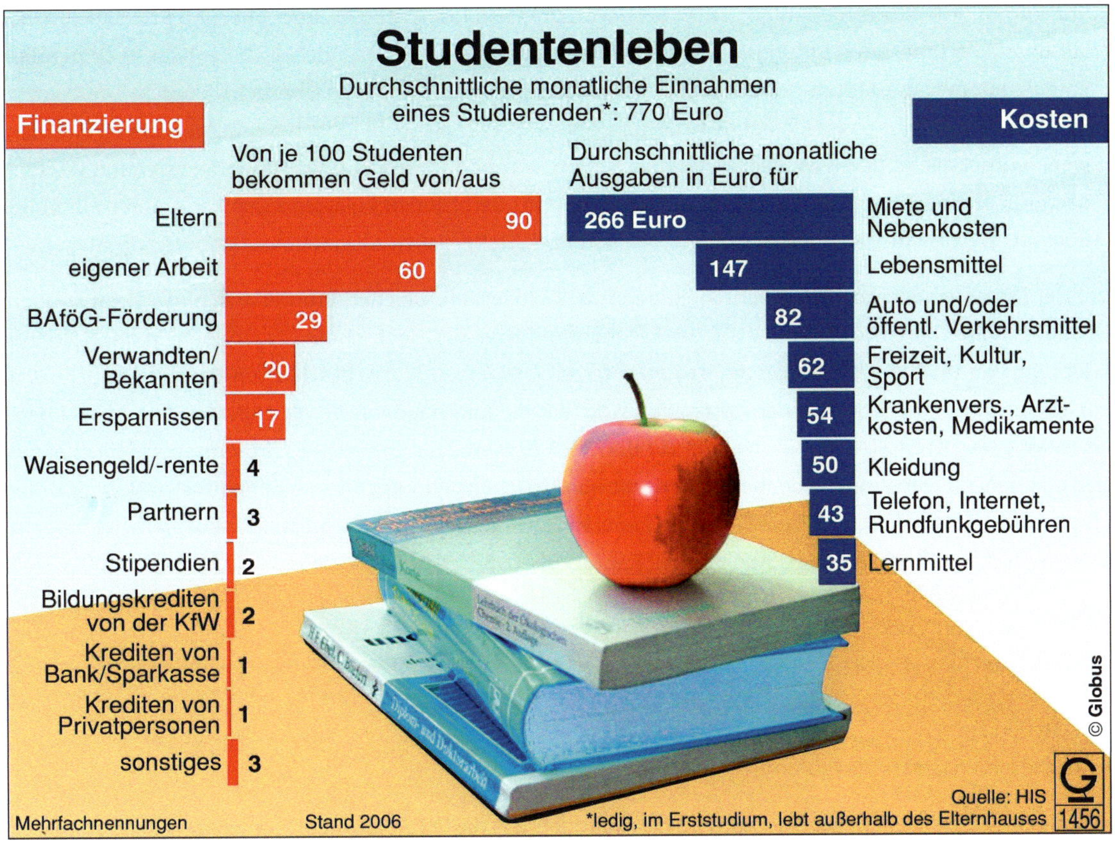

Abb. 10.4: Studentenleben

- Die **durchschnittlichen Wohnungskosten** für Studierende, die nicht bei ihren Eltern wohnen, liegen je nach Wohnort zwischen ca. 200 und ca. 320 €. Dabei sollten Sie jedoch berücksichtigen, dass die Wohnkosten in Städten wie München teilweise erheblich höher liegen als beispielsweise in manchen Universitätsstädten in den neuen Bundesländern.
- Hinzu kommen **Kosten für die Lebenshaltung**, die ebenfalls standortabhängig unterschiedlich hoch sind. Sie betragen zwischen ca. 200 und 400 €.
- An **Studiengebühren** fallen in Abhängigkeit vom Bundesland pro Semester etwa 300 bis 500 € an. (Langzeitstudierende müssen mit zusätzlichen Kosten in Höhe von 500 bis 800 € pro Semester rechnen.)
- Für die Einschreibung und verschiedene Pflichtbeiträge kommen bis zu ca. 200 € pro Semester hinzu.
- Zusammenfassend betrachtet fallen somit monatliche Kosten von ca. 500 bis 800 € an, die der Studierende finanzieren muss.

Dazu gibt es folgende Möglichkeiten:

- Der Durchschnittsbetrag der **Einnahmen** der Studierenden betrug im Jahr 2006 insgesamt **770 €** (siehe Abb. 10.4); ein wesentlicher Teil dieser Einnahmen stammt von den Eltern. Immerhin zwei Drittel der Studierenden tragen jedoch durch eigenen Verdienst zur Bezahlung der Studienkosten bei.
- Unter bestimmten Umständen gibt es eine indirekte Förderung durch Studentenwerke (www.studentenwerke.de).
- Für bestimmte Studierende ist eine Förderung nach dem Bundesausbildungsförderungsgesetz (**BAFöG**) möglich. Eine grobe Übersicht über eventuelle Ansprüche bietet der BAFöG-Rechner im Internet unter www.bafoeg-rechner.de.

- **Stiftungen** unterstützen ebenfalls unter bestimmten Umständen Studierende. Mit rund 700 Links ist der Stiftungsindex unter www.stiftungsindex.de/sfoerderung.htm. sehr hilfreich. Auch die Datenbank für **Stipendien** enthält unter www.e-fellows.net/de/public/show/detail.php/5789/eine gute Übersicht.
- Für Studierende gibt es verschiedene **Kreditangebote**. Ein Kredit sollte jedoch nur aufgenommen werden, wenn vorher alle anderen Möglichkeiten wie BAFöG, Jobmöglichkeiten oder Stipendien genutzt wurden, damit nicht eine Verschuldung eintritt, die beim Start ins Berufsleben belastend sein kann. Einen Überblick über Studienkredite enthält www.studentenwerk.de/pdf/Uebersicht%20Darlehensangebote.pdf.

Vor der Einschreibung an einer Hochschule muss geklärt werden, welchen **Studienabschluss** Sie anstreben. Häufig ist dieser bereits durch die Wahl der Fachrichtung bzw. der Hochschule vorgegeben. In der **Bologna-Erklärung von 1999**, die 29 europäische Staaten unterzeichnet haben, wurde beschlossen, dass bis zum Jahr 2010 ein europäischer Hochschulrahmen geschaffen wird, der die internationale Vergleichbarkeit von Abschlüssen verbessert. Bis 2010 sollen alle Abschlüsse auf **Bachelor** bzw. **Master** umgestellt sein. Zwischenzeitlich haben sich nunmehr 40 Teilnehmerländer beraten, wie die europäischen Bildungssysteme kompatibel gestaltet werden können, um die Mobilität und Flexibilität der Studierenden innerhalb Europas weiter zu verbessern. Derzeit gibt es in Deutschland noch folgende Studienabschlüsse:

- Diplom,
- Magister,
- Bachelor,
- Master und
- Staatsexamen (staatliche Prüfung).

Weil also in nächster Zeit verschiedene Zwischenprüfungen, z. B. das Vordiplom, und Studienabschlüsse auslaufen, werden an dieser Stelle lediglich die Abschlüsse Bachelor und Master beschrieben.

Bachelor

Der Bachelor-Abschluss wird zukünftig der Regelabschluss sein. Nach drei bis vier Jahren Regelstudienzeit erreichen die Studierenden einen berufsqualifizierenden Hochschulabschluss. Studienziel ist der Erwerb grundlegender Kenntnisse und Fähigkeiten für einen schnelleren Berufseinstieg und eine gezieltere Arbeitsmarktfähigkeit. Das Besondere ist, dass die erzielten Leistungen über ein System von Leistungspunkten (Credit-card-System) international vergleichbar werden. Beim Bachelor müssen mindestens 180 Leistungspunkte nachgewiesen werden. Grundlage für die Leistungspunkte ist der Zeitumfang der Studienzeit, der vom Aufwand für Seminare und Vorlesungen abhängig ist. Das Studium wird in sogenannte Module aufgeteilt. Bei sämtlichen Veranstaltungen besteht für die Studierenden Anwesenheitspflicht. Von Vorteil ist, dass – ähnlich wie beim Abitur in der Oberstufe – studienbegleitende Prüfungen in die Abschlussprüfung eingehen und diese somit erleichtern. Ein Bachelor ist im Leistungsniveau in etwa mit den bisherigen Diplomprüfungen an Fachhochschulen vergleichbar.

Master

Im Anschluss an den Bachelor kann das Master-Studium absolviert werden. Der Master-Abschluss stellt einen weiteren berufsqualifizierenden Hochschulabschluss dar. Er ist im Leistungsniveau mit einer Diplom- oder Magisterprüfung an einer Universität vergleichbar. Der Master-Abschluss dauert ein bis zwei Jahre und führt zu einem forschungs- und anwendungsorientierten Abschluss. Er berechtigt bei entsprechenden Voraussetzungen zu einer Promotion. Unter Einbeziehung der maximal 180 Leistungspunkte beim Bachelor kommen bis zu 120 Creditpoints dazu, sodass insgesamt maximal 300 Leistungspunkte erzielt werden können.

11. Informieren Sie sich über Details zum Bachelor- bzw. Master-Studiengang an Hochschulen, die Ihr Interesse finden!
12. Recherchieren Sie unter www.ba-ma.bayern.de zum Bachelor- und Masterabschluss in einem Fach, das Sie sich für sich selbst vorstellen könnten!

Fächer/Fachgruppen	Abschluss
Sprach- und Kulturwissenschaften Sport- und Sportwissenschaften Sozialwissenschaften Kunstwissenschaft	Bachelor of Arts (B.A.), Master of Arts (M.A.)
Mathematik Naturwissenschaften Medizin* Agrar-, Forst- und Ernährungswissenschaften*	Bachelor of Science (B.Sc.), Master of Science (M.Sc)
Wirtschaftswissenschaften	Nach der inhaltlichen Ausrichtung des Studiengangs: Bachelor of Arts oder Bachelor of Science (B.A. oder B.Sc.) bzw. Master of Arts oder Master of Science (M.A. oder M.Sc.)
Ingenieurwissenschaften	Bachelor of Engineering oder Bachelor of Science (B.Eng. oder B.Sc.) bzw. Master of Engineering oder Master of Science (M.Eng. oder M.Sc.)
Rechtswissenschaften*	Bachelor of Laws (LL.B.), Master of Laws (LL.M.)
Freie Kunst	Bachelor of Fine Arts (B.F.A.), Master of Fine Arts (M.F.A.)
Künstlerisch angewandte Studiengänge, Darstellende Kunst	Bachelor of Arts (B.A.), Master of Arts (M.A.)
Musik	Bachelor of Music (B.Mus.), Master of Music (M.Mus.)
Studiengänge, mit denen die Voraussetzungen für ein Lehramt vermittelt werden	Bachelor of Education (B.Ed.), Master of Education (M.Ed.)

Abb. 10.5: Abschlüsse nach Fächern bzw. Fachgruppen (* betrifft nicht die staatlich geregelten Studiengänge)

Nach Klärung vieler Fragen im Vorfeld eines Studiums ist es endlich so weit. Im folgenden Bericht schildert die Jurastudentin Elena von der Universität Passau ihre ersten 100 Tage an der Hochschule. Weitere Beiträge dieser Art finden Sie unter www.abi.de – Weblogs.

Die ersten 100 Tage an der Hochschule

1. Woche […]

Wie, was, wo und vor allem: WANN?

So schön und aufregend die ersten Tage auch waren, es gab einiges für das beginnende Studium zu erledigen: Einstufungstests für Sprachen ablegen, Anmeldefristen hierfür beachten und den Stundenplan selbst zusammenstellen. Und natürlich gab es niemanden, der sich wirklich damit auskannte […]

2. Woche

Die erste richtige Vorlesung

Mit Block und Bleistift machte ich mich auf zu meiner ersten Vorlesung. Schon eine halbe Stunde vor Beginn herrschte ein heilloses Durcheinander, und es war kaum noch ein Platz in dem riesigen Hörsaal zu finden. Nun waren es nicht mehr 20 Mitschüler, die um mich herumsaßen, sondern 450 Studierende.

Schonzeit? Von wegen!

In der ersten Woche hetzte ich von einer Vorlesung in die andere und verlief mich dabei meist im großen Universitätsdschungel. Wer von den Professoren in den vielen verschieden Fächern wie Strafrecht, Staatsrecht oder auch Privatrecht eine Schonzeit für Erstsemester erwartet hatte, wurde eines Besseren belehrt. Die Profs fingen sofort damit an, ihren Stoff durchzupauken, und redeten anderthalb Stunden ohne Pause vor sich hin. Doch obwohl ich ahnte, dass es wohl besser wäre zuzuhören, steckte das Schülerdenken einfach noch viel zu sehr in mir drin [...]

3. Woche

Bücher, Bücher, Bücher

Wer bis jetzt dachte, dass Schulbücher teuer seien, wird einen ziemlichen Schock erleben, wenn er erfährt, wie viel die Lehrbücher kosten, die einem von den Professoren empfohlen werden. Einer drückte uns eine Liste mit Büchern in die Hand, deren Gesamtsumme sich zusammengerechnet auf über 1.200 Euro belief. Und natürlich war jedes einzelne davon „sehr lesenswert". Der andere plapperte fröhlich einen Autorennamen nach dem anderen vor sich hin [...] Dass ich all diese Namen später einmal selbst auswendig kennen würde, wusste ich da noch nicht ...

4. Woche

Unialltag

In der vierten Woche schlich sich so langsam wieder der Alltag in das neue Leben ein. Es stellte sich allgemeine Langeweile in den Vorlesungen ein, und so beschwerten sich immer mehr Professoren über die Unruhe in den Hörsälen. Mittlerweile brachte die bloße Anwesenheit eines Professors nämlich niemanden mehr zum Schweigen. Beim Umherblicken im Saal stellte ich fest, dass die Plätze nicht mehr restlos belegt waren. Auch ich ertappte mich dabei, wie ich immer öfter die Uni mied [...]

5. Woche

Erste Unruhe

Obwohl ich mich noch über diejenigen lustig machte, die jetzt schon die Tage in der Bibliothek mit Lernen zu verbringen pflegten, und über diejenigen, die in den ersten Reihen jede Frage des Professors beantworten konnten, die Stirn runzelte, merkte ich doch, dass meine anfängliche Lässigkeit gegenüber meinem Studium sich nun langsam rächte. Also begann ich, die von den wissenschaftlichen Mitarbeitern angebotenen und wärmstens empfohlenen Zusatzübungen zu besuchen, musste aber feststellen, dass ich wohl den Anschluss verpasst hatte. Ich schwor mir hoch und heilig, ab jetzt in wirklich jede Vorlesung und Übung zu gehen ...

6. Woche

Lernzeit = Stresszeit

Die Wochen zogen ins Land und plötzlich standen mir die ersten Klausuren bevor. [...] Ich war dankbar für jeden Tipp, denn mal wieder war ich total unorganisiert und unvorbereitet. Auch wenn ich manchmal lieber länger schlafen wollte, musste ich nun schon um 8 Uhr morgens in der Bibliothek sein, um noch einen Platz zum Lernen zu ergattern. [...]

abi STUDIUM, 2007/2008, Bundesagentur für Arbeit, Nürnberg, S. 6 f.

Damit Erstsemestern der Start an Hochschulen leichter fällt, hat beispielsweise die Technische Universität München (TUM) ein Tutorensystem eingerichtet, da sich die Erstsemester nur mittelmäßig bis sehr schlecht betreut fühlten. Hinzu kam, dass sich die Erstsemester von den „harten" Wissenschaften einfach überfordert fühlten. Bei diesem Tutorensystem werden die Studierenden auf Wunsch ein Jahr lang in wöchentlich 90-minütigen Tutorenstunden betreut. Sie erwerben dabei Schlüsselkompetenzen, erhalten eine Ausbildung in Lerntechniken und bekommen Informationen zur Studienorganisation.

13. a) Informieren Sie sich unter www.tutor.mw.tum.de genauer über dieses Tutorensystem!

b) Erklären Sie, wie Elena ein solches Tutorensystem in ihrem ersten Semester für sich hätte nutzen können!

14. Laden Sie Ehemalige Ihrer Schule in das P-Seminar ein und lassen Sie sich von diesen praktische Tipps für den Studienbeginn geben!

Die folgende Checkliste zeigt, was man vor der Aufnahme eines Studiums organisieren muss:

1. Bewerbungsfristen
sich über die ZVS-Studienplatzvergabe bzw. über Bewerbungsverfahren und -fristen der Hochschulen informieren
wann?
jeweils circa ein halbes Jahr vor Semesterbeginn

2. Vorpraktikum
Informationen über Eignungsprüfungen Sport, Musik, Sprachen u. Ä. oder Vorpraktika einholen; für Vorpraktikum Praktikumsplatzsuchen
wann?
circa ein halbes Jahr vor Semesterbeginn

3. ZVS-Bewerbungsschluss I
ZVS-Bewerbungsschluss für Abiturienten, die im Vorjahr die Hochschulreife erworben haben, beachten
wann?
31. Mai für das folgende Wintersemester (WS)
30. November für das folgende Sommersemester (SS)

4. ZVS-Bewerbungsschluss II
ZVS-Bewerbungsschluss für die neuen Abiturienten einhalten
wann? (Achtung! kann je nach Bundesland und Hochschulart variieren!)
15. Juli für das folgende WS
15. Januar für das folgende SS

5. Vorbereitungskurs
Vorbereitungskurs besuchen, z. B. Mathe;
Praktikum ableisten, wenn ein Vorpraktikum gefordert ist
wann?
Semesterferien vor Studienbeginn

6. Versicherungsbestätigung
Versicherungsbestätigung der Krankenkasse besorgen (brauchen Sie für die Einschreibung)
wann?
August

7. Finanzierung
BaföG-Beratung aufsuchen;
sich über andere Studienfinanzierungsmöglichkeiten informieren;
gegebenenfalls BaföG beantragen
wann?
August/September

8. Annahme des Studienplatzes
Annahme des Studienplatzes bestätigen und sich einschreiben;
Semesterbeiträge und Studiengebühren bezahlen
wann?
August–Oktober

9. Wohnung
Zimmer suchen oder Platz im Studentenwohnheim beim Studentenwerk beantragen
wann?
August/September

10. Studienvorbereitung
Studienordnung und Vorlesungsverzeichnis besorgen; vorläufigen Stundenplan zusammenstellen; Termine für Orientierungswoche und Vorkurse auf der Website der Hochschule recherchieren; evtl. Fachstudienberatung aufsuchen
wann?
August/September

11. Studienstart
an Orientierungs-/Einführungswoche teilnehmen;
an Führung durch die Bibliothek teilnehmen;
endgültigen Stundenplan festlegen;
eventuell Nebenjob suchen
wann?
Oktober

nach: abi STUDIUM, 2007/2008, Bundesagentur für Arbeit, Nürnberg, S. 19

Abb. 11.1: Karriere durch duale Ausbildung?

Nach der Broschüre Studien- & Berufswahl geben etwa ein Viertel aller Schulabgänger/-innen mit Hochschulreife nach Abschluss ihrer Schulzeit einer beruflichen Ausbildung den Vorzug (Ausgabe 2007/2008, Bundesagentur für Arbeit, Nürnberg, S. 539). Nach Angaben der Bundesagentur für Arbeit ist im Jahr 2006 die Zahl der Lehrstellenbewerber/-innen mit Abitur oder Fachhochschulreife gegenüber dem Vorjahr um gut neun Prozent auf 103 300 gestiegen.

Für diese kommen verschiedene Möglichkeiten einer berufsqualifizierenden Ausbildung infrage:

- betriebliche Ausbildungen
- Ausbildungen an Berufsfachschulen
- sonstige Ausbildungen in Betrieben

Die Motive für eine berufliche Ausbildung sind sehr unterschiedlich; die folgende Checkliste gibt einen raschen Überblick. Allerdings sollten Sie bedenken, dass durch die kürzeren Bachelor-Studiengänge (siehe Kapitel 10) und durch duale Studiengänge der damit verbundene Zeitvorteil relativiert wird.

Was spricht für eine Ausbildung?

Verbindung von Theorie und Praxis:
Bei einer **betrieblichen Ausbildung** bist du abwechselnd in die Arbeitsabläufe verschiedener Abteilungen eingebunden. Du lernst Dinge, die du sofort umsetzen kannst, und trägst unmittelbar zum Erfolg deines Betriebes bei. Nach und nach übernimmst du immer mehr Aufgaben eigenständig. Theoretisches Wissen wird dir in der Berufsschule vermittelt, sowohl allgemein bildendes als auch fachspezifisches. Viele Betriebe bieten auch zusätzliche Schulungen an [...].
Bei einer **schulischen Ausbildung** hast du reichlich Praxisübungen im Unterricht und Fachpraktika, um die Arbeitswelt kennenzulernen.

Sofort Verdienst:
Wenn du eine **betriebliche Ausbildung** machst, bekommst du eine Ausbildungsvergütung. [...] Unter bestimmten Voraussetzungen können Azubis Berufsausbildungsbeihilfe (BAB) erhalten. Informationen über die tariflichen Ausbildungsvergütungen in den einzelnen Berufen gibt es unter www.berufenet.arbeitsagentur.de.
In **schulischen Ausbildungen** verdienst du meistens nichts, oft werden sogar monatliche Schulgebühren verlangt. Eine Ausbildung an einer Berufsfachschule kann allerdings durch BAföG gefördert werden. Informationen [unter] www.das-neue-bafoeg.de.

Geringerer Zeitaufwand:
Bei den meisten Ausbildungen hast du nach drei Jahren den Abschluss in der Tasche. Als Abiturient kannst du häufig deine Ausbildung um ein Jahr verkürzen und hast dann bereits nach zwei Jahren deinen Abschluss.

Erwerb von Schlüsselkompetenzen:
Diese lassen sich in einer Ausbildung optimal trainieren. Du arbeitest mit anderen zusammen, lernst Fragen zu stellen, Probleme zu lösen [...] Das alles sind Schlüsselqualifikationen, die du für ein erfolgreiches Berufsleben benötigst.

Direkte Berufsqualifizierung:
Während einer **betrieblichen Ausbildung** lernst du die Abläufe und Gegebenheiten im Unternehmen aus erster Hand kennen. Wenn du gute Leistungen bringst, bietet dir der Betrieb mit etwas Glück einen festen Arbeitsplatz an, da du bereits gut eingearbeitet bist.
Auch die **schulische Ausbildung** bereitet über Fachpraktika gezielt auf das Berufsleben vor. Über diese Praktika oder die Stellenbörse der Schule kannst du nach der Ausbildung den ersten Job finden. [...]

Gute Aufstiegschancen:
Auch als ehemaliger Azubi kann man anspruchsvolle Fachaufgaben übernehmen und hat Aufstiegschancen. Dazu gibt es eine ganze Reihe passender Weiterbildungen, zum Beispiel als Betriebswirt, Meister, Techniker oder Fachwirt. Unter www.kursnet.arbeitsagentur.de gibt es Informationen über Weiterbildungsmöglichkeiten.

Zusatzqualifikationen:
Während einer Ausbildung kannst du freiwillig auch jede Menge Zusatzqualifikationen erwerben, zum Beispiel Fremdsprachenkenntnisse oder EDV-Zertifikate. Unter www.ausbildung-plus.de kannst du nach Ausbildungsangeboten mit Zusatzqualifikationen suchen.

Internationalität:
Je nach Unternehmen kannst du an Austauschprogrammen teilnehmen, mit Zulieferern weltweit telefonieren oder auf Montage ins Ausland gehen. Nach dem Ende der Ausbildung stehen dir – wenn es dich interessiert – viele Wege offen, um dich auch international weiterzuentwickeln. Informationen über eine Ausbildung oder Arbeitsmöglichkeiten in Europa gibt es unter www.ba-auslands-vermittlung.de.

abi AUSBILDUNG, 2007/2008, Bundesagentur für Arbeit, Nürnberg, S. 19

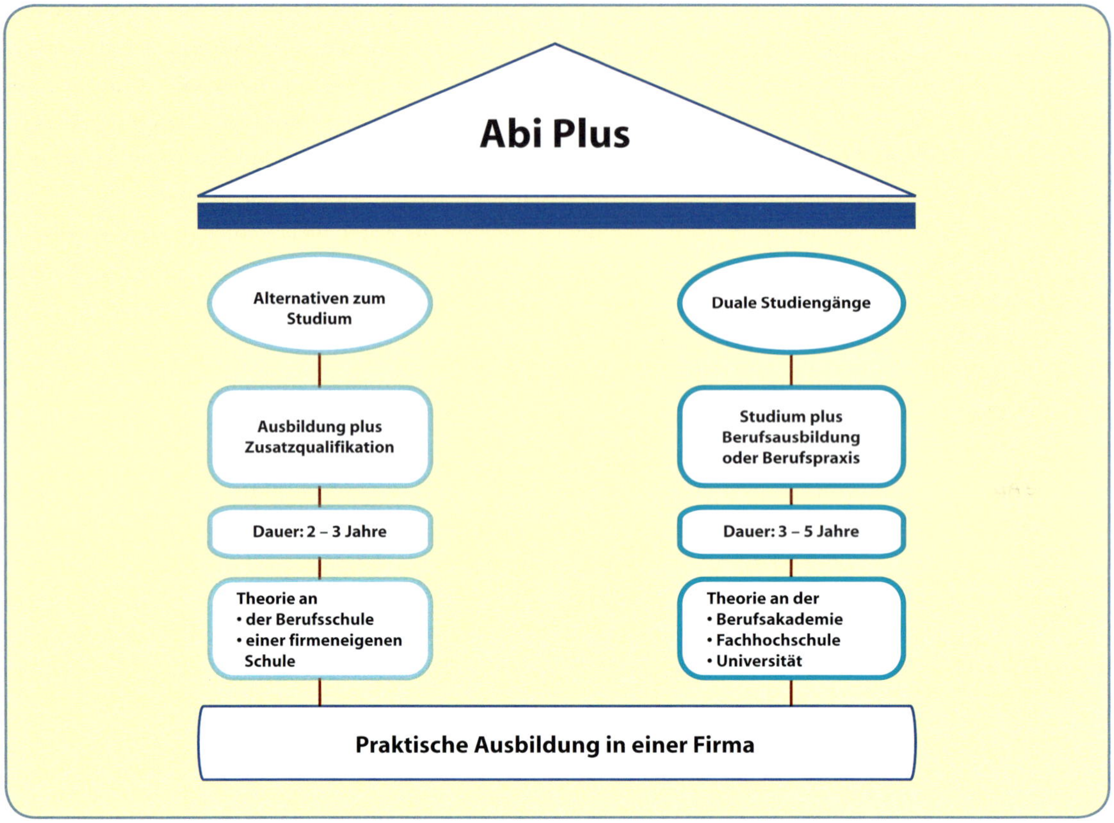

Abb. 11.2: Abi plus – interessant sind in diesem Zusammenhang die dualen Studienmöglichkeiten.

Zweigleisig zum Diplom

Rund 24 000 Unternehmen in Deutschland bieten in Kooperation mit Akademien oder Hochschulen die Möglichkeit, ein duales Studium zu absolvieren.

Die 43 000 Plätze, die zur Verfügung stehen, sind begehrt. Durchschnittlich bewerben sich 36 junge Leute auf eine freie Stelle. Die Ausbildung dauert in der Regel drei Jahre. Nach zwei Jahren haben die Studierenden bereits einen ersten Abschluss in der Tasche – beispielsweise als Wirtschaftsassistenten oder Industriekaufleute. Die größte Auswahl an Studiengängen bieten die Berufsakademien mit den Schwerpunktfächern Betriebswirtschaft, Ingenieurwesen und Informationstechnik. Auch Universitäten und Fachhochschulen bieten inzwischen immer häufiger duale Studiengänge an.

Studium plus Lehre: Allerhand Auswahl

	Duale Studiengänge	Kooperierende Unternehmen	Studenten in dualen Studiengängen
Berufsakademien	321	18.062	29.210
Fachhochschulen und Universitäten	315	5.331	12.254
Verwaltungs- und Wirtschaftsakademien	29	733	1.503
Insgesamt	665	24.126	42.967

Stand: April 2007
Quelle: www.ausbildung-plus.de

Institut der deutschen Wirtschaft Köln

abi 2, 2007/2008, Bundesagentur für Arbeit, Nürnberg, S. 5

Abb. 11.3: Studium plus Lehre: Allerhand Auswahl

Abiturienten sind als qualifizierte Nachwuchskräfte bei Unternehmen oft sehr begehrt. Diese bieten ihnen deshalb speziell auf sie zugeschnittene Einstiegsmöglichkeiten an. Diese praxisnahen Ausbildungen mit einem hohen theoretischen Anspruch, die vor allem im Handel, bei Versicherungen, Banken und in der Industrie verbreitet sind, werden als „**Sonderausbildungen in der Wirtschaft**" oder als „**Abiturientenausbildung**" bezeichnet. In einer ersten Stufe legen die Auszubildenden nach eineinhalb oder zwei Jahren eine Abschlussprüfung in einem anerkannten Ausbildungsberuf ab. Es folgt eine weitere Stufe mit einer Dauer von einem bis eineinhalb Jahren, für die die Abb. 11.3 verschiedene Möglichkeiten aufzeigt.

Mit dieser stark praxisorientierten Ausbildung ist es den kooperierenden Unternehmen und Berufsakademien oder Fachhochschulen gelungen, auch den Anteil der Frauen deutlich zu erhöhen. Wie Abb. 10.3 (S. 63) zeigt, wechseln sich Theorie und Praxis in einem etwa dreimonatigen Rhythmus ab. Nach drei Jahren ist ein akademischer Abschluss in Form eines Bachelor-Abschlusses möglich, z. B. Betriebswirt/-in (BA) oder Ingenieur/-in (BA). Ein Vorteil ist auch, dass parallel zum Studium ein beruflicher Abschluss erworben wird. Mit dieser Doppelqualifikation sind die Absolventinnen und Absolventen sehr gefragte Arbeitskräfte. Allerdings sollten Sie genau hinschauen, wenn Sie eine derartige Ausbildung beginnen, und die wichtigsten Kriterien prüfen, die in dem folgenden Text aufgezeigt werden:

Genau hinschauen

„Echte" Berufsakademien arbeiten eng mit den Ausbildungsunternehmen zusammen und passen ihre Studieninhalte fortlaufend den Bedürfnissen der Unternehmen an. Wer ein duales Studium erwägt, sollte bei Angeboten jenseits von Baden-Württemberg, Sachsen, Berlin und Thüringen genau hinschauen, was die Schulen bieten:

- Ist der Abschluss, den die Hochschule verleiht, national und international anerkannt?
- Wie und in welchem Umfang sind die Praxisphasen ins Studium integriert?
- Haben die Studierenden einen Ausbildungsvertrag mit einem Unternehmen?
- Erhalten sie während der gesamten Studienzeit eine Vergütung von ihrem Arbeitgeber?
- Dauert das Studium mindestens drei Jahre? Eine kürzere Studiendauer ist nur bedingt effektiv, wenn man genügend Praxiserfahrung sammeln will.
- Wie groß sind die Lerngruppen?
- Lehren sowohl Professoren als auch anerkannte Praktiker, um die Wirtschaftsnähe zu unterstreichen?

Ein duales Studium ist nur sinnvoll, wenn man am Ende seiner Ausbildung tatsächlich etwas gelernt hat und der Abschluss von der Wirtschaft anerkannt ist. Andernfalls hat man seine Zeit unter Umständen vergeudet und steht am Ende ohne einen vernünftigen Abschluss und ohne einen Job da.

abi 3, 2007/2008, Bundesagentur für Arbeit, Nürnberg, S. 2

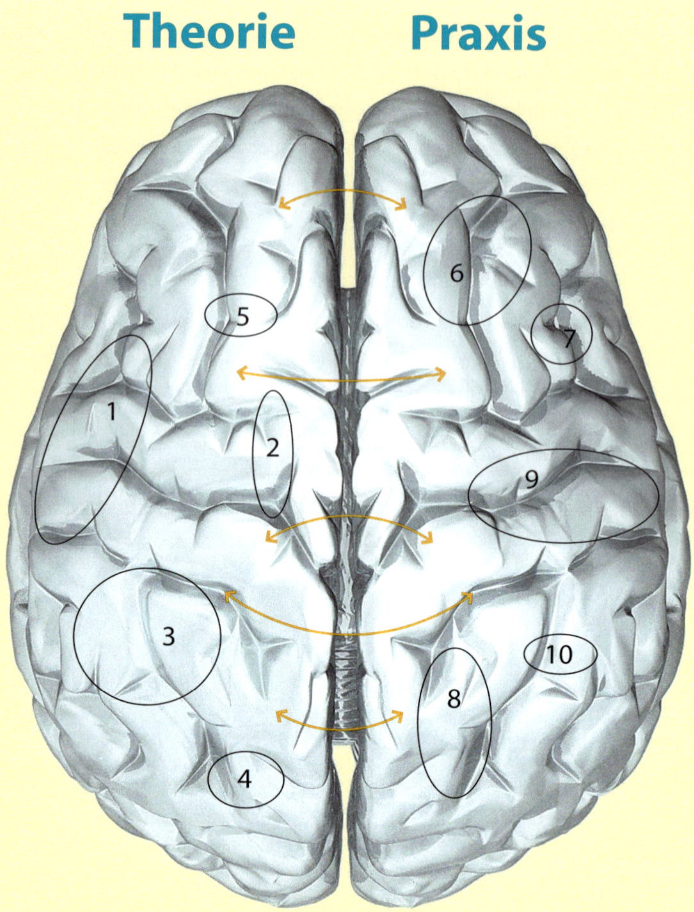

1	Klausuren	6	Praxiserfahrung
2	Vorträge	7	Lehrgänge
3	Literatur	8	soziale Kompetenz
4	Seminare	9	Kontakte
5	Vorlesungen	10	Gehalt

Abb. 11.4: Theorie und Praxis beim dualen Studium

1. Welche Motive sprechen nach dem Abitur für eine berufliche Ausbildung anstelle eines Studiums?
   a) Fassen Sie die Argumente für das P-Seminar zusammen!
   b) Vergleichen Sie Ihre Ergebnisse mit dem Text „Was spricht für eine Ausbildung“ (S. 71)!
2. Recherchieren Sie in BERUF AKTUELL oder unter http://berufenet.arbeitsagentur.de oder unter www.bmbf.de in der Rubrik „Bildung – Ausbildung“ über die Möglichkeiten einer betrieblichen Ausbildung und über Sonderausbildungsgänge in der Wirtschaft!
3. Welche wesentlichen Unterschiede bestehen zwischen einer Ausbildung in einem Betrieb oder einer schulischen Einrichtung wie der Berufsfachschule? Recherchieren Sie dazu in www.abi.de!
4. Welche wesentlichen Unterschiede bestehen zwischen einem dualen Studium (siehe auch Kapitel 10) und einer Sonderausbildung in der Wirtschaft?

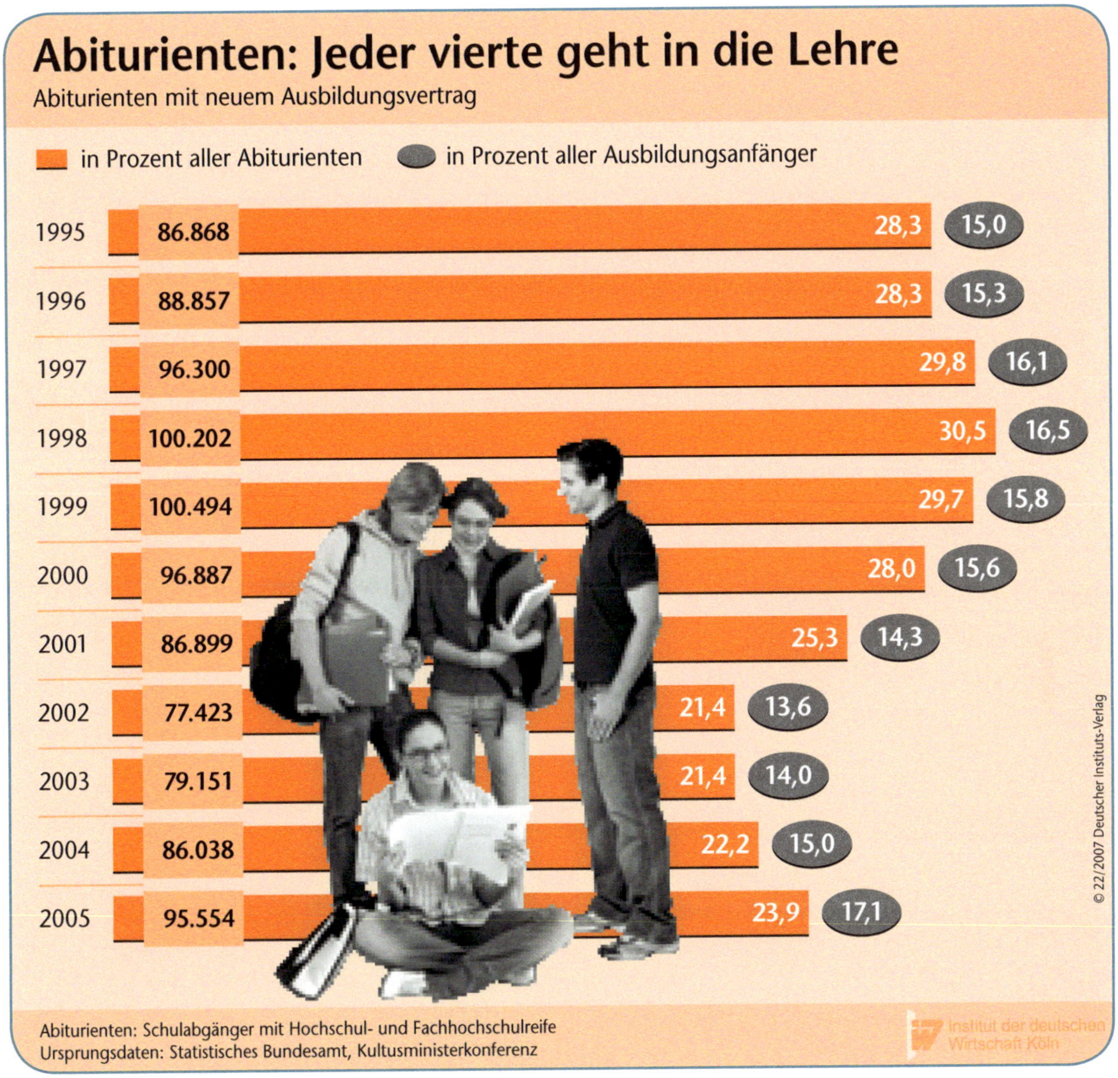

Abb. 12.1: Abiturienten: Jeder vierte geht in die Lehre

1. Interpretieren Sie Abb. 12.1 und versuchen Sie die Schwankungen zu erklären!
2. Erstellen Sie Argumente, die für eine Ausbildung nach dem Abitur sprechen (siehe auch S. 71)!
3. Wo können Sie sich über Ausbildungsplätze oder ausgeschriebene Stellen informieren?

Wenn Sie sich nach Ihrem Abitur für den Beginn einer Ausbildung entschieden haben, werden Sie sich auf dem Stellenmarkt oder noch besser auf den Firmen-Websites und in Online-Jobbörsen umsehen. Auch die Agenturen für Arbeit, die Tageszeitungen oder spezielle Broschüren bieten eine reichhaltige Auswahl von Stellenangeboten.

Starten Sie Ihre Ausbildung als

Industriekaufmann/Industriekauffrau

bei uns!

Auf dem Sprung ins Berufsleben? Wenn Sie eine gute Ausbildung suchen, dann kommen Sie nach dem Abitur zu uns. Wir bieten Ihnen alle Chancen eines international erfolgreichen Unternehmens, das in der Automobiltechnik eine Spitzenstellung einnimmt.

Sie fühlen sich wohl in einem Team engagierter Mitarbeiter? Ihnen stehen erfahrene Praktiker zur Seite, denn eine gute umfassende Ausbildung ist für uns selbstverständlich.

Deshalb liegen unsere Azubis meist an der Spitze!

Wenn Sie also engagiert und flexibel sind, Englisch gut beherrschen, eine berufliche Karriere bei uns anstreben, eine optimale Ausbildung in einem modern arbeitenden Industriebetrieb suchen, dann starten Sie bei uns! Übrigens: Bei uns gibt es Chancengleichheit zwischen Frauen und Männern.

Wenn Sie mehr über unsere Ausbildung wissen wollen, rufen Sie bei Herrn Müller an, Telefon [...] oder informieren Sie sich auf unserer Homepage unter [...] Stichwort Ausbildungsabteilung. Oder senden Sie uns gleich Ihre Bewerbung mit Lebenslauf, Lichtbild und Kopie des letzten Zeugnisses bis spätestens [...] an folgende Adresse [...] oder bewerben Sie sich am besten online unter [...].

4. Welche Anforderungen werden in dieser Stellenanzeige angesprochen?
5. Welche Bewerbungsunterlagen müssen Sie bei einer Bewerbung einreichen?
6. Verfassen Sie für diese Anzeige mithilfe eines Textverarbeitungsprogramms ein Bewerbungsschreiben mit einem Lebenslauf!

Ein Bewerbungsverfahren verläuft meist in mehreren Schritten:

1. schriftliche Bewerbung auf dem Postweg oder Online-Bewerbung mit den entsprechenden Bewerbungsunterlagen
2. Auswahlverfahren
3. Vorstellungsgespräch

Während früher Bewerbungen ausschließlich auf schriftlichem Weg üblich waren, haben sich zwischenzeitlich viele Unternehmen auf Bewerbungen per E-Mail oder ganz auf Online-Bewerbungen umgestellt. Dabei wird der Eignungstest auch gleich online durchgeführt. Die Websites der Unternehmen spielen dabei eine wichtige Rolle: Sie helfen Kosten für die Stellenanzeigen zu sparen, vermitteln ein Bild vom Image des Unternehmens, halten Informationen bereit und übernehmen oft die Vorauswahl der Bewerberinnen und Bewerber in Tests und Online-Assessments. So verlässt sich nach einem Bericht des Handelsblatts vom 11. April 2008 (Nr. 71) eine deutsche Großbank bei der Bewerberauswahl weitgehend auf ein Online-Verfahren im Internet. Von den rund 26 000 Bewerbungen um die 800 Ausbildungsplätze bewerben sich bereits 89 % der potenziellen Azubis online. Bei diesem Verfahren machen die Bewerberinnen und Bewerber zunächst einen „ungeschützten" Online-Test, bei dem die Bank natürlich nicht wissen kann, ob sie dabei Hilfestellung bekommen haben. In der zweiten Stufe werden dann etwa 2 000 Bewerberinnen und Bewerber in die Regionalfilialen eingeladen, wo sie erneut einen Online-Test zu bestehen haben; dazu kommen ein strukturiertes Interview und ein Rollenspiel, um weitere Bewerbereigenschaften zu bewerten. Im Test spielen neben mathematischen und kaufmännischen Kenntnissen Fragen nach der Leistungsmotivation, der Teamfähigkeit und der Servicebereitschaft eine wichtige Rolle. Alle am Online-Eignungstest Beteiligten erhalten ein mehrseitiges qualifiziertes Feedback, das ihnen Aufschluss über ihre Stärken und Schwächen gibt.

Bei der Online-Bewerbung sollten Sie auf folgende Punkte achten:

- Arbeiten Sie ebenso sorgfältig wie bei der klassischen schriftlichen Bewerbung. Die vorgegebenen Formularfelder können zu einer gewissen Nachlässigkeit führen.
- Es hat sich bewährt, die Antworten sicherheitshalber vorzuformulieren und von einem Dritten korrigieren zu lassen.
- Zeugnisse und Arbeitsproben werden eingescannt und als PDF-Datei gespeichert. Beachten Sie dabei, dass sie sich auf DIN-A4-Seiten ausdrucken lassen!
- Damit Sie beim Vorstellungsgespräch noch wissen, welche Angaben Sie weitergeleitet haben, sollten Sie die ausgefüllten Seiten speichern und für Ihre Ablage ausdrucken!

Auf was sollte bei der schriftlichen Bewerbung geachtet werden?

- Eine gute Bewerbung ist eine Art Eintrittskarte für ein Bewerbungsgespräch. Laut einer Studie wenden Personalverantwortliche in Unternehmen im Durchschnitt nur ca. vier Minuten pro Bewerbungsmappe auf. Daraufhin werden die eingehenden Bewerbungen vorsortiert.
- Die Bewerbungsunterlagen sollten möglichst mit Computer auf DIN-A4-Papier geschrieben sein.
- Ein gutes und sympathisches Foto ist von großem Vorteil.
- Ein übersichtliches Deckblatt, die richtige Anrede und der Inhalt des Anschreibens spielen eine wichtige Rolle. Bewerbungen sollten möglichst individuell gestaltet werden. Im Bewerbungsschreiben sollten die eigenen Stärken dargestellt und vor allem das Interesse für die ausgeschriebene Stelle bekundet werden.
- Fassen Sie sich kurz, das gilt insbesondere für den Lebenslauf! Es gilt: Weniger ist mehr.
- Tipp- und Rechtschreibfehler machen einen sehr schlechten Eindruck. Lassen Sie wenn möglich von einem Dritten Korrekturlesen.
- Pluspunkte kann ein/e Bewerber/-in mit bereits erworbenen praktischen Erfahrungen sammeln, z.B. durch Praktika, Ferienjobs, besondere Aktivitäten in der Schule, in Vereinen u. Ä.
- Von jeder Bewerbung sollten Sie eine Kopie anfertigen, damit Sie sich bei einem anschließenden Bewerbungsgespräch darauf beziehen können.

Beispiel für ein Bewerbungsschreiben

Karl Mustermann
XY-Straße 7
81245 München
Telefon: 089-172128844
E-Mail: karl.mustermann@muenchen.de

Automobiltechnik GmbH
Personalabteilung
Herrn Horst Wiedemann
Auf der Wiese 12

81251 München

München, 12. Oktober 2009

Bewerbung um die im Azubi-Magazin vom 5. Oktober 2009 ausgeschriebene Stelle eines Industriekaufmanns

Sehr geehrter Herr Wiedemann,

mit großem Interesse habe ich Ihre Anzeige in der Ausbildungsbroschüre gelesen. In meinem einwöchigen Praktikum in München und in einem zweiwöchigen work-experience-Austausch in England konnte ich bereits eigenständige Arbeiten eines Industriekaufmanns erledigen.

Typische Arbeitsabläufe habe ich mit Freude durchgeführt und bin deswegen der Meinung, dass mir der Beruf des Industriekaufmanns sehr gut gefallen wird. Über Ihr Unternehmen habe ich mich bereits ausführlich im Internet informiert. Ihre Darstellung der Automobiltechnik GmbH und das Ausbildungskonzept für Abiturienten sind sehr überzeugend.

Während meiner Jugendarbeit in einer Pfarrei und in einem Sportverein habe ich bereits verschiedene größere Veranstaltungen organisiert und erfolgreich durchgeführt. Den richtigen und kommunikativen Umgang mit Menschen konnte ich auch in meiner Tätigkeit in der SMV und bei der Hausaufgabenbetreuung „Schüler helfen Schülern" erfolgreich anwenden.

Im Augenblick besuche ich die 12. Klasse des München-Gymnasiums, die ich im Juni 2010 mit dem Abitur abschließen werde.

Ich freue mich auf ein persönliches Gespräch mit Ihnen.

Mit freundlichen Grüßen

Karl Mustermann

Karl Mustermann

Anlagen:
- Lebenslauf mit Lichtbild
- Kopie der Zeugnisse in Jahrgangsstufe 11
- Portfolio meiner Tätigkeiten

Beispiel für einen Lebenslauf

Lebenslauf

Zur Person

Name:	Karl Mustermann
Geburtsdatum:	22. März 1991
Geburtsort:	Altdorf bei Nürnberg
Staatsangehörigkeit:	Deutsch
Eltern:	Franz Mustermann, Diplom-Ingenieur Irmgard Mustermann, geb. Müller, Bankkauffrau
Anschrift:	Karl Mustermann XY-Straße 7 81245 München Telefon: 089-172128844 E-Mail: karl.mustermann@muenchen.de

Schulbildung

Grundschule:	1997–2001 Grundschule Gerastraße, 80993 München
Gymnasium:	seit 2001 München-Gymnasium
Schulabschluss:	Abitur im Juni 2010

Besondere Interessen und Kenntnisse

Ehrenamtliche Tätigkeiten:	seit 2005 Jugendleiter im CVJM 2004–2007 Jugendtrainer in der Handballabteilung TV München Tätigkeit in der SMV und bei Hausaufgabenbetreuung in den Schuljahren 2007/2008, 2008/2009
Wettbewerbe:	Jugend experimentiert 2006 Play the Market 2007 business@school 2008
Hobbys:	Handball, Tanzen, Internetrecherche

Praktische Erfahrungen

Praktika:	2007 einwöchiges Praktikum bei der Elektro GmbH, München 2008 zweiwöchiger work-experience-Austausch in England
Seminare:	Seminare in Projektmanagement und Präsentationstechnik
EDV:	Word, Office, Powerpoint

München, 12. Oktober 2009

Karl Mustermann

Bei Berufstätigen hat sich inzwischen die Form des amerikanischen Lebenslaufs (Originalbeispiel siehe unten) durchgesetzt. Dabei wird der Lebensweg ausgehend von der aktuellen beruflichen Position mit Aufgabenbereichen bis zur ersten Berufsstation abgebildet. Ferner werden Ausbildung und private Daten in der Rückschau beschrieben. Ein Foto wird nicht beigefügt, auch verschiedene persönliche Daten wie Alter und Familienstand werden weggelassen.

Sean M. Rosen

1001 Fillmore Street • San Francisco, CA 12345 • (123) 555-2345

Objective:

Graphic Designer

Summary

- Experienced with design concepts for packaging and advertising.
- Photographer with skills in evaluating prints for reproduction.
- Familiar with print preparation and production.
- Understanding of video shooting and editing for television.
- Experience in Photoshop, QuarkXPress, Persuasion, FreeHandFile, PageMaker, Illustrator, Maker Pro, and MS Word.

Experience

GRAPHIC DESIGN

- Created consumer packaging using PMS and four-color processing; prepared designs for photo shoots.
- Produced ad campaign strategies for a variety of products and services.
  - Designed thumbnails, roughs, and final comps for print advertising.
  - Wrote copy for television and print media.
- Communicated corporate identity through design of logo and collateral.
- Created mechanicals; proofed blue lines and color keys.
- Used a wide range of typography to appeal to specific audiences.

PHOTOGRAPHY

- Photographed fashion and food compositions in studio settings.
- Developed portfolio of color landscape prints from across the U.S.
- Exhibited photos in two Bay Area locations.
- Won award in black and white community photo contest.
- Black and white darkroom and other technical experience.

Relevant Work History

(Concurrent with Education)

2005-pres. Freelance Computer Graphic Designer, San Francisco

2004-06 Marketing & Graphics Assistant, Smith & Co., San Francisco

Education

B.F.A., Graphic Design & Marketing, anticipated Spring 2007

San Francisco Art Institute, San Francisco, CA

Marketing Program, summer 2005

Emory University, Atlanta, GA

— Portfolio available —

http://jobstar.org/tools/resume/index.php vom 17. Juni 2008

Das Auswahlverfahren

Die Vergabe von Ausbildungsplätzen für Abiturienten erfolgt nach folgenden Kriterien:

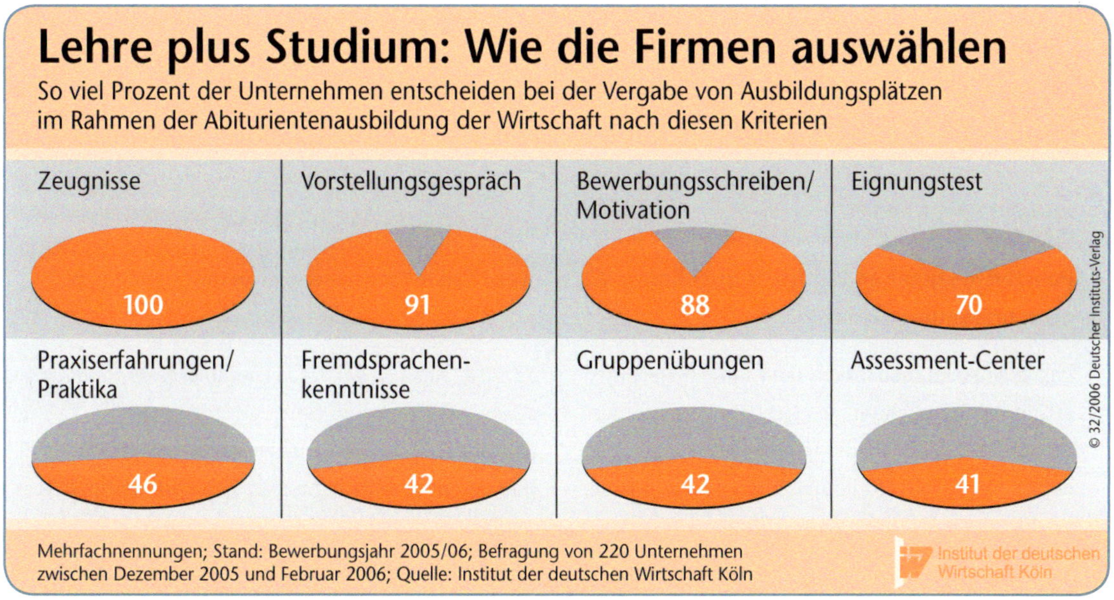

Abb. 12.2: Lehre plus Studium: Wie die Firmen auswählen

Karl Mustermann wird aufgrund seiner Bewerbung bei der Automobiltechnik GmbH nach der Vorauswahl zu einem Einstellungstest eingeladen, den er erfolgreich absolviert. Anschließend bittet man ihn zu einem Einstellungsgespräch. Da er auch hier überzeugen kann, wird ein Berufsausbildungsvertrag abgeschlossen.

Kommen Bewerber aufgrund der abgegebenen Bewerbung in die nähere Auswahl, dann wird in der Regel ein Einstellungstest durchgeführt. Dabei wollen die Betriebe überprüfen, ob der Bewerber den Anforderungen der Ausbildung gewachsen ist. Der Test kann z. B. folgende Bereiche umfassen:

- Rechtschreibung, Wortschatz, Aufsatz
- Umgang mit Zahlen und Tabellen
- Allgemeinbildung
- wirtschaftliche und berufsbezogene Fragen
- psychologische Tests, z. B. Intelligenz-, Konzentrations- und Berufseignungstests
- Arbeitsproben

7. Informieren Sie sich im Kapitel 6 über ausgewählte Testbeispiele!
8. Analysieren Sie die Aussagen des geva-Instituts zu Einstellungstests auf S. 44 und übertragen Sie diese auf Ihre eigene Situation!

Ist der Einstellungstest erfolgreich verlaufen, wird zu einem **Vorstellungsgespräch** eingeladen, zu dem entweder nur dieser Bewerber oder mehrere Bewerber bestellt werden. Bei diesem entscheidenden Gespräch versucht sich ein Betrieb einen genaueren Eindruck zu verschaffen. Eine zunehmende Bedeutung hat dabei das Assessment-Center-Verfahren. Jugendliche sind diesem Bewerbungsverfahren nicht hilflos ausgeliefert, denn sie können sich gezielt darauf vorbereiten.

Erfolgreich im Vorstellungsgespräch: Das Rollenspiel muss authentisch wirken

Punkten mit guter und aktiver Vorbereitung: Wie man auf heikle Fragen reagieren und sich überzeugend präsentieren kann.

Das Telefon klingelt. Nach dem kurzen Gespräch ertönt der Jubelschrei: „Ich hab' das Vorstellungsgespräch!" Angesichts des Lehrstellen-Mangels und der gestiegenen Anforderungen an Auszubildende ist das schon ein Meilenstein. Stephanie Schmidt sprach mit dem Berufsberater und Psychologen Hans Christian Schrader über Möglichkeiten, wie man sich aktiv auf ein Bewerbungsgespräch vorbereiten kann.

***SZ:** Bevor jemand eine Bewerbung schreibt, steht ja erst einmal das Thema Berufswahl an. Welchen Rat können Sie jungen Menschen dazu geben?*

Schrader: Ich möchte hier die alten Griechen ins Spiel bringen. Am Apollon-Tempel in Delphi war angeschlagen: „Erkenne dich selbst". Es ist für die Zufriedenheit im Leben absolut bedeutsam, dass man einen Beruf wählt, der der inneren Neigung entspricht.

***SZ:** Woran erkennt ein potenzieller Arbeitgeber, dass die angebotene Stelle im inneren Einklang mit meiner Persönlichkeit und meinen Begabungen ist?*

Schrader: Daran, dass der Bewerber authentischer und selbstbewusster auftritt als jemand, der sich nur aus rationalen Gründen für eine bestimmte Stelle bewirbt. Wenn ein junger Mensch zum Beispiel einen Ausbildungsplatz als Kfz-Mechaniker anstrebt, sollte das lebendige Interesse am Fachgebiet im Gespräch rüberkommen. Der Bewerber könnte zum Beispiel davon berichten, dass er in seiner Freizeit leidenschaftlich gern an seinem Moped bastelt.

***SZ:** Aber zugleich hat ein Vorstellungsgespräch auch etwas mit Theater zu tun?*

Schrader: Ja, im Berufsleben spielt man eine Rolle und auf diese Rolle kann man sich vorbereiten wie ein Schauspieler. Aber die Dinge, die vorgetragen werden, sollten nicht auswendig gelernt klingen. Wenn man aufgeregt ist oder eine Frage nicht verstanden hat, sollte man das beim Gespräch einfach sagen und zum Beispiel sein Gegenüber bitten, die Frage noch einmal zu wiederholen.

***SZ:** Und auf welche Weise kann sich der Bewerber konkret vorbereiten?*

Schrader: Ein Vorstellungsgespräch lässt sich ganz gut mit Eltern oder Freunden üben. Vielleicht sogar mit Videokamera. Außerdem kann man Karteikarten verwenden, mit Fragen auf der Vorderseite und Antworten auf der Rückseite. Auf jeden Fall sollte man sich Antworten zu folgenden Fragen überlegen: Warum wollen Sie diesen Beruf erlernen? Warum bewerben Sie sich gerade bei uns? Deshalb sollte man sich unbedingt vorher im Internet über die Firma informieren und sich vielleicht sogar einen Geschäftsbericht schicken lassen.

***SZ:** Ob sich ein Berufseinsteiger oder ein Berufserfahrener bewirbt, ist ja ein großer Unterschied – sicher kommen bei den jeweiligen Bewerbungsgesprächen unterschiedliche Aspekte zum Tragen. Worauf wird bei Azubis geachtet?*

Schrader: Ja, das stimmt. Die Persönlichkeit, die Leistungsmotivation und die Kompetenz spielen immer eine Rolle. Doch bei Auszubildenden schauen die Personalchefs weniger auf die Kompetenz als auf die Persönlichkeit und das lebendige Interesse an dem angestrebten Beruf. Es ist wichtig, dass ein Bewerber Sympathie erzeugt. Dazu gehört es, freundlich zu sein und Blickkontakt zu halten. Sehr wichtig ist auch gutes Zuhören. Arbeitgeber pflegen bei solchen Gesprächen gern ihren Narzissmus – ihre Redezeit beträgt 60 bis 70 Prozent.

***SZ:** Bewerbungsgespräche haben in der Regel eine bestimmte Struktur. Was sollte man darüber wissen?*

Schrader: Es gibt zu Beginn eine Warming-up-Phase, in der über das Wetter oder ein Alltagsthema gesprochen wird. Da ist es wichtig, einfach mitzuschwingen – der Chef testet so die Anpassungsfähigkeit des Kandidaten. Themen sind neben Bewerbungs- und Leistungsmotivation immer auch der schulische Werdegang und eventuell der familiäre Hintergrund. Dann gibt es meistens auch eine Phase des Gesprächs, in der Bewerber selbst Fragen stellen können. Hier kann man zum Beispiel fragen, welche Stationen der Ausbildung durchlaufen werden, und wie die Chancen sind, später übernommen zu werden. Zum Abschied sollten sich Chef und Bewerber freundlich die Hand geben – kein „Waschlappen" und kein „Knochenbrecher", sondern einen festen Händedruck.

***SZ:** Es gibt auch eine Reihe verzwickter Fragen, angesichts derer ein Bewerber leicht in die Falle tappen kann …*

Schrader: Ja, etwa die nach den negativen Eigenschaften. Da ist es geschickt zu antworten, dass man hohe Anforderungen an sich stellt und sich manchmal etwas zu sehr unter Druck setzt, dass man die Anforderungen dann auch wieder runterschrauben kann. Die Antwort zeigt, dass man kein Perfektionist ist. Dass man mit einer bestimmten Fremdsprache noch Schwierigkeiten hat, aber glaubt, sich das fehlende Wissen aneignen zu können, ist auch ein Beispiel für eine geschickte Antwort. Juristisch strikt untersagt sind unter anderen zu präzise Fragen nach dem sozialen Hintergrund. So darf ein Bewerber durchaus lügen, wenn der Vater Alkoholiker ist oder er selbst im Heim aufgewachsen ist.

***SZ:** Und was kann ein Bewerber tun, wenn das Gespräch ungünstig verläuft?*

Schrader: Wenn man das Gefühl hat, man möchte einen Aspekt nachtragen, kann man auch unmittelbar nach dem Gespräch einen Brief schreiben, in dem man sich für das Gespräch bedankt. Wenn es mit der Stelle nicht klappt, ist es gut, anzurufen und um Feedback zu bitten. Auf jeden Fall geht die Welt deswegen nicht unter. Und abgesehen davon – ich komme nochmals auf die alten Griechen zurück – gibt es auch „kairos", den richtigen Zeitpunkt. Ein bisschen Glück gehört schon auch immer dazu.

Süddeutsche Zeitung Nr. 216, 19. September 2005

9. Analysieren Sie das Interview und fassen Sie die wesentlichen Erkenntnisse zusammen!
10. Erkundigen Sie sich nach der Einstellungspraxis von Unternehmen in Ihrem Heimatraum!
11. a) Versuchen Sie mit verteilten Rollen anhand eines konkreten Beispiels ein Vorstellungsgespräch nachzuvollziehen!
    b) Reflektieren Sie anschließend im Klassengespräch besonders die Darstellung des Bewerbers: Was hätte er noch besser machen können?
12. Recherchieren Sie über das häufig eingesetzte Assessment-Center-Verfahren und fassen Sie die wesentlichen Punkte zusammen!

Assessment-Center-Verfahren

Bei der Praxis der Personalauswahl von Unternehmen spielt das Assessment-Center-Verfahren eine immer größere Rolle. Im Folgenden erfahren Sie, wie ein Assessment-Center-Verfahren abläuft und wie Sie sich opitmal darauf vorbereiten können.

Was ist ein Assessment-Center (AC)?

Hierbei handelt es sich um ein systematisches Verfahren zur Personalauswahl mit einer qualifizierten Feststellung von Verhaltensweisen, die von mehreren Beobachtern im Hinblick auf das definierte Anforderungsprofil der ausgeschriebenen Position ermittelt wird. Dabei werden Instrumente eingesetzt, die den Anforderungen im Geschäftsalltag nahekommen, z. B.:

- Fallstudien
- Präsentationen
- Befragungen
- Teamübungen
- Gruppendiskussionen
- Rollenspiele
- Postkorbübungen (Überprüfung des Arbeitsverhaltens: Sortierung von Aufgaben nach Dringlichkeit, Erstellung eines Zeitplans)

Das Verfahren wird z. B. bei der Auswahl externer Bewerber – auch Auszubildender – angewendet, aber auch für interne Stellenbesetzungen, zur Erkennung der Potenziale von Nachwuchskräften oder zur Ermittlung des Weiterbildungsbedarfs. Beim Assessment-Center-Verfahren werden mindestens 8, höchstens 12 Personen zu einer Gruppe zusammengefasst, das Verhältnis von Teilnehmern zu Beobachtern sollte etwa 2:1 sein. Das AC dauert mindestens einen Tag. Zum AC treten in der Regel nur noch die Teilnehmer an, die nach verschiedenen Auswahlschritten das größte Potenzial haben.

Sie sollten sich auf das AC gezielt vorbereiten (siehe Adressen- und Literaturverzeichnis), denn wenn Sie über Ihre eigenen Stärken und Schwächen genau Bescheid wissen, können Sie viel überzeugender auftreten. Im Rahmen des P-Seminars kann diese wichtige Vorbereitung z. B. erfolgen, indem der Ablauf eines AC-Verfahrens mithilfe eines externen Partners eingeübt oder durch ein Referat dargestellt wird. Unabhängig von der Vorgehensweise im Unterricht sind folgende Schritte bei der Vorbereitung grundsätzlich empfehlenswert.

So können Sie sich optimal auf ein Assessment-Center vorbereiten:

- Informieren Sie sich über das Unternehmen und seine Geschäftsfelder. Aus aktuellen Wirtschaftsnachrichten der Geschäftsbranche werden häufig Themen für die Gruppendiskussion verwendet. Konkretes Fachwissen wird selten einbezogen.
- Bereiten Sie am besten eine Selbstpräsentation vor. Nehmen Sie darin Bezug auf die ausgeschriebene Stelle, Ihre künftige Aufgabe und das Unternehmen. Entwickeln Sie eine Kurzvariante (etwa drei Minuten) und eine ausführliche Version (zehn Minuten). Überlegen Sie sich mögliche Fragen an den Beobachter.
- Üben Sie die Präsentation laut vor dem Spiegel. Benutzen Sie eine Stoppuhr, um ein Gefühl für Ihre Redegeschwindigkeit und die Zeitdauer zu entwickeln.
- Setzen Sie sich mit Ihren Stärken und Schwächen auseinander. In welchen Projekten haben Sie Entscheidungsfreude, Belastbarkeit oder unternehmerisches Denken bewiesen? Überlegen Sie auch, welche Aufgaben Ihnen eher schwerfallen oder was Sie tun, um Ihre Schwächen in den Griff zu bekommen.
- Informieren Sie sich vorab genau über Ort und Raum, in dem das Assessment-Center-Verfahren stattfindet. Sie sollten ca. 10 Minuten vorher anwesend sein.
- Für das Assessment-Center selbst wählen Sie dezente Kleidung. Tragen Sie unbedingt eine Uhr. Legen Sie diese bei Übungen mit Zeitlimit für Sie gut sichtbar auf den Tisch. Das erspart Ihnen den nervösen Blick auf die Uhr am Handgelenk.
- Merken Sie sich die Namen der Beobachter und Mitbewerber. Hierbei hilft ein Sitzspiegel, den Sie während der Vorstellungsrunde erstellen. Sprechen Sie die Teilnehmer in Diskussionen und Vorträgen immer direkt mit Namen an. Sie finden so Verbündete für Ihren Standpunkt und sammeln Pluspunkte für Ihre Integrationskraft und Führungsstärke.
- Halten Sie Blickkontakt zu den anderen Kandidaten und Beobachtern. Zeigen Sie in den Pausen Interesse für Ihre Mitbewerber. So treten Sie als Teamplayer auf.
- Zeitangaben sind einzuhalten, sprechen Sie nicht zu lang, aber auch nicht zu kurz. Damit zeigen Sie, dass Sie Ihr Zeitmanagement im Griff haben.
- Stellen Sie Ihre Fähigkeiten nicht übertrieben dar. Wer etwa sagt, er könne fließend Englisch, sollte die Übungen tatsächlich auch auf Englisch beenden können.
- Sprechen Sie frei, klar und verständlich. Vermeiden Sie Fachchinesisch. So wirken Sie strukturiert und souverän.
- Belegen Sie Erfolge mit Beispielen. Ergebnisse überzeugen mehr als Behauptungen.
- Weichen Sie kritischen Nachfragen nicht aus, lassen Sie sich aber auch nicht aus dem Konzept bringen. Sie zeigen so Flexibilität und Selbstsicherheit.
- Berücksichtigen Sie auch Gegenargumente zu Ihrem Standpunkt und entkräften Sie diese sachlich. Ihr komplexes Denken und ihr Einfühlungsvermögen werden damit offensichtlich. Persönliche Angriffe sind tabu.
- Ein gemeinsames Essen ist immer Teil des Assessment-Centers. Führen Sie Smalltalk, aber beschweren Sie sich nicht über die Übungen. Versuchen Sie auch nicht, die Beobachter zu beeinflussen oder Vorabinformationen zu erhalten.

in Anlehnung an: www.karriere.de/psjuka/fn/juka/SH/0/sfn/builkdjuka/bt/2/cn/c vom 17. Juni 2008

Der Ablauf eines Assessment-Centers sieht etwa folgendermaßen aus:

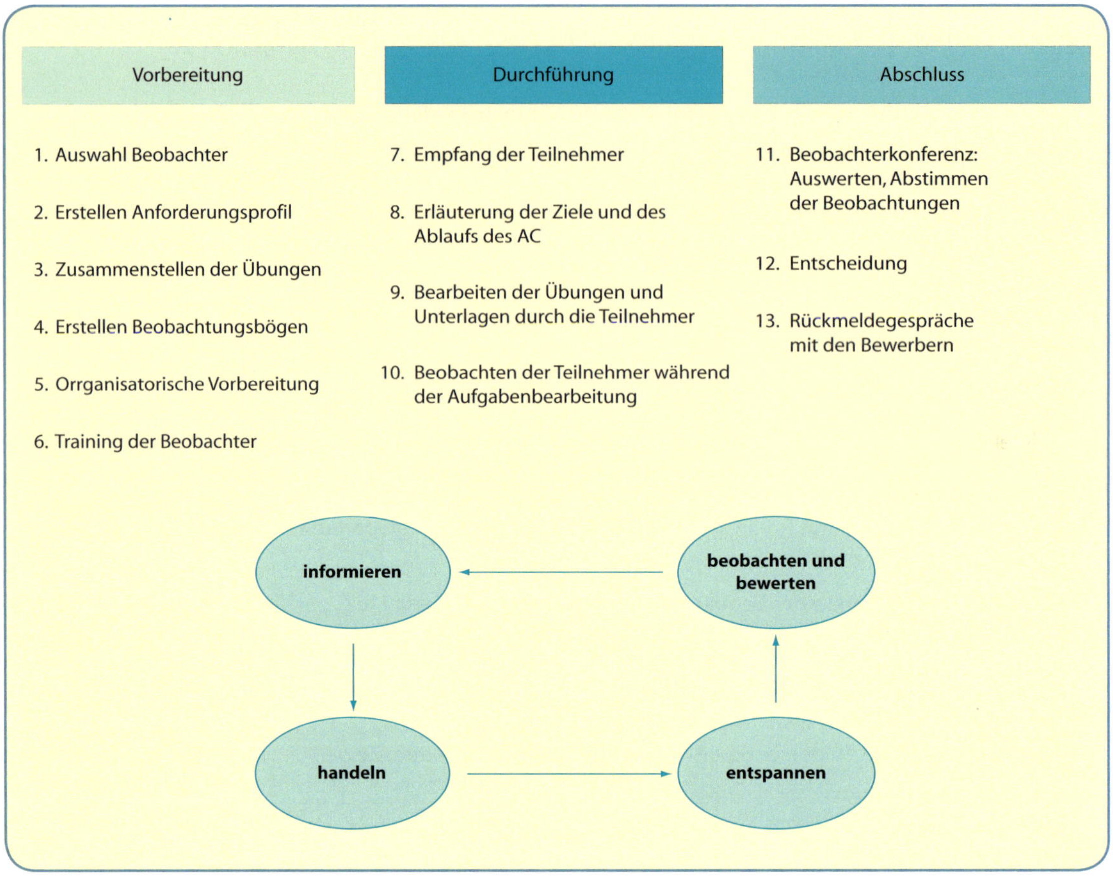

Abb. 12.3: Ablauf eines Assesment-Centers

Am Beispiel des Berufs „Verkaufsberater“ wird im Folgenden aufgezeigt, welche Kompetenzen erwartet und beobachtet werden.

Beispiel für ein Anforderungsprofil eines angehenden Verkaufsberaters		
Methodenkompetenz, z. B.	**Sozialkompetenz, z. B.**	**persönliche Faktoren, z. B.**
Präsentationstechnik	Kommunikationsfähigkeit	Zuverlässigkeit
Zeitmanagement	Kooperationsfähigkeit	Ausstrahlung
Verhandlungstechnik	Kontaktfreude	flexibles Denken
Entscheidungsfähigkeit	Einfühlungsvermögen	Begeisterungsfähigkeit
Analysefähigkeit	Teamfähigkeit	Überzeugungskraft

Auswertungsmatrix beim Bewerber X

	Bewertung der Qualitäten				
	0	1	2	3	4
Methodenkompetenz					
Präsentationstechnik	☐	☐	☒	☐	☐
Zeitmanagement	☐	☐	☐	☐	☒
Verhandlungstechnik	☐	☐	☐	☒	☐
Entscheidungsfähigkeit	☐	☐	☐	☒	☐
Analysefähigkeit	☐	☐	☐	☐	☒
Sozialkompetenz					
Kommunikationsfähigkeit	☐	☐	☐	☐	☒
Kooperationsfähigkeit	☐	☐	☒	☐	☐
Kontaktfreude	☐	☐	☐	☒	☐
Einfühlungsvermögen	☐	☐	☒	☐	☐
Teamfähigkeit	☐	☐	☐	☒	☐
persönliche Faktoren					
Zuverlässigkeit	☐	☐	☐	☐	☒
Ausstrahlung	☐	☐	☒	☐	☐
flexibles Denken	☐	☐	☐	☒	☐
Begeisterungsfähigkeit	☐	☐	☒	☐	☐
Überzeugungskraft	☐	☐	☐	☒	☐

0 nicht zu beobachten
1 wenig beobachtbar
2 durchschnittlich
3 ausgeprägt
4 sehr ausgeprägt

Beispiel für ein Rollenspiel: Verkaufsgespräch

Der Bewerber soll in einem Dialog mit einem Kunden ein Verkaufsgespräch für das Produkt X führen. Der Bewerber wird zunächst in seine Rolle eingewiesen. Er hat 10 Minuten Zeit für die Vorbereitung des Verkaufsgesprächs, das er mit einem schwierigen Kunden zu führen hat.

Anweisung:

Der Bewerber ist Verkäufer beim Möbelmarkt A. Er soll mit Herrn Müller, der sich für eine Schrankwand „Eiche rustikal" interessiert, ein Verkaufsgespräch führen. Aufgrund der aktuellen Situation ist [dem „Verkäufer"] bekannt, dass viele seiner Kunden durch eine aggressive Preispolitik und intensive Werbung anderer großer Möbelhäuser verunsichert sind, wo sie einkaufen sollen. Dem Bewerber ist außerdem bekannt, dass Herr Müller aufgrund einer früher bei A gekauften fehlerhaften Sitzgarnitur noch enttäuscht ist.

Der Bewerber hat die Aufgabe, Herrn Müller zu überzeugen, dass A nach wie vor der attraktivste und qualitativ beste Möbelanbieter ist.

Auswertung:

Nachdem die verschiedenen Bewerberinnen und Bewerber u. a. auch das Rollenspiel absolviert haben, setzt sich am Ende des Tages die Beobachterkonferenz zusammen, bei der die einzelnen Beobachter zunächst ihre Wahrnehmungen in eine Bewertungsskala eintragen. Anschließend beginnen die Diskussion und der Konsensprozess zu den verschiedenen Aufgaben, die der Bewerber im Laufe des Tages zu erfüllen hatte. Die Bewerberin oder der Bewerber mit dem besten Gesamtergebnis wird abschließend ausgewählt. Alle Teilnehmer des AC werden schriftlich oder mündlich in Feedback-Gesprächen über das Ergebnis informiert. Besonders berücksichtigt werden muss dabei, bei einer Ablehnung eine Demotivierung zu vermeiden.

In einigen Fällen erfolgt direkt nach dem AC ein weiteres Gespräch eines höhergestellten Entscheidungsträgers mit den Favoriten der Beobachtungsrunde.

Praktische Tipps: Mit Kritik und Fehlern richtig umgehen

Wiebke Brinkmann achtet bei den AC-Kandidaten vor allem auf ihr Auftreten. Wie verkauft jemand seine Ideen? Kann er sich auch gegen Kritik verteidigen? Kann er Fehler einräumen, und wie geht er mit ihnen um? Geht er auf sein Gegenüber ein oder stellt er nur sich selbst in den Mittelpunkt? „Im Laufe der Übungen erhalten wir schon ein sehr genaues Bild von der Persönlichkeit des Bewerbers", so die Personalreferentin.

Michael Kobl, Leiter Personalmarketing und Recruiting bei der Hypo-Vereinsbank, schätzt ebenfalls selbstbewusste Kandidaten; „Der Bewerber muss die Beobachter davon überzeugen, dass er genau diesen Job haben will und der Richtige dafür ist." Kobl hält nicht viel davon, sich zur Vorbereitung strikt an die Tipps aus der einschlägigen Literatur zu halten. „Wer nur die vorgefertigten Sätze aus den Bewerbungsbüchern von sich gibt, aber sonst keine eigenen Leistungen einbringt, fällt eher negativ auf."

Vielmehr rät der Personaler, sich konkret auf die einzelnen Übungen vorzubereiten: „Gutes Präsentieren zum Beispiel kann man lernen", so Michael Kobl. Die Gestaltung des Materials, den Aufbau eines Vortrags, Gestik und Mimik bei der Präsentation – das alles sollte man vorher schon einmal trainiert haben, am besten in der Praxis, zum Beispiel während des Studiums bei einem Referat. Rollen-, Kritik- oder Verkaufsgespräche kann man gut mit Freunden üben – auch in Englisch.

Special: Selbstmarketing, in: uni 1/2007, Bundesagentur für Arbeit, Nürnberg, S. 32

Ein Gesamtprogramm bei einem eintägigen Assessment-Center-Verfahren könnte zum Beispiel wie der folgende Ablaufplan gestaltet sein:

Zeitplan	**Phasen des AC**
09.00–09.20	**Einstieg**
	Begrüßung der Teilnehmer durch die Personalleitung
	Erläuterung der Ziele durch die Personalleitung
	Vorstellung der Moderatoren und Beobachter
	Ablauf und Regeln des AC, Instruktion durch den Moderator
	Selbstpräsentation/Vorstellung (Plenum)
09.20–09.30	Austeilen der 1. Übung, Vorbereitungszeit 10 Minuten
09.30–10.10	Vorstellung der Teilnehmer
10.10–10.55	1. Konferenz der Beobachter
10.10–10.40	Austeilen der 2. Übung
	Vorbereitungszeit 30 Minuten
10.40–11.00	Pause für die Teilnehmer
	Gruppendiskussion (2 Gruppen)
11.00–11.30	Diskussion
11.30–12.00	Konferenz der Beobachter
11.30–11.40	Pause für die Teilnehmer
11.40–12.00	Austeilen der 3. Übung, Vorbereitungszeit 20 Minuten
12.00–13.00	**Mittagspause**
	Rollenspiel Einzelgespräch
13.00–13.30	Rollenspiele
13.30–14.00	Konferenz der Beobachter
	Postkorb Einzelarbeit
13.30–14.00	Austeilen und Durchführung der 4. Übung
14.00–14.15	Auswertung der Ergebnisse mit den Teilnehmern
	(1 Beobachter spricht mit 2 Teilnehmern)
	Teamübung (3 Gruppen)
14.15–14.45	Übung
14.45–15.30	Konferenz der Beobachter, 1. Teamaufgabe, 2. Postkorb
14.45–15.00	Pause für die Teilnehmer
15.00–15.30	Austeilen der 5. Übung, Vorbereitungszeit 30 Minuten
	Vortrag zu einem vorgegebenen Thema (Plenum)
15.30–16.40	Vortrag
16.40–17.15	Konferenz der Beobachter und Pause für die Teilnehmer
17.15–17.45	Auswertung der Ergebnisse
17.45–18.45	**Schlusskonferenz der Beobachter, Entscheidung**
18.45	**Beginn der Feedback-Gespräche**

Trainee-Programme

Ihre erste Stelle werden Sie nach Abschluss des betrieblichen Auswahlverfahrens nach dem Abitur oder nach einem Studium antreten. Neben dem Direkteinstieg in eine feste Position mit einem klar abgegrenzten Aufgabenbereich gibt es auch die Möglichkeit, ein Trainee-Programm mit einer zielorientierten Einarbeitung in den zukünftigen Aufgabenbereich für Fach- und Führungskräfte anzustreben. In der Regel dauert dieses Programm 12 bis 24 Monate. Die Trainees arbeiten dabei abwechselnd in verschiedenen Abteilungen und Projekten und werden auch in speziellen Seminaren geschult.

Abb. 12.4: Trainees im Arbeitseinsatz

Einstiegsformen im Vergleich

Trainees ...

... übernehmen in den einzelnen Einsätzen schrittweise Verantwortung.

... genießen oft als Nachwuchskraft eine exponierte Stellung im gesamten Unternehmen.

... wissen zu Beginn in der Regel noch nicht, in welcher Position sie später übernommen werden.

... orientieren sich zunächst in die Breite und später erst in die Tiefe.

... haben in der Regel fest eingeplante Zeiten für Mentoring, Schulung und Feedback.

... sehen sich oft erhöhten Anforderungen an Flexibilität und Mobilität ausgesetzt.

... können sich selbst und dem Unternehmen gegenüber herausfinden, wo genau ihre Stärken und Interessen liegen.

... müssen sich zunächst mit einem Arbeitsvertrag für die Dauer des Trainee-Programms zufriedengeben.

Direkteinsteiger ...

... übernehmen nach einer kurzen Einarbeitungszeit sofort volle Verantwortung für ihren Aufgabenbereich.

... werden als neuer Kollege oft nur in der eigenen Abteilung wahrgenommen.

... haben laut Arbeitsvertrag einen fest abgegrenzten Einsatzbereich.

... orientieren sich sofort in die Tiefe und nur beschränkt in die Breite.

... müssen Feedback von Vorgesetzten oder Weiterbildungsmaßnahmen oft einfordern.

... können in der Regel mit Antritt der Stelle erst einmal von einer gewissen Regelmäßigkeit im Leben ausgehen und Pläne machen.

... sollten mit Antritt einer Stelle wissen, dass diese ihren Interessen und Fähigkeiten entspricht.

... haben gegebenenfalls sofort einen unbefristeten Arbeitsvertrag in der Tasche.

abi 7, 2007/2008,Bundesagentur für Arbeit, Nürnberg, S. 33

13. Recherchieren Sie unter www.abi.de genauer über Auswahlkriterien bei zukünftigen Trainees!

13 Bewerbungs- und Auswahlverfahren an Hochschulen

Abb. 13.1: Bei der Zentralstelle für die Vergabe von Studienplätzen (ZVS) ist der Bewerbungsschluss entscheidend.

1. Informieren Sie sich über die Zugangsmöglichkeiten zu Hochschulen unter www.abi.de in der Rubrik Orientieren/Entscheiden – Hochschule!
2. Recherchieren Sie zu bestimmten Hochschulstandorten, die für Sie interessant sind, unter www.abi.de in der Rubrik Studium – Hochschulpanorama und auf den Homepages der betreffenden Hochschulen!

Früher war die Einschreibung an einer Hochschule relativ einfach. Die meisten Fächer waren zulassungsfrei; nach Vorlage des Abiturzeugnisses und Erledigung einiger Formalitäten war die Einschreibung perfekt. Für bestimmte zulassungsbeschränkte Fächer wie Medizin war die Zentralstelle für die Vergabe von Studienplätzen (ZVS) in Dortmund zuständig; sie verteilte die Studienplätze an die Bewerber mit den besten Abiturnoten unter Anrechnung von Wartesemestern. Das hat sich in den letzten Jahren drastisch geändert.

Zum Beispiel wurden im Wintersemester 2007/2008 in den bundesweit zulassungsbeschränkten Fächern Biologie und Psychologie im Diplomstudiengang sowie für Medizin, Pharmazie, Tier- und Zahnmedizin nur 20 % der Studienplätze durch die ZVS an die Abiturbesten vergeben. Dabei können sechs Wunschstandorte angegeben werden. Weitere 20 % der Plätze wurden über die Wartezeit vergeben; so erhöht sich die Chance für diejenigen, die eher durchschnittliche Noten haben. Die Wartezeit wird häufig durch eine praxisnahe Ausbildung überbrückt. Die restlichen 60 % der Studienplätze werden nach internen Verfahren durch die Hochschulen verteilt (siehe Abb. 13.2). Der Einfluss der Hochschulen ist demnach gewachsen; die Vielfalt der Zugangsvoraussetzungen hat sich stark erhöht.

Auffallend ist nach wie vor die große Bedeutung der Durchschnittsnote bei der Hochschulzugangsberechtigung; etwa 90% der vergebenen Plätze hängen von ihr ab. Ein Grund für die nach wie vor geringe Anzahl anderer Auswahlverfahren dürfte die Zeitknappheit bei den aufnehmenden Hochschulen sein. Andererseits ist auch in verschiedenen Studien nachgewiesen, dass eine hohe Korrelation zwischen der Abiturnote und dem Studienerfolg besteht. Bei den Auswahlverfahren dürften in Zukunft auch die Leistungen im P-Seminar der Oberstufe eine Rolle spielen, insbesondere die vergebenen Zertifikate sowie die Kontakte mit Hochschulen im Rahmen des P-Seminars.

Auswahlverfahren	Fachhochschule	Universität
Durchschnittsnote der Hochschulzugangsberechtigung	88	90
Wartezeit	35	46
Nachweis von beruflichen Erfahrungen/Praktika	32	19
einzelne/mehrere Fachnoten	28	16
praktische Eingangs- bzw. Eignungsprüfungen	8	13
Interview/Auswahlgespräch	9	5
außerfachliches Engagement (z. B. ehrenamtliche Tätigkeiten)	5	3
Essay/Motivations-/Begründungsschreiben	4	4
Fremdsprachenprüfung(en)	4	2
studienfachspezifischer Studierfähigkeitstest	5	1
studienfachbezogener Kenntnistest	2	1
fachliche Vorbildung/Zusatzausbildung	2	1
Persönlichkeitstest	2	0
Intelligenztest	2	0
Assessment-Center oder vergleichbare situative Verfahren	2	0
Auslandserfahrung	2	0
Referenzschreiben	1	1
allgemeiner Studierfähigkeitstest	1	1
schulfachbezogener Kenntnistest	1	0
Nachweis eines Ausbildungsbetriebs (im dualen Studium)	1	0
Lebenslauf/Bewerbungsmappe	< 1	< 1
Altersbeschränkung	< 1	< 1

Abb. 13.2: Anteile verschiedener Verfahrenselemente bei hochschulinternen Auswahlverfahren in Prozent

3. Informieren Sie sich unter www.zvs.de über die Formalitäten in zulassungsbeschränkten Fächern und berichten Sie darüber im P-Seminar!
4. Informieren Sie sich bei nahe gelegenen Hochschulen über die Auswahlmodalitäten und vergleichen Sie diese mit den in Abb. 13.2 dargestellten Verfahren!
5. Vergleichen Sie anhand von Rankings verschiedene Hochschulstandorte!

Der schriftliche Test

Sarah Bachmann studiert an der Universität Karlsruhe im sechsten Semester Europäische Kultur- und Ideengeschichte. An der baden-württembergischen Hochschule findet in allen geistes- und sozialwissenschaftlichen Fächern ein sogenanntes Studieneignungsfeststellungsverfahren statt. Bestandteil des Verfahrens ist ein schriftlicher Test. Er besteht aus insgesamt 45 Fragen, von denen 30 als Multiple-Choice-Aufgaben formuliert sind, das bedeutet, die Teilnehmer können aus mehreren Vorgaben eine oder mehrere richtige Antworten wählen. Drei Stunden haben die Studienbewerber Zeit, um alle Fragen zu beantworten. Sarah Bachmann benötigte dazu nur dreißig Minuten.

Eine Woche zuvor hatte sie die Einladung zur Teilnahme erhalten und sich intensiv vorbereitet. „Ich habe mich mit der Geschichte der Europäischen Union und anderen Europa betreffenden Themen befasst", erzählt die 24-jährige Studentin. Doch eine gezielte Vorbereitung ist nicht möglich, musste sie feststellen. Auch mit reinem Schulwissen kommen die Kandidaten nicht unbedingt weiter. „Um gut abzuschneiden, ist einfach ein breites Allgemeinwissen notwendig", sagt Sarah Bachmann.

Den Prüflingen kann es passieren, dass sie eine Rechenaufgabe, wie sie in Quizbüchern zu finden ist, lösen, eine Abkürzung aus dem Alltagsleben erklären oder die Hauptstadt eines Landes nennen sollen.

Allein vom Testergebnis hängt die Studienplatzvergabe allerdings nicht ab. Daneben werden der Notendurchschnitt aus den Fächern Deutsch, einer Fremdsprache sowie der besten Note in einer Geisteswissenschaft berücksichtigt, außerdem etwaiges außerschulisches Engagement, eine vorhandene Ausbildung oder bestimmte Praktika. Mit diesen Kriterien und den Ergebnissen des schriftlichen Tests können Bewerber maximal 135 Punkte erzielen. Wer weniger als 50 erreicht, ist von der Zulassung ausgeschlossen. Alle anderen Bewerber werden in eine Rangliste gebracht.

„Mein Testergebnis habe ich nicht erfahren, dafür aber meine Zulassung erhalten", freut sich die Studentin. Aus ihrer Sicht hat sich der Test durchaus bewährt. „Mit einem Abiturdurchschnitt von 3,0 hätte ich an anderen Unis schlechtere Chancen gehabt", sagt sie. „Und eine gute Abiturnote befähigt nicht automatisch zum Studium einer Geisteswissenschaft." Aber Studieninteressenten mit einem ähnlichen Notenschnitt wie Sarah Bachmann sollten sich nicht zu früh freuen: Die Abinote bleibt auch weiterhin beim größten Teil der zulassungsbeschränkten Fächer das wichtigste Auswahlkriterium.

abi STUDIUM, 2007/2008, Bundesagentur für Arbeit, Nürnberg, S. 13

Das Auswahlgespräch

Sebastian Zinn studiert im fünften Semester Pharmazie an der Johann-Wolfgang-Goethe-Universität in Frankfurt. Der 23-Jährige gehört mit zu den ersten Studierenden, die an den hochschulinternen Auswahlgesprächen am Fachbereich teilgenommen haben. In den etwa 15 Minuten dauernden Gesprächen sitzen ein Professor, ein wissenschaftlicher Assistent und ein Studierender dem Studienbewerber gegenüber. „Es geht relativ locker zu“, sagt Sebastian Zinn. Mit der Einladung zum Auswahlgespräch erhielt der Hochschüler einen Fragebogen, auf dem er neben seinen Abiturnoten auch Hobbys, Interessen und besondere Qualifikationen angeben konnte. Im Gespräch dienen sie als Anknüpfungspunkt. „Jeder, der in ein solches Gespräch geht, muss begründen können, warum er Pharmazie in Frankfurt studieren möchte“, sagt Sebastian Zinn. Schlechte Chancen hat beispielsweise, wer sich zuvor nicht ausgiebig auf der Universitäts-Homepage über den Studiengang, seine Inhalte sowie den Stundenplan informiert hat. „Bewerber sollten außerdem wissen, was das Pharmazie-Studium in Frankfurt Besonderes zu bieten hat“, erklärt der Student, der inzwischen selbst als studentischer Vertreter an zahlreichen Auswahlgesprächen teilgenommen hat. „Man muss zudem darüber nachgedacht haben, was es für das eigene Leben bedeutet, Pharmazie zu studieren, und welche beruflichen Möglichkeiten das Studium eröffnet.“ Zu den Fähigkeiten, auf die geachtet wird, gehört auch analytisches Denken. „Daher ist es wichtig, nachvollziehbar zu argumentieren“, sagt Sebastian Zinn. Zudem sollte jeder wie in einem Vorstellungsgespräch seinen Lebenslauf kommentiert wiedergeben können und über das aktuelle Zeitgeschehen informiert sein. „Bewerber müssen wissen, was aktuell in den Medien diskutiert wird – besonders, wenn es einen Bezug zu medizinischen oder pharmazeutischen Fragen gibt.“ Seiner Beobachtung nach treten viele potenzielle Studienanfänger nicht immer mit dem nötigen Selbstbewusstsein auf. „Am besten ist es, sich offen, natürlich und kommunikativ zu verhalten“, lautet sein Tipp.

abi STUDIUM, 2007/2008, Bundesagentur für Arbeit, Nürnberg, S. 13 f.

6. Analysieren Sie die beiden Texte über einen schriftlichen Test an der Universität Karlsruhe und ein Auswahlgespräch an der Johann-Wolfgang-Goethe-Universität Frankfurt!

Wie ausgeprägt die Zulassungsbeschränkungen in den verschiedenen Bundesländern bereits sind, zeigt Abb. 13.3 für das Wintersemester 2006/2007.

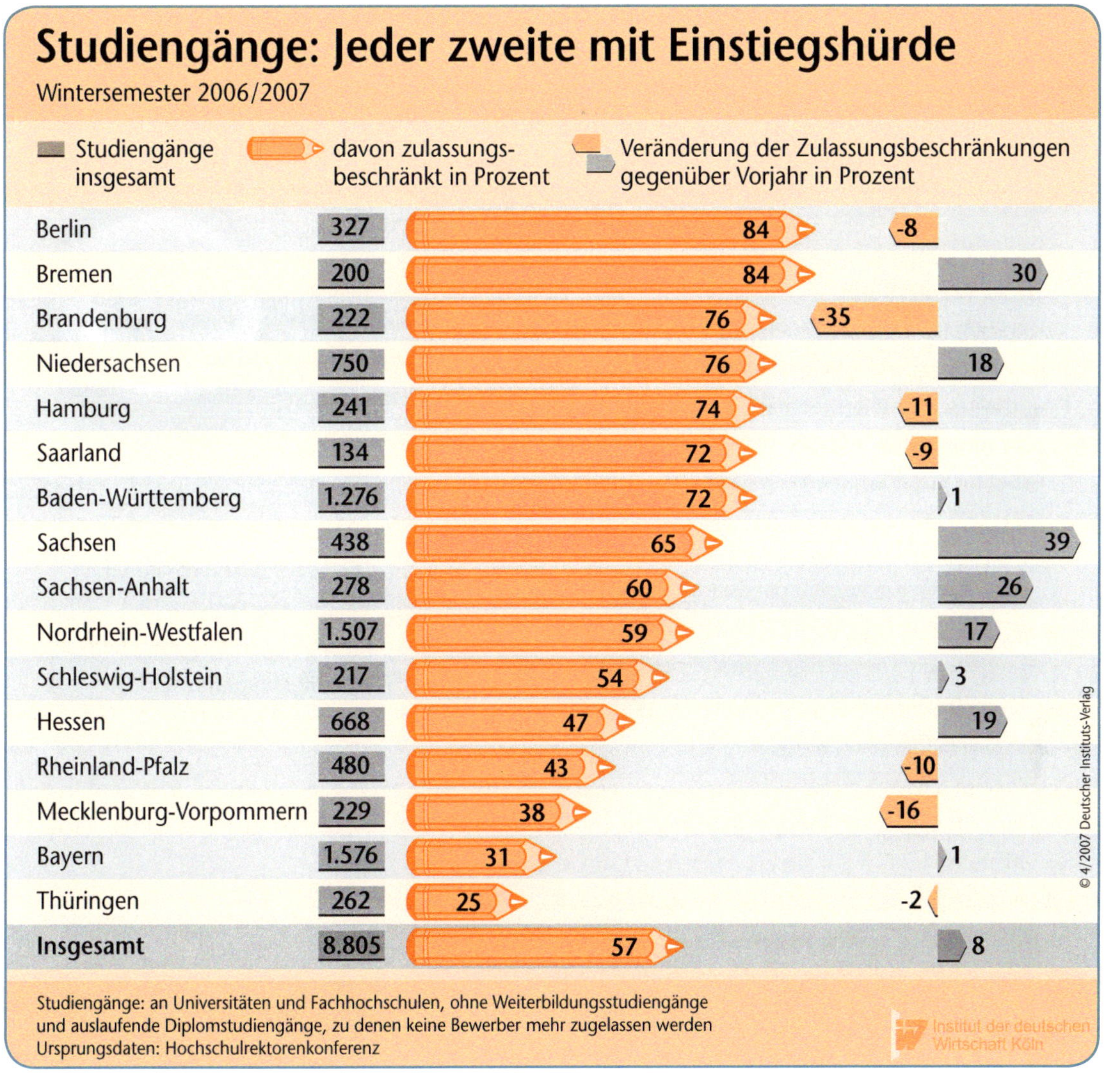

Beschränkte Zulassung

Während Abiturienten, die sich für Medizin, Zahnmedizin, Biologie, Pharmazie, Psychologie oder Tiermedizin interessieren, schon lange mit Zulassungsbeschränkungen zu kämpfen haben, so trifft dies immer mehr auch angehende Studierende anderer Fächer.

In Bremen und Berlin sind 84 Prozent aller Studiengänge zulassungsbeschränkt, in Thüringen dagegen nur 25 Prozent. Die Einstiegshürden führten unter anderem dazu, dass die Zahl der Studienanfänger zurückging. In Sachsen, wo die Zahl der zulassungsbeschränkten Fächer gegenüber dem Vorjahr um fast 40 Prozent anstieg, begannen acht Prozent weniger ein Studium, in Bremen sieben Prozent.

abi 3, 2007/2008, Bundesagentur für Arbeit, Nürnberg

Abb. 13.3: Studiengänge: Jeder zweite mit Einstiegshürde

Das Forschungsprojekt mit der Universität und dem Handy-Hersteller war so erfolgreich ...

Seit ihrer Errichtung hat die Stiftung bereits fast 1 Mio. Euro in ihre Projekte investiert.

„Produkt trifft Kunst"
Die Stadt (...) hat 2020 ein Projekt durchgeführt, das Kunstschaffende und Wirtschaftsunternehmen zusammenbringt und Geschäftsfelder für Künstler/innen erweitert.

Ziel vom Projekt Gesundheit 2013 ist die Förderung der Prävention/Gesundheitsvorsorge durch Aufklärung in der Bevölkerung und die praktische Umsetzung von Präventionsprojekten in Kindergärten, Schulen, Betrieben ...

Prof. Schelle (Universität der Bundeswehr): „Mit erfolgreichen Projekten (Reorganisationsvorhaben, Produkt- und Dienstleistungsentwicklungen etc.) wird der mittel- und langfristige Erfolg des Unternehmens entscheidend bestimmt."

Die Pisa-Studie hat eindeutig belegt, dass Projekte im Schulalltag motivierend und leistungssteigernd sind ...

Abb. 14.1: Diverse Projekte

1. Überlegen Sie, welche Projekte Sie aus Ihrem Umfeld kennen!
2. Stellen Sie erste Überlegungen an, warum die Projektarbeit in der modernen Arbeitswelt immer mehr an Bedeutung gewinnt und welche Berufsgruppen davon besonders betroffen sind!

Nach DIN 69901 (Projektwirtschaft) handelt es sich bei einem Projekt um ein Vorhaben, bei dem innerhalb einer **definierten Zeitspanne** ein **definiertes Ziel** erreicht werden soll und das sich dadurch auszeichnet, dass es im Wesentlichen ein **einmaliges Vorhaben** ist.

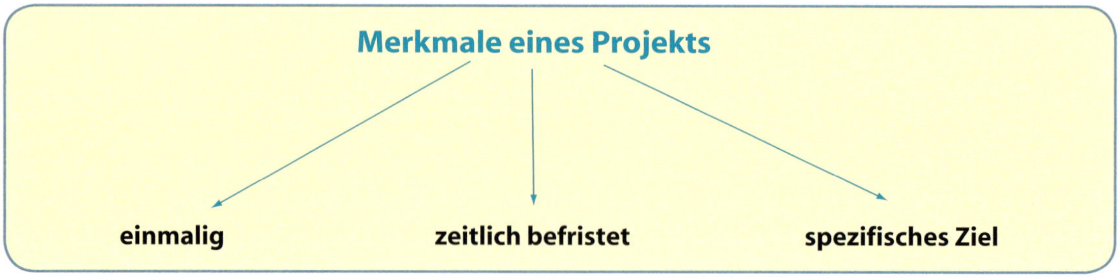

Abb. 14.2: Merkmale eines Projekts

Darüber hinaus zeichnet sich ein Projekt dadurch aus, dass es sich mit komplexen Zusammenhängen auseinandersetzt und mehrere Personen miteinander arbeiten müssen. Für diesen Zweck braucht man in der Projektarbeit bestimmte Organisationsformen, die die Teamarbeit, also auch die Koordination der verschiedenen Aufgaben unterstützen. Diese Vorgehensweise wird mit dem Begriff **Projektmanagement** ausgedrückt.

Definition

- Projektmanagement umfasst die Gesamtheit von Führungsaufgaben, Organisation, Techniken und Mitteln für die Abwicklung eines Projekts. (DIN 69901)

Parameter

- alle Planungs-, Steuerungs-, Kontroll- und Informationstätigkeiten
- Entscheidung über Personal, Zeit und Ablauf
- Betreuung der Teams

Ziel

- Projektaufgaben mit den speziellen Leistungsmerkmalen innerhalb der zur Verfügung stehenden Zeit durchzuführen

Abb. 14.3: Projektmanagement (in Anlehnung an: DIN 69901 Projektwirtschaft)

3. Arbeiten Sie aus der Definition und der Beschreibung heraus, was ein Projekt auszeichnet, und stellen Sie erste Überlegungen an, welche Aufgaben und Fragen beim Arbeiten in Projekten im P-Seminar prinzipiell geklärt werden müssen!

Projektmanagement existiert, seitdem Menschen größere Projekte gemeinschaftlich durchführen. Weder die Planung und Ausrüstung eines Feldzuges noch der Bau der Pyramiden, noch die Entdeckung der Westpassage nach Indien sind vorstellbar, ohne dass die Verantwortlichen diese Projekte geplant hätten. Jedoch geschah dies meist ohne Konzept und oft allein aufgrund der Erfahrungen und der Kenntnisse der Verantwortlichen. Erst im 20. Jahrhundert wurden diese Verfahren zusammengetragen, systematisiert und wissenschaftlich aufbereitet. Als erste Projekte nach dieser Systematik gelten der Bau des Sueskanals in Ägypten und des Hoover-Staudamms in den USA (siehe Abb. 14.4).

Abb. 14.4 Hoover-Staudamm

Das Projektmanagement gliedert ein Projekt in typische Phasen. In der Regel handelt es sich dabei um ein Vier-Phasen-Modell.

Die erste Phase, die sogenannte **Projektdefinition**, bildet die Grundlage eines Projekts. Der Projektauftrag wird analysiert, erste Grobziele werden definiert und mit dem Auftraggeber abgesprochen. Das Team überlegt sich, welche Ressourcen (z. B. Personen, technische Möglichkeiten) zur Verfügung stehen.

Nach dieser Phase erfolgt die **Projektplanung**, die sich mit der theoretischen Umsetzung des Projekts auseinandersetzt. Dazu muss das Projekt in einzelne Teilaufgaben gegliedert werden, die sich aus dem Projektauftrag erschließen. Wichtige Zwischenziele werden als Meilensteine bezeichnet, da ihre Erreichung für den weiteren Verlauf des Projekts entscheidend ist. Zur Unterstützung werden Pläne erstellt, wie z. B. die geplanten Inhalte im Ablauf und auch in zeitlicher Hinsicht umgesetzt werden. Das Team trifft dabei Entscheidungen, wer welche Aufgaben übernimmt.

In der Phase der **Projektdurchführung** werden die vorangegangenen Planungen konkret umgesetzt. Dieser Prozess muss ständig hinsichtlich der Erfüllung (inhaltlich und zeitlich) überprüft werden. Dazu benötigt man ein sogenanntes Projektcontrolling. Ein weiteres wichtiges Instrument in dieser Phase ist die Dokumentation aller Vorgänge. Denn nur so können Schwachstellen aufgedeckt und korrigiert werden. Beim **Projektabschluss** werden das Projektergebnis präsentiert und eine Dokumentation des Projekts übergeben. Ein weiterer wichtiger Schritt dieser Phase ist die Reflexion über Prozess und Ergebnis des Projekts.

Bei Ihrem P-Seminar fallen nicht nur Projektdefinition (Phase I) und Projektplanung (Phase II) zu einer Phase zusammen, sondern es findet auch eine Bewertung und eine Beschreibung hinsichtlich der Tätigkeiten, die im Rahmen des Projekts durchgeführt werden, statt. Erworbene Kompetenzen wie Einsatz, Leistungsbereitschaft, Selbstständigkeit usw. werden ebenfalls beschrieben. Eine weitere Besonderheit des P-Seminar(-projekts) stellt die Zusammenarbeit mit einem oder mehreren externen Projektpartner/-n dar. Dadurch wird der studiums- und berufsbezogene Aspekt des P-Seminars weiter vertieft.

In der folgenden Abbildung wird die Struktur dieses Vorgehens gezeigt:

Abb. 14.5: Phasen des P-Seminar(-projekts)

4. Welchen Nutzen bringt die Anwendung der Methode Projektmanagement? Verwenden Sie zur Beantwortung dieser Frage die Mindmap-Technik!

14.1 Projektdefinition und Projektplanung

Ausgangspunkt eines jeden Projekts ist eine Idee, die in dieser ersten Phase in Form eines **Projektplans** mit konkreten Ziel- und Zeitvereinbarungen (**Meilensteinen**) schriftlich fixiert wird.

Der erste Schritt besteht nun darin, für die Projektidee drei Zielgrößen zu definieren:

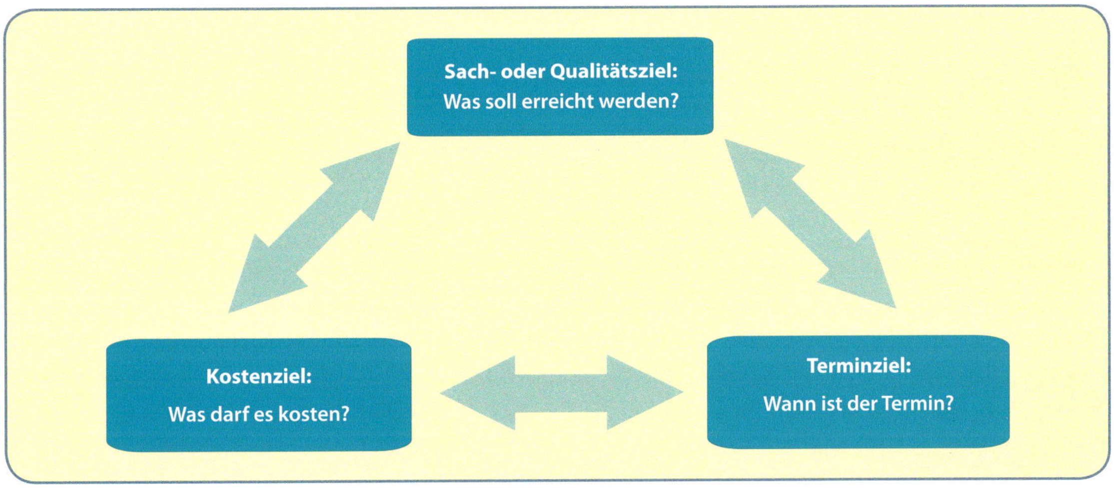

Abb. 14.6: Zieldefinition

Der Projektauftrag muss also hinsichtlich der Zielvorstellungen, des Zeitrahmens und der vermutlich anfallenden Kosten geklärt werden. Da sich alle drei Größen gegenseitig beeinflussen, ist es nicht sinnvoll, diese isoliert zu betrachten. Bei der Zielformulierung muss darauf geachtet werden, dass eine präzise und für alle Beteiligten verständliche Formulierung gewählt wird. Das Ergebnis liefert eine genaue Projektbeschreibung.

Zur Veranschaulichung wird im Folgenden immer wieder Bezug auf das P-Seminar(-projekt) „Neuer Internetauftritt für unsere Schule" genommen. Als erster Schritt kann bei der P-Seminardefinition folgender Ansatz gelten:

Abb. 14.7: Zieldefinition „Neuer Internetauftritt der Schule"

Die Ziele müssen gemeinsam und vor allem eindeutig formuliert werden, damit es nicht zu Missverständnissen kommt. Denn mit den Zielvereinbarungen wird der „Grundstein" für das Projekt gelegt, auf den immer wieder zurückgegriffen wird. Als besonders nützlich hat sich dabei die **SMART-Regel** erwiesen, die im Folgenden beschrieben wird.

SMART-Regel

Werden Ziele definiert, so gibt es ein einfaches Prinzip, das vieles auf den Punkt bringt, nämlich die **SMART**-Regel:

S	spezifisch:	Das Ziel muss konkret, eindeutig und präzise sein.
M	messbar:	Es muss überprüft werden können, ob das Ziel erreicht wurde.
A	akzeptiert/Aktion:	Das Ziel muss vom Team akzeptiert sein. Die Schritte zum Ziel müssen bekannt sein.
R	realistisch:	Das Ziel muss erreichbar sein.
T	terminierbar:	Die zeitliche Abfolge muss festlegbar sein.

Hat man die Ziele für das Projekt definiert und nach der SMART-Regel überprüft, so kann man die vereinbarten Ziele noch nach ihrer Vorrangigkeit (Priorisierung) einordnen. Eine solche Priorisierung ist vor allem für die spätere Planung und Durchführung hilfreich, da man so die Ziele herausarbeitet, die unbedingt für das Gelingen eines Projekts notwendig sind.

MUSS-Ziele	SOLL-Ziele	KANN-Ziele
Diese Ziele sind K.-O.-Kriterien für das Projekt: Wenn sie nicht erreicht werden, scheitert es.	Diese Ziele müssen erreicht werden, aber bei Nichterreichung ist das Projekt an sich nicht gefährdet. Eine Gewichtung der Soll-Ziele erleichtert später die Entscheidung, wo am ehesten Abstriche gemacht werden können.	Diese Ziele sind „Wunschziele" und es wäre schön, wenn diese erreicht würden. Hinweis: Nicht zu viele Ressourcen für Kann-Ziele verwenden, bevor Muss- und Soll-Ziele nicht sicher erreicht sind.

Abb. 14.8: Priorisierung von Zielen

5. Nehmen Sie für das Projekt „Neuer Internetauftritt für die Schule" eine erste Priorisierung der Ziele vor!

Die Entwicklung und Definition von Zielen ist eine Kernaufgabe des Projektmanagements und muss sehr sorgfältig vorgenommen werden. Von in dieser Phase formulierten Zielen hängt im Wesentlichen der Projekterfolg ab, spätere Korrekturen minimieren sich dadurch wesentlich. Deshalb sollte man am Ende der Zielformulierung diese anhand einer Checkliste durchgehen und überprüfen.

Checkliste für Zielformulierungen

- ✓ Wurde das Ziel schriftlich formuliert?
- ✓ Wurde das Ziel von allen Beteiligten verstanden?
- ✓ Gibt es Widersprüche oder Missverständliches?
- ✓ Kann das Ziel überhaupt erreicht werden?
- ✓ Gibt es Zielüberschneidungen?
- ✓ Ist das Ziel messbar?
- ✓ Besteht bei allen Beteiligten ein Interesse das Ziel zu erreichen?

Dies sind zunächst die Rahmenbedingungen eines Projekts, die nun in einem weiteren Schritt zu präzisieren sind. Dazu kann sich das Team folgende Fragen stellen:

Abb. 14.9: Projektaufgaben

6. Suchen Sie im Team für die Fragen in Abb. 14.9 Antworten für das Projektthema „Neuer Internetauftritt der Schule"!
   a) Halten Sie diese schriftlich fest!
   b) Unterziehen Sie Ihre Antworten einer Prüfung durch die SMART-Regel!
   c) Nehmen Sie gegebenenfalls Korrekturen vor!
   d) Priorisieren Sie die Ziele!
7. Überlegen Sie sich weitere Fragestellungen zum Projektthema!
8. Stellen Sie mithilfe der Mindmap-Technik fest, welche Auswirkungen eine unklare Zieldefinition für ein Projekt haben kann!
9. Stakeholder sind Menschen, Gruppierungen oder Institutionen, die in irgendeiner Weise vom Projekt betroffen sind und/oder Einfluss auf das Projekt nehmen. Listen Sie nach folgendem Schema auf, welche Personengruppen in irgendeiner Weise von Ihrem Projektvorhaben betroffen sind und welche Erwartungen, Hoffnungen oder Befürchtungen diese mit dem Vorhaben verbinden!

Stakeholder	Erwartungen/Hoffnungen/Befürchtungen

Am Ende dieses Prozesses liegt eine genaue Projektbeschreibung vor, in der ausführlich alle Merkmale schriftlich fixiert sind und die mit allen Beteiligten abgestimmt ist. Diese fixierte schriftliche Grundlage ist ab jetzt für alle Beteiligten verbindlich und das Team sollte sich immer wieder im Laufe des Projekts darauf beziehen. Ein weiterer Vorteil liegt darin, dass Außenstehende (z. B. Auftraggeber, externe Projektpartner) jederzeit die Projektentwicklung nachvollziehen können.

Zu diesem Zeitpunkt soll auch geklärt sein, wer verantwortlicher Projektleiter ist. Dazu bietet sich die P-Seminar-Lehrkraft, eine Schülerin oder ein Schüler oder ein Team an.

Nun stellt sich die Frage, welche **Aufgaben** die **Projektleitung** z. B. übernehmen muss:

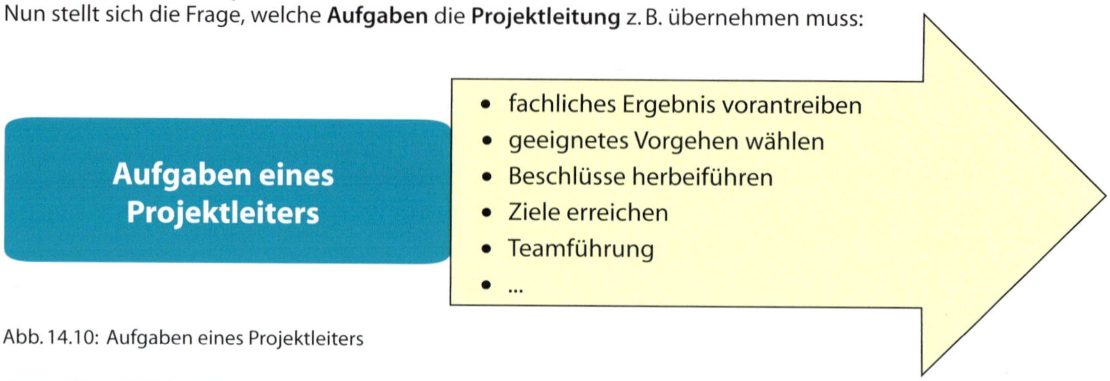

Abb. 14.10: Aufgaben eines Projektleiters

10. Überlegen Sie, welche Kompetenzen ein Projektleiter mitbringen muss, um ein Team erfolgreich zu führen!

11. Erkundigen Sie sich bei Ihrem/Ihren externen Projektpartner(n), welche Kompetenzen von einer Projektleitung in der Arbeitswelt erwartet werden, und überlegen Sie, ob diese auch für Ihr Projekt ausschlaggebend sind!

Am besten legt man bereits zu diesem Zeitpunkt ein sogenanntes „**Pflichtenheft**" an, das in einer Art Vorwort den Projektauftrag und dessen wesentliche Inhalte und Ziele beschreibt. Dieses Heft hat die Aufgabe, rechtzeitig Abweichungen und/oder Fehlentwicklungen, die während des Prozesses auftreten, festzustellen.

Projektauftrag: neuer Internetauftritt des Gymnasiums (Schul-Homepage)

Projektleitung: Hans Huber, Elfriede Meyer ***Auftraggeber***: OStD Redner

Zielsetzung: schulrelevante Informationen für unterschiedliche Zielgruppen

beabsichtigtes Ergebnis: übersichtliche, informative und leicht aktualisierbare Schul-Homepage für unterschiedliche Adressaten (Schüler, Eltern, Lehrer, Besucher und Interessenten)

Budget: 100,00 €

Rahmenbedingungen: Kooperation mit Fachbereich Informatik an der TU

Termin: Fertigstellung November 2010

Datum, Unterschrift

Projektleitung Auftraggeber

Abb. 14.11: Beispiel für ein Pflichtenheft (Vorwort Projektauftrag)

12. Formulieren Sie für Ihr Projekt den Projektauftrag (siehe Abb. 14.9) und gehen Sie dabei nach den angegebenen Schritten vor!

Am Ende der Phase Zieldefinition sollten Sie folgende Schritte unbedingt durchlaufen haben:

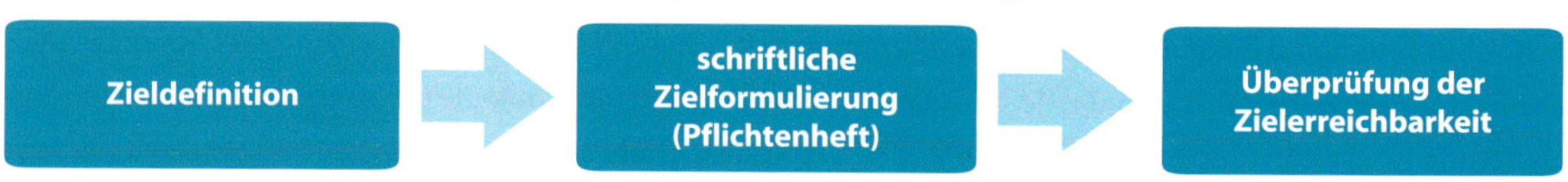

Abb. 14.12: Schritte am Ende der Phase Zieldefinition

In einem weiteren Schritt muss nun das Projekt strukturiert werden. Eine solche **Projektplanung** ist unabdingbar, denn nur so wird der Projektablauf bereits einmal gedanklich vorweggenommen. Diese Aufgabe muss genauso wie die Zieldefinition sorgfältig erledigt werden. Denn nur so ist zu verhindern, dass sich Fehler in das Projekt einschleichen, die später Zeit kosten oder gar das Projekt zum „Absturz" bringen. Für die Planung von Projekten gibt es eine Reihe von unterstützenden Hilfsmitteln. Der **Projektstrukturplan**, (PSP), stellt die inhaltliche Projektstruktur dar, d. h. er legt genau fest, welche Aufgaben die Projektteilnehmer zu erfüllen haben. Diese Festlegung geschieht in Form von Arbeitspaketen, die in sich geschlossene Aufgaben beschreiben.

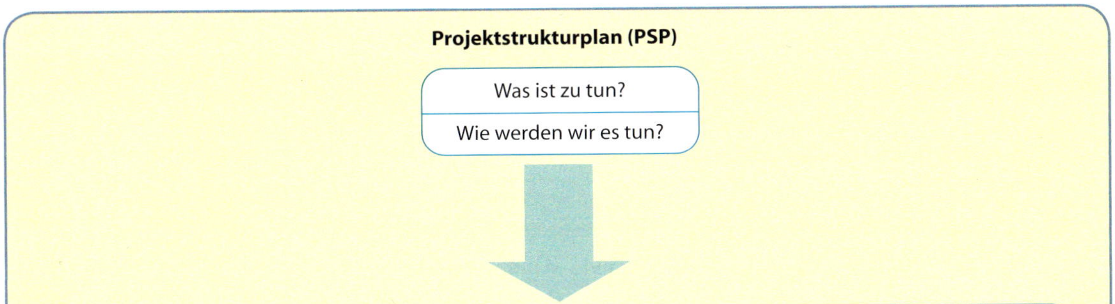

	Tätigkeit	**Betroffene**
Arbeitspaket 1	Recherche im Internet nach Schul-Homepageseiten	Eva, Hans, Heinrich
Arbeitspaket 2	Fragebogen für eine Schülerbefragung entwerfen (Erwartungen an eine Schul-Homepage)	Ernst, Klaus, Isabel

Abb. 14.13: Grundsätzliche Schritte für den PSP

Ein Projektstrukturplan kann mehrere „Teilstrukturpläne" der einzelnen Arbeitsgruppen enthalten, z. B., um die Teilziele zu präzisieren oder abzugrenzen.

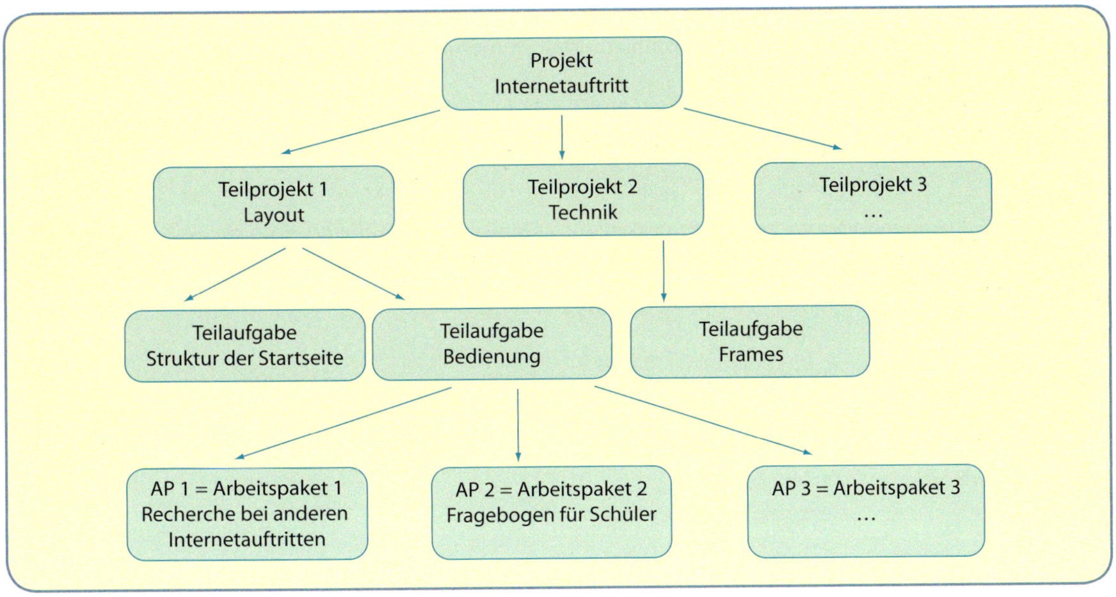

Abb. 14.14: PSP am Beispiel „Neuer Internetauftritt der Schule"

Aus diesem Projektstrukturplan wird anschließend eine sogenannte Vorgangsliste erstellt. Diese Vorgangsliste wird ebenfalls in das Pflichtenheft mit aufgenommen:

Was soll getan werden?
Wer soll es tun?
Wie soll es gemacht werden?
Womit soll es getan werden?
Wann soll es erledigt sein?

Vorgangsliste
Projekt Internetauftritt
1. Arbeitspaket 1
Beginn: 23.03.2010
Ende: 27.04.2010
erledigt: Eva, Hans, …
Kosten: keine
2. Arbeitspaket …

Dokumentation des Prozessgeschehens

Nr.	Aufgabenpaket	Methode	Verantwortlich	Datum Soll	Datum Ist	Ergebnis
1	Recherche bei anderen Internetauftritten	Recherche	Eva, Hans, Heinrich	27.04.2010		

Abb. 14.15: Darstellung der Arbeitspakete im Pflichtenheft

13. Führen Sie den PSP für das Projekt „Neuer Internetauftritt der Schule" fort und halten Sie die einzelnen Arbeitspakete – wie vorgeschlagen – schriftlich fest!

Ausgehend vom PSP können für die einzelnen Untereinheiten die angestrebten Qualitätsmerkmale definiert werden. Dazu zählt alles, was für die Qualität des Gesamtprojekts wichtig und messbar ist, z. B. durchzuführende Tests oder zu erreichende Standards. Die Qualitätsprüfung sollte stets in enger Abstimmung mit dem Auftraggeber oder eventuell mit dem externen Projektpartner erfolgen. Ihr Ergebnis wird ebenfalls in das Pflichtenheft, in dem sämtliche Spezifikationen des Projekts festgelegt werden, übertragen.

In einem weiteren Schritt muss die terminliche Abfolge geklärt werden. Bei der Zeitplanung empfiehlt es sich, „von hinten" anzufangen, d. h., ab Abgabetermin rückwärts zu planen. So ist für jede Untereinheit im PSP der Zeitaufwand bestimmt. Ferner muss die Abfolge der Einheiten unter Berücksichtigung sonstiger Termine geplant werden, die das Projekt beeinflussen können (z. B. intensive Schulaufgabenzeiten, Ferien). Oftmals ist mit einem Projekt ein bestimmtes Budget verbunden. Grundlage für die Kostenplanung ist ebenfalls der PSP, in dem für jede Untereinheit eventuell entstehende Kosten ermittelt werden.

14. Ergänzen Sie die Arbeitspakete schriftlich um die Faktoren Zeit, Kosten und Qualität!

Wichtige Zwischenergebnisse werden im Projektablauf als **Meilensteine** definiert. Wird ein Meilenstein erreicht, findet eine Überprüfung der Ergebnisse statt und es wird über den weiteren Verlauf des Projektes entschieden. Deshalb ist es sinnvoll, einen separaten **Meilensteinplan** anzufertigen.

	Februar	**März**	**April**
Recherche	28.02.	30.03.	27.04.
Schul-Homepages	Vorlage zur Besprechung	Start der Recherche	Ergebnis der Recherche
Umfrage Schüler	28.02.		27.04.
	Vorlage Umfrageentwurf		Ergebnis der Umfrage

Abb. 14.16: Meilensteinplan

15. Fertigen Sie aus dem PSP „Neuer Internetauftritt der Schule" einen Meilensteinplan an!

Neben dem PSP werden auch gern sogenannte Balkendiagramme (Gantt-Diagramme) und die Netzplantechnik verwendet. Das **Balkendiagramm** hat den Vorteil, dass es leicht zu verstehen und sehr übersichtlich ist, vor allem, da die terminliche Situation auf einen Blick erkannt wird. Voraussetzung ist auch hier, dass eine Vorgangsliste erstellt wird. Es ist deshalb empfehlenswert, neben dem PSP ein Balkendiagramm anzulegen.

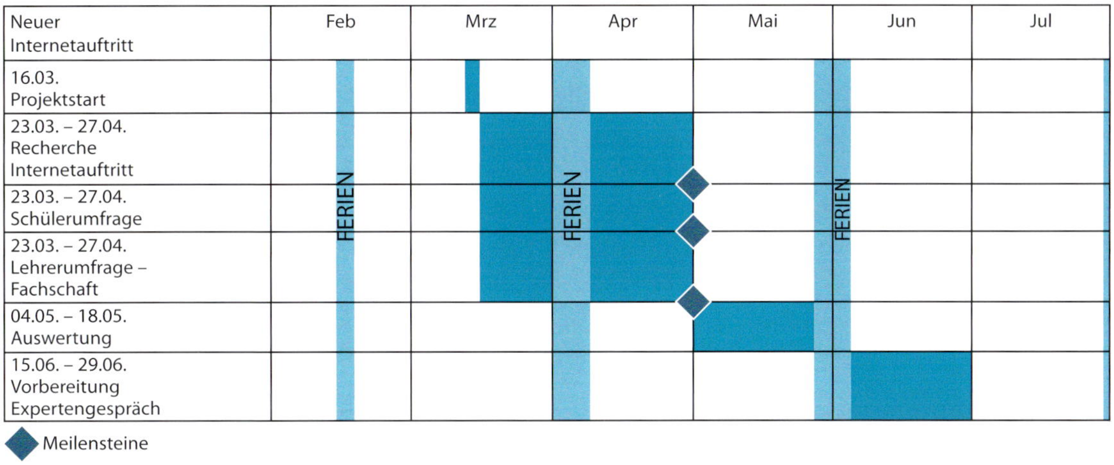

Abb. 14.17: Gantt-Diagramm

Der **Netzplan** zeigt auf grafische Weise die logische und zeitliche Abfolge von Teilvorgängen. Man kann somit erkennen, wo der *kritische Pfad* ist, also diejenigen Arbeitspakete, die bei einer Verzögerung das Gesamtprojekt terminlich verändern. Andererseits weist er auch Pufferzeiten auf, d.h., eine terminliche Verschiebung dieser Arbeitspakete bedroht nicht das Gesamtprojekt.

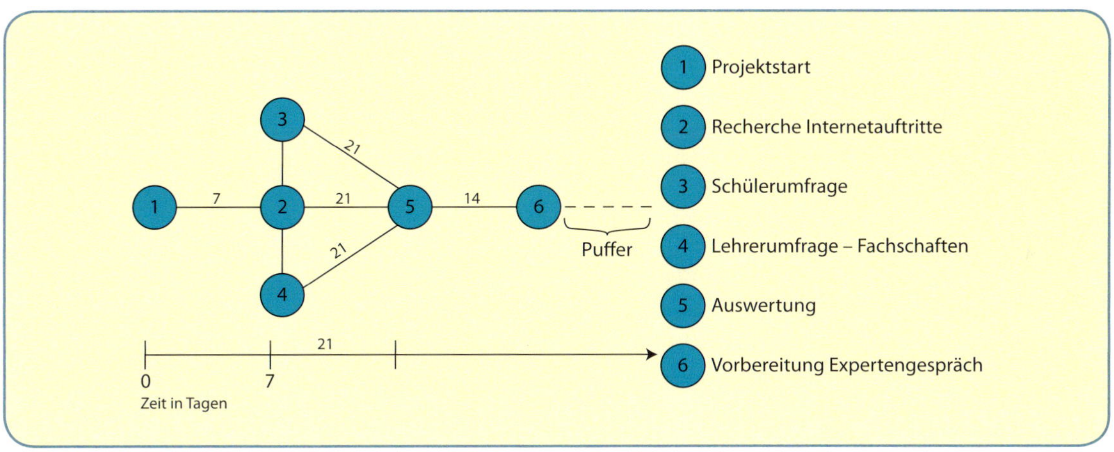

Abb. 14.18: Netzplantechnik

16. Erstellen Sie für Ihr Projekt zunächst einen detaillierten PSP und im Anschluss ein Balkendiagramm. Kennzeichnen Sie im Balkendiagramm wichtige Meilensteine mit einer Raute!

Abb. 14.19: Bausteine der Planungsphase

Zeitmanagement

Das Arbeiten in Projekten erfordert Planung und (Selbst-)Disziplin im Hinblick auf die verabredeten Ziele und Meilensteine. Es ist nicht immer einfach, alle Aufgaben „unter einen Hut" zu bringen, da neben der Projektarbeit auch noch andere Aufgaben sowohl schulischer als auch privater Art anstehen. In Unternehmen und anderen Einrichtungen werden deshalb Projekte durch ein professionelles Zeitmanagement unterstützt: Das ist das systematische und disziplinierte Planen des Zeitablaufs. Der Zweck ist, mehr Zeit für wichtige Dinge im Beruf und im Privatleben zu erhalten. Durch eine wirklich systematische Planung kann erstaunlich viel Zeit gewonnen werden.

Das Team sollte sich bei der Planung z. B. folgende Fragen stellen:

- **Was** muss erledigt werden?
- **Wann** muss es erledigt werden?
- **Wo** wird es gemacht?
- Mit **welcher Priorität**?
- **Wie viel Zeit** ist erforderlich?

Daraus ergibt sich dann eine zeitliche **Erledigungspyramide.** Diese Zeitschritte müssen in einem Zeitplan genau festgehalten werden, z. B. mit einem Gantt-Diagramm, in dem jedem Zeitschritt eine Aufgabe zugeordnet wird.

Für die persönliche Zeitplanung ist es wichtig, dass eine Bestandsaufnahme des eigenen Zeittyps vorgenommen wird. Dafür sollten folgende Fragen in einem Zeitprotokoll – am besten über eine Woche hinweg – erfasst werden: Wofür brauche ich wie viel Zeit? Welche Bereiche (z. B. Schule, Freizeit, Sport, Hobby) gibt es in meinem Leben?

Nachdem Sie Ihren persönlichen Zeitplan analysiert haben, sollten Sie in einem nächsten Schritt täglich Ihre Zeit schriftlich planen und die anstehenden Aufgaben in vier verschiedene Klassen einteilen.

Kategorie 1	Kategorie 2	Kategorie 3	Kategorie 4
dringende und wichtige Aufgaben: Diese Aufgaben müssen unbedingt erledigt werden, z. B. weil Sponsor abzuspringen droht.	**für die Zukunft wichtige Aufgaben:** Diese Aufgaben sind momentan nicht dringend, aber sie dürfen nicht vernachlässigt werden, z. B. Zwischenpräsentationstermin beim Auftraggeber in zwei Wochen.	**langfristig nicht wichtige Aufgaben:** Diese Aufgaben müssen zwar dringend erledigt werden, sind aber langfristig nicht von Bedeutung, z. B. Abheften/ Ordnen von Projektmaterialien.	**nicht dringend und nicht wichtig:** Es entsteht kein Schaden, wenn diese Aufgaben nicht erledigt werden, z. B. Kuchen backen für das Team.

Wenn Sie nun Ihre Zeit planen, teilen Sie Ihre Aufgaben nach der Dringlichkeit/Kategorie ein und erledigen Sie sie dann der Rangfolge nach, also zuerst die Aufgabe der Kategorie 1 mit der höchsten Dringlichkeit.

Teamentwicklung

Ein Team ist ein Organismus, der sich erst entwickeln muss. Die Entwicklung eines Teams geht nicht linear, zielstrebig und mit immer größerer Effizienzsteigerung vor sich. Ein Team muss erst zusammenwachsen, die Möglichkeit haben sich zu orientieren, Konflikte auszuleben und zu beseitigen, Kompromisse zu schließen, sich zu integrieren und zu wachsen.

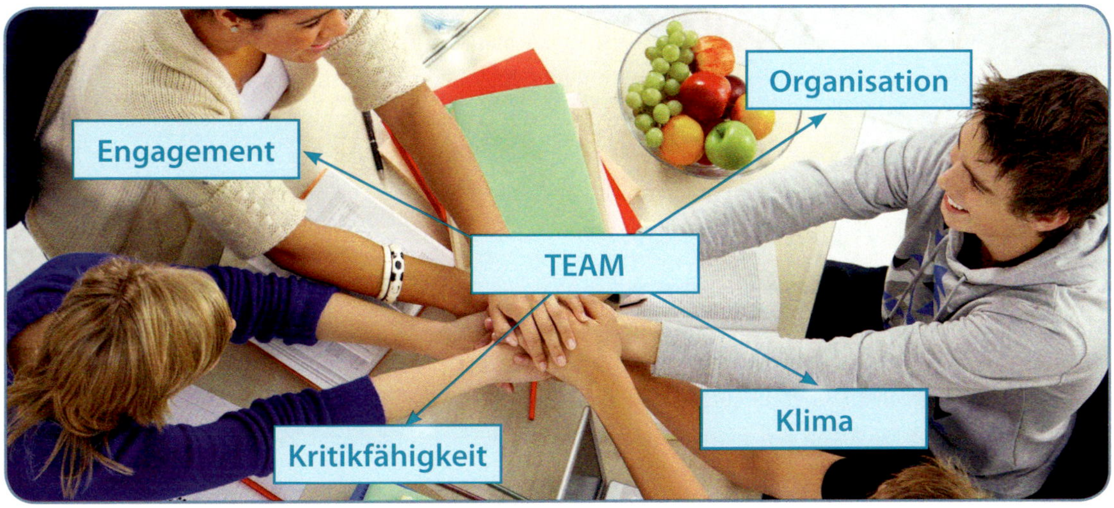

Abb. 14.20: Schaubild Team

17. Was zeichnet ein erfolgreiches Team aus? Fertigen Sie aus den Aussagen des Schaubilds eine Mindmap an und ergänzen Sie sie um weitere Aspekte!

Der Entwicklungsprozess eines Teams vollzieht sich auf verschiedenen Ebenen:

Sachebene			
Projektaufgabe	Strukturierung	Systematisierung	Vorgehen
Psychologisch-soziale Ebene			
Kooperation	Kommunikation	Konfliktbewältigung	Schnittstellen

Abb. 14.21: Ebenen im Entwicklungsprozess eines Teams

Ein Team durchläuft auch während des Entwicklungsprozesses verschiedene Phasen. Idealtypisch werden diese in vier Stadien eingeteilt (siehe Beschreibung folgende Seite).

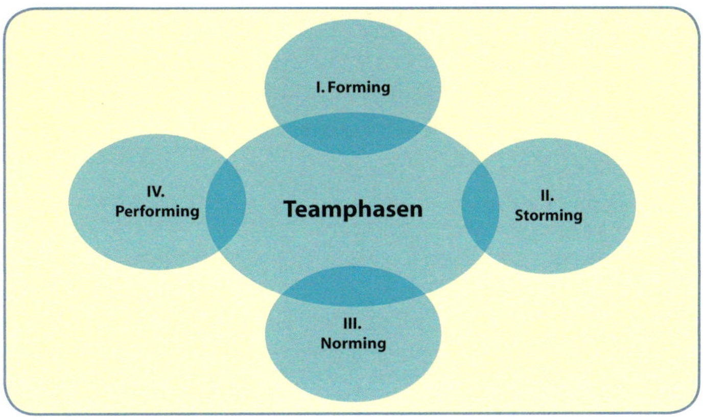

Abb. 14.22: Phasen der Teamentwicklung

I. Forming-Phase (Testphase)

In dieser Phase entsteht das Team. Die Mitglieder kommen mit bestimmten Erwartungen und sind auf der Suche nach ihrer Rolle innerhalb des Teams. Die Teammitglieder beschnuppern sich gegenseitig und auf der Sachebene werden erste Informationen [ausgetauscht] bzw. gemeinsame Ziele formuliert.

II. Storming-Phase (Nahkampfphase)

Diese ist die wichtigste Phase der Teamentwicklung. Teams, die in dieser Phase nicht einen allgemeinen Grundkonsens finden, werden scheitern. In dieser Phase wird um Machtpositionen gekämpft, Meinungen werden strikt vertreten und persönliche Differenzen der Teammitglieder untereinander deutlich. Dazu kommt, dass die eingesetzten Methoden und die Teamleitung diskutiert oder gar angegriffen werden. Am Ende der Phase sollten die Definition der Aufgabenrollen und der Konsens hinsichtlich der Aufgabenverteilung sowie die Zielsetzung stehen.

III. Norming-Phase (Orientierungsphase)

Die Wogen im Team haben sich geglättet, Verhaltensnormen werden deklariert und es ist ein „Wir-Gefühl" entstanden. Jetzt beginnt die eigentliche Arbeit im Team. Gedanken, Daten und Ideen werden offen ausgetauscht und bewertet. Auftretende Konflikte sollten aber auch in dieser Phase thematisiert werden, da sonst die Arbeit langfristig ins Stocken kommt.

IV. Performing-Phase (Arbeitsphase)

In dieser Phase sind dank der hohen Teamkohäsion[1] Spitzenleistungen möglich. Die Gruppe steuert überwiegend selbstständig. Konflikte und andere Probleme werden in Feedback-Sitzungen diskutiert und in der Regel auch gelöst.

nach: http://lehrerfortbildung-bw.de/kompetenzen/projektkompetenz/durchfuehrung/organisation/teamentwicklung.htm vom 16. Juni 2008

Die dargestellten Phasen sind idealtypischer Natur. So kann die Reihenfolge durch eventuelle Rückschläge verändert werden. Für eine Diagnose, in welcher Phase sich ein Team gerade befindet, kann die Teamuhr helfen.

Wie spät ist es in unserem Team?

18. Eine Teamuhr wird ausgehängt und jedes Teammitglied hält mithilfe eines Klebepunktes die Stelle des Zifferblattes fest, an der sich das Team seiner Einschätzung nach befindet. Diskutieren Sie anschließend zusammen das Ergebnis und finden Sie einen Konsens darüber, in welcher Phase sich ihr Team nun tatsächlich befindet! Dieser wird mit dem großen der beiden beweglichen Uhrzeiger eingestellt; ein eventueller weiterer Schwerpunkt kann mit dem kurzen Zeiger markiert werden.

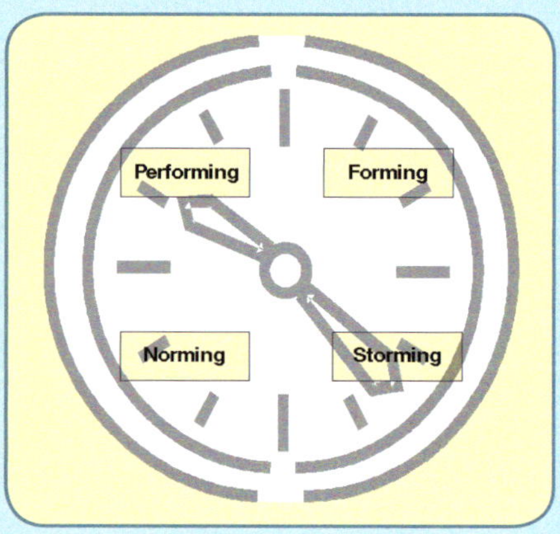

Abb. 14.23: Teamuhr

1 Kohäsion = der innere Zusammenhalt der Moleküle eines Körpers

Vor einiger Zeit verabredeten ein deutsches und ein japanisches Unternehmen, dass jedes Jahr ein Wettrudern über 1000 Meter mit einem Achter auf dem Rhein-Main-Donaukanal ausgetragen werden solle. Beide Mannschaften trainierten lange und hart, um ihre volle Leistungsfähigkeit zu erreichen. Als der große Tag des Wettkampfes endlich da war, waren beide Mannschaften topfit.

Abb. 14.24: Einer rudert, vier befehlen

Die Japaner gewannen klar mit einem Vorsprung von 400 Metern. Nach dieser Niederlage war das deutsche Team so deprimiert, dass das oberste Management entschied, dass der Grund für diese vernichtende Niederlage unbedingt herausgefunden werden müsse. Ein Projektteam wurde eingesetzt, um dieses Problem zu untersuchen. Die Untersuchung ergab: Bei den Japanern ruderten acht Leute und einer steuerte, bei dem deutschen Team hingegen ruderte ein Mann und acht Leute steuerten.

zitiert nach Harry Zingel, www.zingel.de vom 16. August 2008

19. Überlegen Sie, welche Auswirkungen sich für die Projektarbeit ergeben, wenn nur „ein Mann rudert und acht Leute steuern"!

20. In jedem Team treffen nicht nur unterschiedliche Charaktere aufeinander, sondern jedes Teammitglied verfügt über verschiedenartig ausgeprägte Kompetenzen (siehe dazu auch Übersicht S. 15 und insbesondere Fragebogen zur Methodenkompetenz S. 16). Überlegen Sie mithilfe der Methode des Brainstormings, welche Kompetenzstärken Ihr Team besitzt und wo eventuell Nachholbedarf besteht!

Für die Teamarbeit ist es sinnvoll ein „Teamkreuz" zu erstellen, denn in einem Team sind alle Rollen/Fähigkeiten notwendig. Schwach besetzte Stellen machen darauf aufmerksam, dass bestimmte Rollen/Fähigkeiten noch bewusst ausgebaut werden müssen.

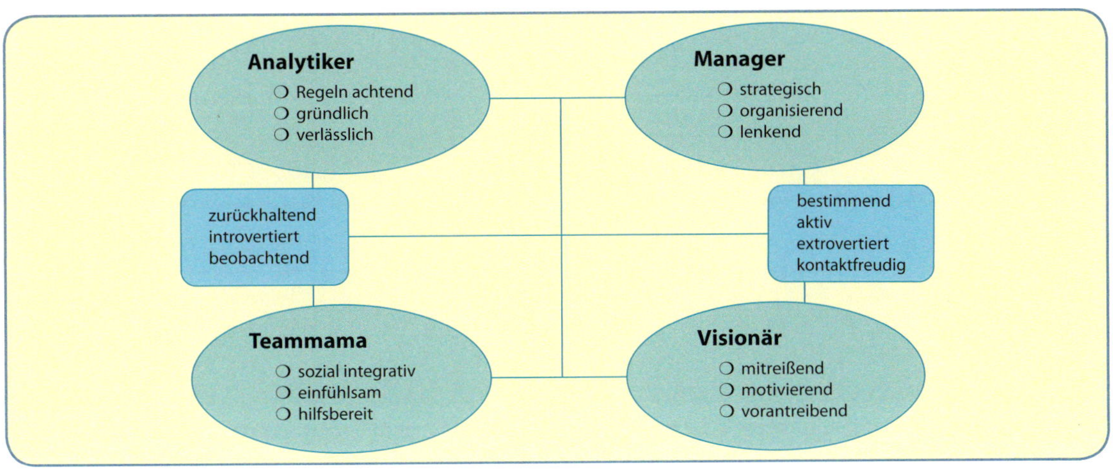

Abb. 14.25: Teamkreuz

21. Erstellen Sie für Ihr Team gemeinsam ein Teamkreuz und leiten Sie aus dem Ergebnis notwendige Handlungsschritte ab!

Selbst- und Fremdeinschätzung

Jedes Gruppenmitglied erhält einen Bogen „Selbsteinschätzung" und füllt diesen aus. Darüber hinaus erhält es so viele Bögen „Fremdeinschätzung", wie es andere Gruppenmitglieder gibt, beschriftet diese mit seinem eigenen Namen und verteilt sie an alle anderen Partner. Da nun jedes Gruppenmitglied für jeden Partner einen Bogen hat, füllt er diese aus. Die ausgefüllten Bogen werden dem Betreuer überreicht und dieser gibt die Bögen jeweils den Personen, über die die Einschätzung getroffen wurde. Damit hat jedes Gruppenmitglied sowohl Selbst- als auch Fremdeinschätzungen und kann diese vergleichen – die Unterschiede werden oftmals erheblich sein!

Vorschlag für den Inhalt eines Selbst- bzw. Fremdeinschätzungsbogens

1 = trifft sehr zu 2 = trifft zu 3 = trifft ziemlich zu 4 = trifft weniger zu 5 = trifft nicht zu

Selbst- bzw. Fremdeinschätzung von ____________________

durch ____________________

Rolle im Team Ich bin … Sie/Er ist …	1	2	3	4	5
Planer	☐	☐	☐	☐	☐
Organisator	☐	☐	☐	☐	☐
Teamspieler	☐	☐	☐	☐	☐
Vermittler	☐	☐	☐	☐	☐
Berater	☐	☐	☐	☐	☐
Zuhörer	☐	☐	☐	☐	☐
Richter	☐	☐	☐	☐	☐
Prediger	☐	☐	☐	☐	☐
Einzelkämpfer	☐	☐	☐	☐	☐
Partner	☐	☐	☐	☐	☐
Problemlöser	☐	☐	☐	☐	☐
Zauderer	☐	☐	☐	☐	☐
Ausführender	☐	☐	☐	☐	☐
Zielsetzer	☐	☐	☐	☐	☐

Vorschlag für den Inhalt eines Selbst- bzw. Fremdeinschätzungsbogens (Fortsetzung)

1 = trifft sehr zu   2 = trifft zu   3 = trifft ziemlich zu   4 = trifft weniger zu   5 = trifft nicht zu

Eigenschaften im Team	1 2 3 4 5		1 2 3 4 5		1 2 3 4 5
aktiv	☐☐☐☐☐	langsam	☐☐☐☐☐	temperamentvoll	☐☐☐☐☐
ausdauernd	☐☐☐☐☐	loyal	☐☐☐☐☐	tolerant	☐☐☐☐☐
ehrgeizig	☐☐☐☐☐	offen	☐☐☐☐☐	unparteiisch	☐☐☐☐☐
ehrlich	☐☐☐☐☐	originell	☐☐☐☐☐	vertrauenswürdig	☐☐☐☐☐
empfindsam	☐☐☐☐☐	produktiv	☐☐☐☐☐	warmherzig	☐☐☐☐☐
engagiert	☐☐☐☐☐	respektvoll	☐☐☐☐☐	freundlich	☐☐☐☐☐
ernst	☐☐☐☐☐	kämpferisch	☐☐☐☐☐	kreativ	☐☐☐☐☐
gutmütig	☐☐☐☐☐	rücksichtslos	☐☐☐☐☐	stark	☐☐☐☐☐
hart	☐☐☐☐☐	selbstsicher	☐☐☐☐☐	stolz	☐☐☐☐☐
hilfsbereit	☐☐☐☐☐	sorgfältig	☐☐☐☐☐	kritisch	☐☐☐☐☐
interessant	☐☐☐☐☐	spontan	☐☐☐☐☐	standfest	☐☐☐☐☐

(nach: http: //sta.tupm3b.twoday.net/files/selbsteinschaetzung vom 28. August 2008)

14.2 Projektdurchführung

Während der Durchführung des Projekts koordiniert die Projektleitung alle Elemente des Projekts. Dies bedeutet, dass das Projekt immer wieder aktiv beeinflusst und gesteuert werden muss. Der geplante und aktuelle Projektverlauf muss abgeglichen, Abweichungen festgestellt und eventuell mögliche Gegenmaßnahmen müssen durchgeführt werden. Sollten sich erhebliche Abweichungen einstellen, so können mithilfe der Szenario-Technik (siehe Kap. 16.4) und ihren drei Grundtypen Lösungsvorschläge erarbeitet werden, die noch ein Gelingen des Projekts ermöglichen.

Abb. 14.26: Projektcontrolling

In dieser Phase muss sichergestellt sein, dass alle Beteiligten am Projekt ein **Feedback** erhalten. Dazu sind regelmäßige Treffen im Projektteam und auch mit dem Auftraggeber nötig. Unterschiedliche Auffassungen und Interpretationen der am Projekt Beteiligten müssen auf einen Nenner gebracht werden.

Tagesordnung der Teamsitzung am ...

- Wie sind unsere Zwischenergebnisse?
- Gibt es Schwierigkeiten oder Verzögerungen?
- Welche Erfahrungen haben wir bisher gemacht?
- Haben wir alle den gleichen Informationsstand?
- Wie können wir schwierige Probleme gemeinsam lösen?
- Wie gehen wir weiter vor?

22. Überlegen Sie gemeinsam, welche Fragestellungen momentan für Ihr Projekt entscheidend sind!

Alle Teamsitzungen werden dokumentiert und die Ergebnisse im Pflichtenheft festgehalten, damit ist jedes Teammitglied über den aktuellen Stand des Projekts informiert.

Feedback

Abb. 14.27: Feedback geben

Der Projektleiter ist nicht nur „Motor“ des Projekts; er muss führen, die Bedürfnisse und Beobachtungen der Projektteilnehmer zusammenfügen, sich selbst zurücknehmen, gegensteuern und zuhören. Hilfreich können dabei sogenannte Feedback-Regeln sein.

Die Projektleitung muss auf eine angemessene Art Feedback einfordern, damit Ergebnisse oder Rückschläge schnell korrigiert werden können. Die größte Kunst dabei ist: Wie sage ich einem Teammitglied, wie ich ihn sehe, ohne ihn dabei zu verletzen. Feedback sollte zielorientiert sein, d. h., Möglichkeiten für die Zukunft aufzeigen, aus seinen Fehlern zu lernen. Feedback sollte also nur gegeben werden, wenn es hilfreich sein kann. Um dies zu erreichen, müssen einige Grundsätze beachtet werden.

Regeln für das Geben von Feedback: Feedback sollte immer …

- **konstruktiv** sein, d. h. Perspektiven für die Zukunft bieten.
- **beschreibend** sein, d. h., man sollte Bewertungen und Interpretationen vermeiden. Außerdem ist Meckern, Schimpfen und Beleidigen völlig unangebracht.
- **konkret** sein. Bei Verallgemeinerungen und pauschalen Aussagen weiß der Betreffende nicht, wie er das Problem beseitigen kann. Außerdem ist es für den Beteiligten am einfachsten, das Feedback nachzuvollziehen, wenn das Ereignis möglichst konkret beschrieben wird.
- **subjektiv** formuliert sein. Wenn man von seinen eigenen Beobachtungen und Eindrücken spricht und nicht von denen anderer, fällt es dem Beteiligten leichter, das Feedback anzunehmen.
- **nicht nur negativ** sein. Man sollte stets daran denken, dass es schwer ist, Kritik einzustecken. Daher ist es für den Feedback-Empfänger leichter, Verbesserungsvorschläge zu akzeptieren, wenn er merkt, dass man nicht nur herumkritisieren möchte, sondern auch die positiven Seiten sieht. Die „Sandwich-Theorie“ empfiehlt, jede negative Kritik zwischen zwei Schichten von positiven Elementen zu betten.

Beim Entgegennehmen von Kritik befindet sich der Empfänger in einer passiven Rolle, ist also Vorwürfen erst einmal hilflos ausgesetzt. Ein nach den Regeln gegebenes Feedback eröffnet aber die Möglichkeit zu erkennen, wie die eigene Wirkung auf andere ist. Deshalb sollte man als Empfänger

- **ausreden** lassen: Man kann nicht wissen, was der andere sagen will, bevor er nicht zu Ende gesprochen hat.
- **sich nicht rechtfertigen oder verteidigen**: Es ist wichtig, sich klar zu machen, dass der andere nie beschreiben kann, wie man ist, sondern immer nur, wie man speziell auf ihn wirkt. Diese Wahrnehmung ist durch eine Klarstellung nicht revidierbar. Man sollte die Meinung des anderen hinnehmen und, falls man möchte, auch daraus lernen. Es ist lediglich wichtig zu verstehen, was der andere meint, man sollte sich also nicht scheuen, Verständnisfragen zu stellen.
- **dankbar** sein: Denn ein Feedback hilft, sich selbst und die eigene Wirkung auf andere kennenzulernen und dadurch sicherer und kompetenter im Auftreten zu werden.

Regeln für das Empfangen von Feedback

- **Worüber möchten Sie Feedback haben?** Wenn Sie um Feedback bitten, nennen Sie konkrete Verhaltensweisen, deren Wirkung auf Ihre Gesprächspartner Sie wissen wollen. Oder bitten Sie um Feedback und Intervention, wenn Ihre Gegenüber sich von Ihnen gestört fühlen.
- **Vergewissern Sie sich:** Versuchen Sie wirklich zu verstehen, was Ihr Gegenüber Ihnen sagen möchte. Was bringt sein Beitrag Ihnen Neues? Erst dann sollten Sie über die Bedeutung reflektieren, die das Feedback möglicherweise für Sie hat.
- **Teilen Sie Ihre Reaktionen auf das Feedback mit:** Wenn Sie weitere Informationen über Ihr Verhältnis möchten und von Ihrem Gegenüber wieder einmal Feedback brauchen, muss er wissen, wie seine Beobachtungen auf Sie wirken und ob sie Ihnen helfen. Sagen Sie ihm, welchen Einfluss seine Interaktion auf Ihre beiderseitigen Beziehungen gehabt hat.
- **Akzeptieren Sie nicht unkritisch:** Prüfen Sie das Feedback an Ihrem Verhalten in ähnlichen und anderen Situationen nach. Können Sie es bestätigen oder nicht? Ist Ihnen Ähnliches schon einmal gesagt worden? Fragen Sie die anderen Gruppenteilnehmer nach deren Eindrücken – können diese das Feedback bestätigen, modifizieren, korrigieren? Bleiben Sie aber auch sich selbst gegenüber kritisch: Erleben Sie zu wenig oder zu viel Feedback? Neigen Sie zu Widersprüchen? Neigen Sie zu Gegenangriffen? Neigen Sie dazu, misszuverstehen oder falsch zu deuten?

bearbeitet nach http://arbeitsblaetter.stangl-taller.at/KOMMUNIKATION/FeedbackRegeln.shtml vom 20. Juni 2008

23. Ein Schüler hatte eine Arbeitsaufgabe im Projekt „Neuer Internetauftritt der Schule" unzureichend erfüllt, denn die geforderte Recherche bei der Fachschaft Wirtschaft und Recht für mögliche Inhalte auf der neuen Homepage ergab nur folgendes Ergebnis:
- Aufzählung der Fachschaftsmitglieder: 3 Personen
- Kernpunkte des Lehrplans: Verbrauchererziehung, berufliche Orientierung, Unternehmen
- Aktivitäten: Berufsinformationstag, Praktikum in der 9. Klasse

Gehen Sie nach der Feedback-Regel vor und versuchen Sie dem Schüler dadurch zu helfen, zukünftig ein besseres Ergebnis finden zu können!

Kommunikation im Team

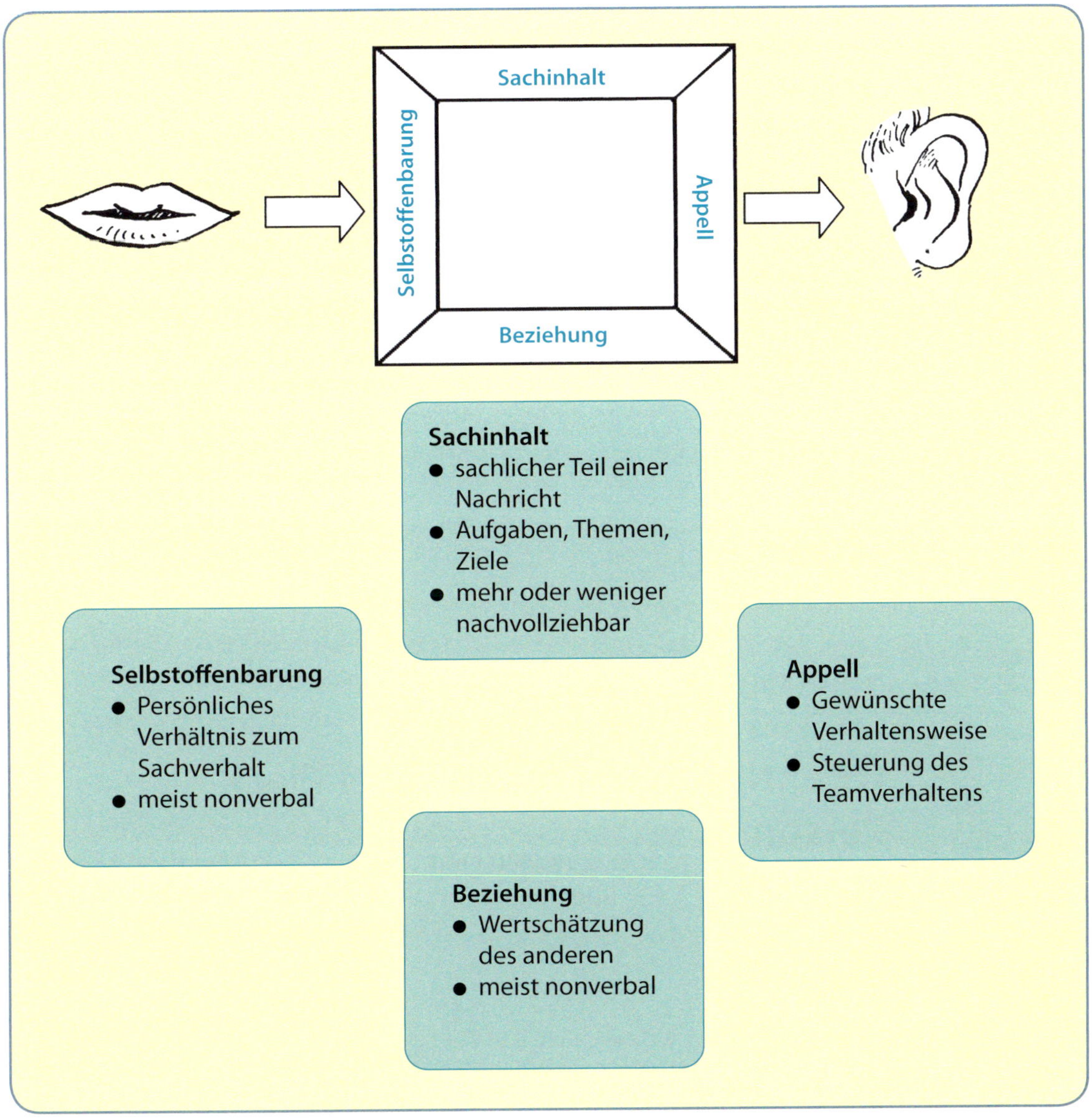

Abb. 14.28: Vier Ebenen der Kommunikation nach Schulz von Thun

Kommunikation heißt Austausch von Informationen. So einfach diese Definition klingt, so schwierig erweist sich die Umsetzung oft in der Realität. Jede Kommunikation beruht auf der individuellen Wahrnehmung, die bei den einzelnen Individuen sehr unterschiedlich ist, schließlich ist sie von äußeren und inneren Faktoren abhängig. Um zu einer verbesserten Kommunikation im Team zu gelangen, bieten sich folgende Grundregeln an:

Sachinhalt

- einfache Sprache verwenden
- auf den Punkt kommen, Kernaussagen treffen

Selbstoffenbarung

- darauf achten, was man über sich selbst sagen möchte
- dies möglichst direkt mitteilen

Beziehung

- sich bewusst machen, wie man die Beziehung zum Gegenüber sieht
- auf Aussagen verzichten, die den Gesprächspartner abwerten

Appell

- Erwartungen möglichst klar aussprechen – der Gesprächspartner kann keine Gedanken lesen

(nach: Friedemann Schulz von Thun, Miteinander reden 1, Reinbek bei Hamburg 1981)

24. Teammitglied Hans gibt seinem Team bekannt: „Bis morgen um 20 Uhr habe ich alle Unterlagen für die Präsentation. Ansonsten kann ich für nichts garantieren!"

a) Analysieren Sie die Botschaft nach den in der Grafik dargestellten Ebenen.

b) Unternehmen Sie den Versuch, die Botschaft klar zu übermitteln.

c) Beurteilen Sie in der Gruppe, ob Ihre Aussagen zu b) gelungen sind!

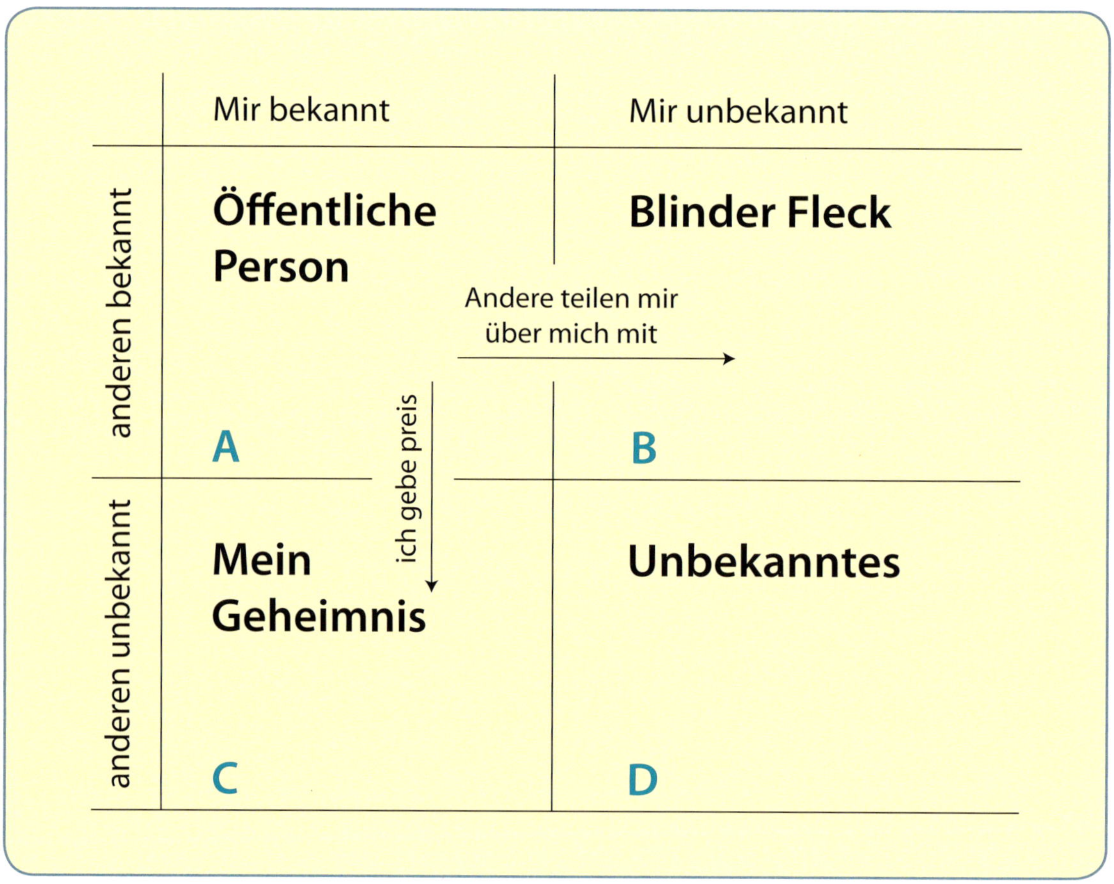

Abb. 14.29: Johari-Fenster

Das Johari-Fenster

Der **Bereich A** umfasst den Teil des gemeinsamen Wissens, also jene Aspekte unseres Verhaltens, der uns selbst und den anderen Mitgliedern der Gruppe bekannt ist und in dem uns unser Handeln frei, unbeeinträchtigt von Ängsten und Vorbehalten erscheint. Hier sind wir quasi die „öffentliche" Person.

Der **Bereich B** umfasst den „Blinden Fleck", also den Anteil unseres Verhaltens, den wir selbst wenig, die anderen Mitglieder der Gruppe dagegen recht deutlich wahrnehmen: die unbedachten und unbewussten Gewohnheiten und Verhaltensweisen, die Vorurteile, Zu- und Abneigungen. Hier können uns die anderen Teammitglieder Hinweise auf uns selbst geben. Dieser Bereich wird meist nonverbal, etwa durch Gesten, Kleidung, Klang der Stimme, Tonfall ausgedrückt.

Der **Bereich C** umfasst den Bereich der Zurückhaltung, also jene Aspekte unseres Denkens und Handelns, den wir vor anderen bewusst verbergen – die „heimlichen Wünsche", die „empfindlichen Stellen", quasi die „private Person". Durch Vertrauen und Sicherheit zu anderen Teammitgliedern kann dieser Bereich erheblich eingegrenzt werden.

Der **Bereich D** umfasst den unbewussten Bereich, der weder uns noch anderen unmittelbar zugänglich ist; zu ihm kann aber etwa eine Tiefenpsychologin oder ein Tiefenpsychologe Zugang finden. Verborgene Talente und ungenützte Begabungen sind Beispiele hierfür.

bearbeitet nach: http://arbeitsblaetter.stangl-taller.at/KOMMUNIKATION/Joharifenster.shtml vom 20. Juni 2008

25. Wie müsste sich das Verhältnis der Quadranten des Johari-Fensters verändern, wenn in einer Gruppe die Kommunikation besser klappen soll? Diskutieren Sie Ihre Ergebnisse im Plenum!

Zu einer „guten" Kommunikation gehört auch, dass man anderen Menschen gut zuhören kann. Da diese Fähigkeit meistens nicht besonders ausgeprägt ist, kommt es immer wieder zu Missverständnissen, man redet aneinander vorbei. Aktiv zuhören bedeutet, dem Gesprächspartner deutlich zu signalisieren, dass man seinen Ausführungen folgt.

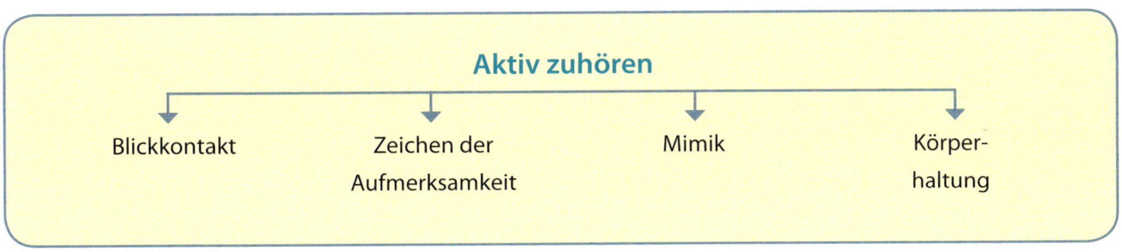

Abb. 14.30: Aktiv zuhören

26. Legen Sie genau fest und führen Sie aus, was mit den Stichpunkten zu „Aktiv zuhören" gemeint ist, und legen Sie im Anschluss Regeln für Ihr Team fest!

Beim **kontrollierten Dialog** wird der Beitrag des Vorredners (Sprecher A) vom nachfolgenden Redner (B) wiederholt, und zwar bevor dieser seine eigenen Gedanken oder Argumente äußert. Bei der Wiederholung wird der gedankliche oder auch gefühlsmäßige Kern des Beitrags in eigenen Worten zusammengefasst. Der Vorredner entscheidet, ob die sinngemäße Wiedergabe korrekt ist. Erst wenn dies bestätigt wurde, trägt der Sprecher seinen Gedanken vor.

27. Führen Sie im Team einen kontrollierten Dialog durch und listen Sie nach dem Durchlauf mögliche Vorteile und Nachteile dieser Kommunikationsart auf!

Vorteile	**Nachteile**
konzentriertes Zuhören	langweiliges Gespräch
gutes Gesprächsklima	verlängertes Gespräch
...	...

Um auch über die gesamte Projektarbeit hinweg einen guten Informationsfluss zu gewährleisten, müssen klare Kommunikationsregeln, die für alle Teammitglieder verpflichtend sind, aufgestellt werden. Diese Regeln sollten auch in regelmäßigen Abständen überprüft und bei Bedarf nachgebessert werden.

Beispiel:

Kommunikationswege für eine erfolgreiche Projektarbeit:

- feste Treffen vereinbaren (Zeitpunkt und Ort)
- Informationen weitergeben (Bring- und Holschuld)
- Protokolle führen, verteilen und abheften
- E-Mail-Verteiler mit allen Projektteilnehmern einrichten
- Kommunikationsplattform, z. B. Moodle

28. Wer muss wann auf welchem Weg informiert werden?

a) Erörtern Sie diese zentrale Frage in einem Brainstorming in Ihrem Team!

b) Halten Sie dann die gefundenen – für alle verbindlichen – Regeln schriftlich fest!

14.3 Projektabschluss

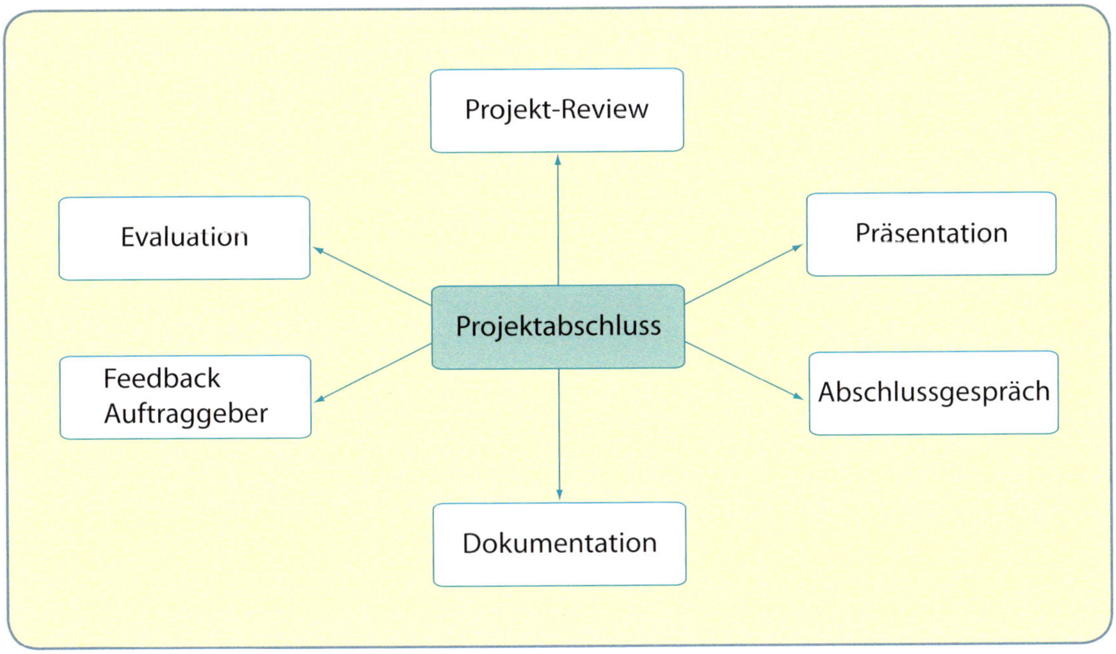

Abb. 14.31: Übersicht Projektabschluss

Da jedes Projekt zeitlich begrenzt ist, wird es ein klar definiertes Ende geben. Hier wird neben der Ergebnispräsentation, der Erstellung, Abgabe und Besprechung des Portfolios auch eine Rückschau (Review) mit der Prüfung im Mittelpunkt stehen, ob das Projektziel erreicht wurde. Darüber hinaus kann es sein, dass dem Auftraggeber eine Dokumentation übergeben werden muss. Und sicherlich ist es nützlich, auch von seinem Auftraggeber ein Feedback über das Projektergebnis zu erhalten.

Ergebnispräsentation

Die geleistete Arbeit kann lediglich dem Team, kann aber auch Externen (z. B. Unternehmen, Eltern) oder anderen Schülergruppen vorgestellt werden.

Situation	Nach der Projektarbeit müssen die Ergebnisse zusammengetragen und dem Zielpublikum in geeigneter Form präsentiert werden.
Problem	Die inhaltlich und analytisch fundierten Ergebnisse müssen der Zielgruppe a) in der vorgegebenen Zeit, b) verständlich, c) überzeugend übermittelt werden.
Herausforderung	Wie gelingt es, die in der Projektarbeit gewonnenen Informationen verständlich aufzubereiten und die Zielgruppe zu überzeugen?

Eine gelungene Projektpräsentation hat zur Aufgabe, Wissen und Erfahrungen zu vermitteln, die Projektidee weiterzuverbreiten und der Selbstdarstellung des Teams zu dienen.

29. Informieren Sie sich in Kapitel 16.5 „Präsentation von Ergebnissen“ über wesentliche Punkte für eine Präsentation!

Nachbereitung

Die Nachbereitung (**Projekt-Review**) eines abgeschlossenen Projekts dient dazu, aus den gewonnenen Erfahrungen für zukünftige Projekte zu lernen. Dabei werden die Stärken und die positiven Aspekte genauso wie die Schwächen und negativen Aspekte betrachtet. Ergebnisse eines Projekt-Reviews werden in einem Dokument festgehalten, z. B. „lessons learned", um diese für die Zukunft zu erhalten und auch für nicht am Projekt Beteiligte zugänglich zu machen.

Projekt-Review		
Ziel- und Ergebnisvergleich	**Strukturierung**	**Zusammenarbeitsformen**
• War die Zieldefinition für das Projekt geeignet? • War(en) eine oder mehrere Änderung(en) der Zieldefinition notwendig? • Waren Nachbesserungen im Zuge der Abnahme des Projekts notwendig?	• War die Projektplanung für alle Beteiligten transparent? • Waren die terminlichen Eckpunkte allen Beteiligten bekannt? • Konnte mithilfe der Meilensteine der Projektfortschritt festgestellt werden? • War allen Beteiligten der Umfang ihres Beitrags zum Projekt bekannt? • War die Dokumentation für die Beteiligten ausreichend?	• Wie werden Termin- und Kommunikationsdisziplin der Gruppe beurteilt? • Wie wurden unterschiedliche Meinungen im Projekt behandelt? • Welche Stärken und Schwächen sieht die Gruppe in der Informationspolitik während des Projekts?

Abb. 14.32: Wesentliche Inhalte eines Projekt-Reviews

Für diese Nachbetrachtung eignen sich als Methoden besonders die Stärken-Schwächen-Analyse (SWOT-Analyse) oder auch die Evaluationszielscheibe (siehe S. 121). Die Letztgenannte ermöglicht eine erste Einschätzung über das durchgeführte Projekt von Seiten der Beteiligten. Im Anschluss an jede Art der Analyse sollte eine genaue Befragung der Projektteilnehmer zu ihrer Wertung durch Fragebögen (siehe S. 122) oder durch Interviews vorgenommen werden.

Evaluationszielscheibe

1 = trifft zu	2 = trifft überwiegend zu	3 = trifft im Ansatz zu	4 = trifft nicht zu

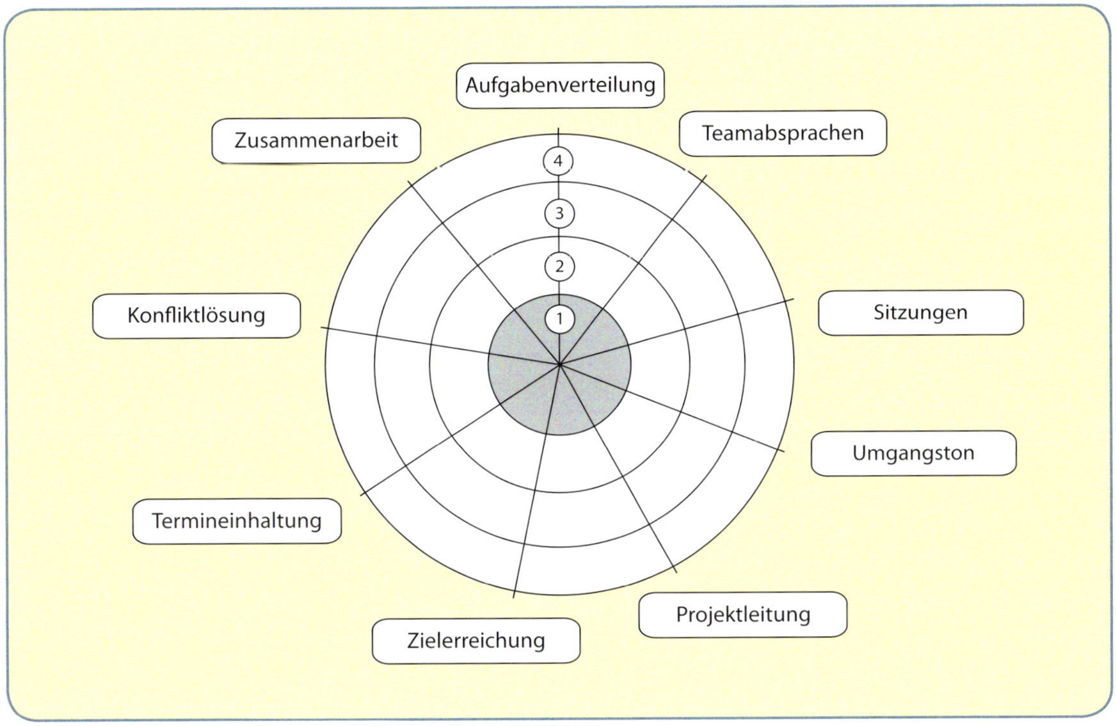

Abb. 14.33: Evaluationsscheibe

30. Bewerten Sie die einzelnen Teilbereiche, indem Sie Punkte in die entsprechenden Ringe setzen! (Tipp: Dies sollte jedes Teammitglied verdeckt auf einer eigenen Zielscheibe vornehmen, um eine gegenseitige Beeinflussung auszuschließen.)

31. Vergleichen Sie Ihre Evaluationsscheiben aus Aufgabe 30 und analysieren Sie das Gesamtbild nach den Kriterien: Übereinstimmung – Diskrepanzen – Optimum – Defizite!

SWOT-Analyse

Stärken der Projektentwicklung (Strength) • Was hat gut geklappt? • Welche Ziele haben wir erreicht? • Welche positiven Erfahrungen haben wir gemacht?	**Schwächen der Projektentwicklung** (Weakness) • Was hat Schwierigkeiten bereitet? • Welche Ziele haben wir nicht erreicht? • Welche negativen Erfahrungen haben wir gemacht?
Mögliche Verbesserungen für zukünftige Projekte (Opportunities) • Worauf sollte man unbedingt noch mehr achten? • Was haben wir völlig übersehen? • Was erleichtert uns noch mehr die Projektarbeit?	**Risiken, die in zukünftigen Projekten vermieden werden sollen** (Threats) • Was darf auf keinen Fall passieren? • Welche Fallstricke müssen besonders beachtet werden?

Beispiel für einen Evaluationsbogen – Ziele des Projekts

1. Ist es den Projektbetreuern gelungen, **Teamarbeit** zu fördern?				
nicht gelungen				sehr gut gelungen
1	2	3	4	5
Bemerkungen:				
2. Ist es gelungen, **wissenschaftliche Methoden** zu erlernen und Sie dadurch besser auf die Anforderungen an Hochschulen und in der Wirtschaft vorzubereiten?				
absolut nichts gelernt				bin jetzt „Methodenprofi"
1	2	3	4	5
Bemerkungen:				
3. Wie schätzen Sie Ihren Lernerfolg beim Erlernen von **Präsentationstechniken** ein?				
absolut nichts gelernt				bin jetzt „Präsentationsprofi"
1	2	3	4	5
Bemerkungen:				
4. Wie bewerten Sie die **zeitliche Organisation** und die **inhaltliche Gestaltung** der einzelnen Module?				
Plenumssitzungen				
sehr schlecht				sehr gut
1	2	3	4	5
Teamsitzungen zeitlich				
sehr schlecht				sehr gut
1	2	3	4	5
Teamsitzungen inhaltlich				
sehr schlecht				sehr gut
1	2	3	4	5
Gespräche mit P-Seminarlehrer				
sehr schlecht				sehr gut
1	2	3	4	5
„heiße Phase" (Vorbereitung der Abschlusspräsentation)				
sehr schlecht				sehr gut
1	2	3	4	5
Präsentationen				
sehr schlecht				sehr gut
1	2	3	4	5
Bemerkungen:				
5. Wie beurteilen Sie die **Qualität** des **Lernmaterials** und der **Lehrer-Inputs**?				
Lernmaterial				
sehr schlecht				sehr gut
1	2	3	4	5
Lehrer-Inputs				
sehr schlecht				sehr gut
1	2	3	4	5
6. Wie sollten **zukünftige Projekte gestaltet** werden?				
mehr Raum für selbstorganisiertes Lernen				mehr Führung durch die Projektbetreuer
1	2	3	4	5
7. Was ich noch sagen wollte …				

bearbeitet nach Friedemann Fegert/Axel Schwerdtfeger, Carl-Engler-Schule Karlsruhe, in: http://lehrerfortbildung-bw.de/kompetenzen/projektkompetenz/bewertung/review.htm vom 16. August 2008

15 Abschlussgespräch

Mit der P-Seminarlehrerin oder dem P-Seminarlehrer wird in einem abschließenden Gespräch der individuelle Lern- und Entwicklungsprozess auf Grundlage des erstellten Portfolios (siehe Kapitel 3) über die Beiträge zur Studien- und Berufsorientierung und die Projektarbeit geführt. Dadurch, dass alle Leistungen dokumentiert sind, ist es möglich festzustellen, wie gearbeitet worden ist und was man erreicht hat.

In die Bewertung eines Projekts fließen zahlreiche Aspekte mit ein. Denn ein Projekt, das wirklich seinen Namen verdient, verfolgt Ziele, die weit über das normale Unterrichtsgeschehen hinausgehen und damit über das bloße Fachwissen:

- Planungsfähigkeit
- Zeit- und Projektmanagement
- Teamgeist, Kooperation, Integration *in* und Abstimmung *mit* einer Gruppe
- Bereitschaft zur Verantwortung, Verlässlichkeit
- Beurteilungs-, Reflexions- und Kritikfähigkeit
- Eigeninitiative, Kreativität
- Methodenkenntnissen, Lerntechniken
- Software-Beherrschung, Datenanalyse
- Durchführung von Experimenten, Interviewtechniken
- Technologie- und Fertigungskenntnisse
- Problemlösungsfähigkeiten
- Dokumentationsfähigkeiten
- Präsentationsfähigkeiten
- Umgang mit Medien
- …

Insbesondere spielen die Sozial- und Selbstkompetenz bei der Projektarbeit eine große Rolle. Denn an der Sozialkompetenz lässt sich besonders gut erkennen, wie man sich sachlich auseinandersetzen kann und sich in ein Team gewinnbringend einbringt. Schließlich lässt sich daraus ableiten, wie gemeinsam auf ein Ziel hingearbeitet wird. Bei der Selbstkompetenz geht es zunächst um eine positive Grundeinstellung mit entsprechendem Verhalten. Kreativität und Überzeugungskraft mit hinreichenden Handlungsmustern runden das Bild ab.

Folgende Bausteine müssen zum Abschluss eines Projekts erledigt sein:

Abb. 15.1: Bausteine zum Abschluss eines Projekts

16 Mögliches methodisches Instrumentarium

Die Vermittlung von Studien- und Berufsorientierung funktioniert umso besser, je höher der Anteil schüleraktivierender Unterrichtsformen ist. Dazu bieten sich beispielsweise folgende Möglichkeiten an: eine Erkundung eines Betriebes oder einer Einrichtung, ein individuelles Betriebspraktikum, das gegebenenfalls im Ausland als work-experience stattfindet, eine Befragung, ein Rollenspiel, ein Projekttag oder das Arbeiten in Projekten mit berufsorientierenden Schwerpunkten. Derartige Realbegegnungen mit der Arbeitswelt haben im P-Seminar für Sie als Schülerin oder Schüler gegenüber dem herkömmlichen Klassenunterricht deutliche Vorteile. Sie werden motiviert und erhalten eine gezielte Vorbereitung für eine besser abgesicherte Studien- und Berufswahlentscheidung. Auch Ihre Teamfähigkeit wird beispielsweise gezielt gefördert. Die Erstellung einer Entscheidungstabelle trägt wesentlich zum Erkenntnisgewinn bei. Selbstverständlich haben in Ihrem P-Seminar auch Methoden aus dem W-Seminar wie Präsentation oder Moderation einen hohen Stellenwert.

Folgendes methodisches Instrumentarium kann z. B. im P-Seminar an geeigneten Stellen eingesetzt werden:

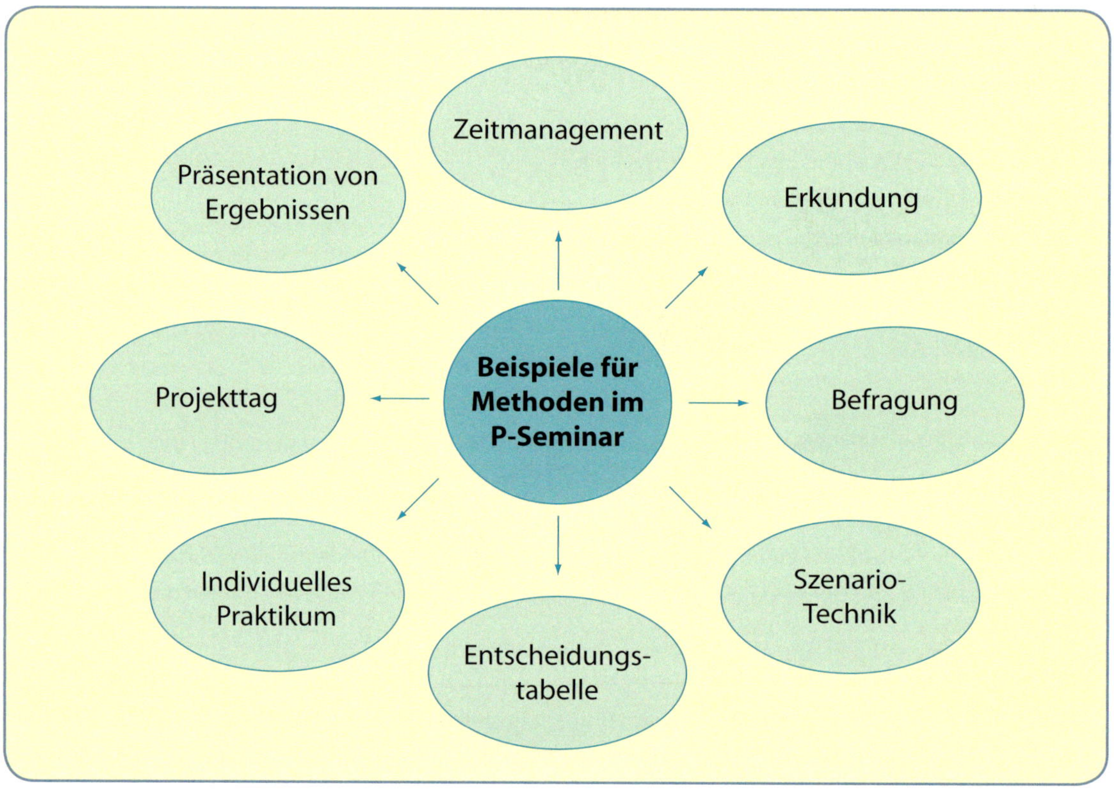

Abb. 16.1: Beispiele für Methoden im P-Seminar

1. Welche Unternehmen, Behörden, Einrichtungen, Hochschulen o. Ä. eignen sich an Ihrem Schulstandort für eine Erkundung bei den Modulen Studien- und Berufsorientierung und/oder Projekt?
2. Stellen Sie stichwortartig wesentliche Daten und Merkmale des zu erkundenden Betriebes o. Ä. zusammen!
3. Erstellen Sie selbstständig in Teams einen Katalog geeigneter Inhalte und Fragen für Erkundungen und Befragungen!

16.1 Befragung

Abb. 16.2: Befragung

Eine Befragung ist eine wissenschaftliche Methode zur Informationsgewinnung, die auch beim P-Seminar zur Anwendung kommen kann. Sie wird aus verschiedenen Anlässen durchgeführt, z. B. für Wahlprognosen, zum Konsum- bzw. Freizeitverhalten Jugendlicher oder zur Untersuchung sozialer, gesellschaftlicher oder wirtschaftlicher Sachverhalte. Zu den verschiedenen Formen der Befragung zählen die **Umfrage** und das **Interview.** Diese lassen sich wiederum durch die Art des Kommunikationsmediums unterscheiden, z. B. schriftlich, persönlich oder telefonisch.

Verbreitet sind Umfragen in der **Meinungsforschung**, z. B. um allgemeine Informationen über Sachverhalte, Ereignisse oder Menschen zu sammeln. Eine typische Meinungsumfrage ist die sogenannte „Sonntagsfrage": „Was würden Sie wählen, wenn am nächsten Sonntag Landtagswahlen wären?" oder eine Umfrage zum „Bekanntheitsgrad von Produkten".

Bei einem **Interview** handelt es sich um eine gezielte Befragung einer oder mehrerer Personen, z. B. von Politikern, Unternehmern oder Sportlern durch einen Interviewer. Nähere Informationen und Tipps zum Interview finden sich auf S. 129.

Bei Befragungen ist es notwendig, die Fragen in strukturierter Form, z. B. in einem **Fragebogen**, niederzulegen. Bevor Sie einen Fragebogen erstellen, sollten Sie einige grundsätzliche Hinweise zur Befragung beachten. Es gibt offene und geschlossene Fragen. Bei **geschlossenen Fragen** muss der Befragte lediglich die vorgegebene Lösung ankreuzen. Dazu ein kurzes Beispiel aus dem Bereich Berufswahl, bei dem der Ausbildungsleiter eines Unternehmens zu den wünschenswerten Anforderungsprofilen von Auszubildenden befragt wird:

Fragen (Auszug)	sehr wichtig	wichtig	teils/teils	weniger wichtig	nicht wichtig
Fremdsprachenkenntnisse sind	☒	☐	☐	☐	☐
Mobilität und Flexibilität sind	☐	☒	☐	☐	☐
Teamfähigkeit ist	☒	☐	☐	☐	☐

Bei **offenen Fragen** müssen die Befragten die Antworten selbst formulieren. Diese Befragungen sind dadurch schwieriger auszuwerten. Eine Kombination von offenen und geschlossenen Fragen hat deshalb Vorteile. Befragungen können **schriftlich** oder **mündlich** stattfinden.

Damit eine Befragung aussagefähig ist, kommt es darauf an, dass die befragten Personen entweder vollständig (z. B. gesamte Klasse) einbezogen werden oder repräsentativ für eine Gruppe oder für die Gesellschaft sind. Da aufgrund beschränkter finanzieller Mittel und zeitlicher Verfügbarkeit in einem relativ kurzen Zeitraum in der Regel nicht alle betreffenden Personen befragt werden können, kommt meist die Methode der **Repräsentativumfrage** zum Einsatz. Repräsentativ bedeutet, dass lediglich eine überschaubare Anzahl von Personen in die Befragung einbezogen werden muss. Die zu befragende Gruppe kann dabei zufällig (Zufallsstichprobe) oder bewusst (Quotenstichprobe), z. B. nach Alter, Geschlecht, Sozialstatus oder Wohnort ausgewählt werden. Die Befragungsergebnisse werden dann mit geeigneten mathematischen Verfahren auf die Gesamtzahl hochgerechnet. Grundsätzlich gilt jedoch, dass die Aussagefähigkeit einer Befragung umso höher ist, je höher der Prozentanteil der ausgewählten befragten Personen ist.

Dazu ein Beispiel: Wenn die Meinung von Schülerinnen und Schülern einer Schule zu Fragen der Berufsorientierung eingeholt werden soll, ist es z. B. wichtig, dass verschiedene Jahrgangsstufen, Mädchen und Jungen oder auch die verschiedenen Kurse befragt werden. Soll die Meinung von Schülerinnen und Schülern einer Gemeinde oder eines Landes erfasst werden, muss lediglich eine repräsentative Auswahl von Schulstandorten getroffen werden.

Eine Befragung gliedert sich beispielsweise in folgende einzelne Phasen:
- Bestimmung eines Themas, zu dem eine Befragung stattfindet
- Formulierung von geeigneten Fragen mit Entscheidung über die Art der Fragen
- vorherige Simulation der Befragung (Test) zur Einübung mit möglichen Anpassungen des Fragebogens
- Festlegung des zu befragenden Personenkreises
- Durchführung der Befragung mit Erstellung eines geeigneten Ablaufplans
- Auswertung der Befragung
- Präsentation der Befragungsergebnisse
- gegebenenfalls Dokumentation der Befragung

Erstellen eines Fragebogens

Bei der Formulierung eines Fragebogens sollten nach Möglichkeit folgende Grundsätze beachtet werden:

- einführender Hinweis auf Vertraulichkeit der Befragung
- kurzer Hinweis auf den Befragungszweck
- Auswahl geeigneter Einstiegsfragen als „Eisbrecher"
- Präferenz für standardisierte Fragen mit eindeutigem Wortlaut und logischer Reihenfolge (vom Allgemeinen zum Speziellen, vom Einfachen zum Schwierigen)
- einfache, verständliche und möglichst knappe Formulierungen
- eindeutige und präzise Erfassung des Sachverhalts
- Vermeidung suggestiver Fragen
- ausreichende Differenzierungsmöglichkeiten durch eine geeignete Skala
- ggf. Einbeziehung von Kontrollfragen zur Aufdeckung von Widersprüchen
- unbedingte Begrenzung der Anzahl der Fragen
- Erfassen von Merkmalen der befragten Person, z. B. Geschlecht, Alter, gegebenenfalls durch eigene Eintragungen des Fragenden

Bei der Durchführung ist es auch sinnvoll, z. B. noch folgende Aspekte zu beachten:

- Festlegung eines Verantwortlichen und der Befragungsteams
- Bestimmung günstiger Befragungszeiträume
- gegebenenfalls Vorankündigung einer Befragung über Medien
- gegebenenfalls Klärung schulorganisatorischer Fragen

Der folgende Fragebogen im Rahmen einer Untersuchung eines Geschäftszentrums dient als Beispiel:

Muster-Fragebogen zur Erfassung der Angebotsstruktur

Schule: ____________________ Verantwortlich für die Befragung: ____________________

Alle Angaben werden absolut vertraulich behandelt und dienen nur Ausbildungszwecken.

1. Seit welchem Jahr besteht Ihr Geschäft schon an dieser Stelle?
   seit ____________ (Jahreszahl)

2. Wie viele Personen, einschließlich Inhaber oder mithelfende Familienangehörige, sind durchschnittlich in diesem Betrieb tätig?

   Ganztagskräfte ____________ Halbtagskräfte ____________

3. Haben Sie schon einmal festgestellt, wie viele Kunden durchschnittlich in einem bestimmten Zeitraum, z. B. täglich, monatlich oder jährlich, in Ihrem Geschäft einkaufen?

   nein ☐ 1 ja ☐ 2 falls ja: täglich ca. ________ Kunden, oder
   wöchentlich ca. ________ Kunden, oder
   monatlich ca. ________ Kunden, oder
   jährlich ca. ________ Kunden

4. Wie viele qm Fläche nehmen Ihre Verkaufsräume ein?
   ____________ qm Verkaufsfläche
   Und wie viele qm Fläche nehmen Ihre sonstigen Räume, etwa Büros, Werkstätten, Lagerräume ein?
   ____________ qm sonstige Fläche

5. In welche Größenklasse ordnen Sie Ihre monatliche Miete pro qm Verkaufsfläche oder Geschäftsraum ein?

	Verkaufsfläche:	**Geschäftsräume:**
unter 30 Euro	☐ 1	☐ 11
30 bis 40 Euro	☐ 2	☐ 12
40 bis 50 Euro	☐ 3	☐ 13
50 bis 60 Euro	☐ 4	☐ 14
über 60 Euro	☐ 5	☐ 15

6. Können Sie angeben, wie hoch der durchschnittliche Einkaufswert pro Kunde in Ihrem Geschäft ist?
ca. ____________ Euro

7. In welche Umsatzklasse ordnen Sie dieses Geschäft im Jahr ein?

bis 500 000 Euro	☐ 1		2–5 Mio. Euro	☐ 4
500 000 – 1 Mio. Euro	☐ 2		5–10 Mio. Euro	☐ 5
1 – 2 Mio. Euro	☐ 3		über 10 Mio. Euro	☐ 6

8. In welchen Preislagen bieten Sie folgende Waren in Ihrem Geschäft an?

	Artikel		
Obere Preisklasse zwischen ____________ Euro und ____________ Euro			
Mittlere Preisklasse zwischen ____________ Euro und ____________ Euro			
Untere Preisklasse zwischen ____________ Euro und ____________ Euro			

Herzlichen Dank für Ihre Auskünfte!

Vom Interviewer ohne Befragung auszufüllen:

9. Befragungsdatum: ____________________________

10. Lage des Geschäfts: ____________________________

____

11. Geschäftsbezeichnung: ____________________________

12. Branche: ____________________________

13. Betriebsform: ____________________________

Quelle: bearbeitet nach BUS THEMA, Informatik-Themen im Grundkurs Wirtschafts- und Rechtslehre, ISB und Zentralstelle für Computer im Unterricht 1989, S. 88 f.

4. Erstellen Sie am Beispiel Ihres Projekts mithilfe geeigneter Materialien in Teamarbeit einen Fragebogen zu einem bestimmten Sachverhalt!

Interview

Bei einem Interview als besondere Form der Befragung geht es vor allem darum, persönliche Informationen von seinem Interviewpartner zu gewinnen. Im Journalismus unterscheidet man Interviews zur Sache, zur Meinung und zur Person, z. B.:

Interview zur Sache, z. B. zur Haushaltslage einer Gemeinde	**Interview zur Meinung, z. B. zur Gestaltung eines neuen Parks**	**Interview zur Person, z. B. Porträt eines Schauspielers**

In Bezug auf die Fragestellung gibt es bei Interviews folgende Kategorien:

- ein **strukturiertes Interview** mit genauer Festlegung des inhaltlichen Rahmens,
- ein **offenes Interview**, bei dem zwar der inhaltliche Rahmen vorher abgesteckt ist, das jedoch schwerpunktmäßig durch die Antworten der interviewten Person gelenkt wird,
- ein **teiloffenes Interview**, eine Mischform der beiden oben genannten Interviewformen.

Tipps zum Interview

- Sammeln Sie möglichst viele Informationen zum Interviewpartner und zum Fragenkomplex, z. B. über Presseveröffentlichungen oder den Internetauftritt! Was weiß ich schon?
- Skizzieren Sie vorher die wesentlichen Ziele des Interviews und legen Sie das Thema fest! Was möchten Sie beispielsweise herausfinden?
- Formulieren Sie die Fragen kurz und nach Möglichkeit in Form von W-Fragen, z. B. „Warum bieten Sie eine Abiturientenausbildung in Ihrem Unternehmen an?", „Welche Vorteile hat ein bereits absolviertes Praktikum?", „Wo sehen Sie die Schwerpunkte des Projekts?"
- Bei Interviews kommt es u. a. darauf an, dass durch eine gelungene einleitende Bemerkung oder Einstiegsfrage eine positive Interviewsituation hergestellt wird. Formulieren Sie diese Einleitung sorgfältig vor!
- Überlegen Sie bereits bei der Zusammenstellung der Fragen, wie Sie das Interview auswerten werden! Dies wird Ihrem Fragenkatalog Struktur geben.
- Lassen Sie sich für das Interview Zeit und bewahren Sie Ruhe!
- Überlegen Sie sich rechtzeitig, wann, wo und in welcher Form das Interview geführt werden soll! Besprechen Sie diese Fragen gegebenenfalls mit Ihrem Interviewpartner!
- Experten haben meist ein knappes Zeitbudget. Ihre Chance auf einen Interviewtermin steigt, wenn Sie Ihrem Gesprächspartner bereits vorab einen fertigen Fragebogen zuschicken und die voraussichtliche Zeitdauer der Befragung angeben! Diese sollte nicht mehr als 30 Minuten betragen!
- Überprüfen Sie vor dem Interview die technische Ausrüstung, z. B. die Funktionstüchtigkeit des Mikros bzw. des Aufnahmegerätes!
- Vervollständigen Sie nach dem Interview gegebenenfalls Ihre Notizen und fassen Sie die wesentlichen Ergebnisse zusammen!

Im Anschluss an ein Interview wird oft eine Interviewanalyse durchgeführt. Dabei kann es beispielsweise um folgende Aspekte gehen:

1. Sind wesentliche **Quellenangaben** enthalten, z. B. Datum des Interviews, Interviewter, Interviewer, Ort des Interviews?
2. Wie war das **Frageverhalten des Interviewers**, z. B. Strukturierung der Fragen, Flexibilität, Reaktion auf Antworten, Wertungen, Einstellungen zum Interviewten?
3. Wie war das **Antwortverhalten der interviewten Person**, z. B. Art der Darstellung, Reaktionen auf Fragen, Sprache, Auftreten gegenüber dem Interviewer?
4. Wie war die **Argumentation**, z. B. Schwerpunkte, logische Abfolge, Eingehen auf die Fragen?

5. Erstellen Sie am Beispiel Ihres Projekts in Teamarbeit einen Fragenkatalog für ein strukturiertes Interview mit Ihrem externen Partner!
6. Führen Sie eine Interviewanalyse durch!

Beispiele für Fragenbereiche

Im Rahmen des P-Seminars können z. B. folgende Beispiele zum Kennenlernen der Methode „Befragung" einbezogen werden:

- Erstellen Sie einen Fragebogen für eine schriftliche Befragung von Schülerinnen und Schülern Ihrer Schule zum Stellenwert einer frühzeitigen beruflichen Orientierung!
- Formulieren Sie Fragen für ein strukturiertes bzw. teiloffenes Interview mit Ausbildungsleitern bzw. Mitarbeitern von Personalabteilungen zu deren Anforderungen an Auszubildende bzw. zu wichtigen Aspekten des Bewerbungsverfahrens!
- Erstellen Sie einen Fragebogen für eine mündliche Befragung von Auszubildenden über ihre Anfangsschwierigkeiten an ihrem Arbeitsplatz!
- Erstellen Sie gemeinsam einen schriftlichen Fragebogen im Rahmen Ihrer Projektarbeit!
- Erstellen Sie einen Fragebogen im Zusammenhang mit einem Besuch in einem Institut an einer Universität!
- Erstellen Sie im Team einen Fragebogen für einen externen Partner!

7. Fassen Sie in Teams die wesentlichen Ergebnisse einer der durchgeführten oben genannten Befragung bzw. des Interviews zusammen und erstellen Sie darüber gegebenenfalls eine Dokumentation!
8. Präsentieren Sie dem P-Seminar die wesentlichen Ergebnisse der Befragung bzw. des Interviews!

16.2 Erkundung

Abb. 16.3: Betriebserkundung

Zielsetzungen

Eine Erkundung mit Bezug zu den Modulen Studien- und Berufsorientierung und/oder zum Projekt sollte dazu beitragen, dass Sie folgende Ziele erreichen:

- Gewinnung eines Einblicks in die Berufs- und Arbeitswelt,
- reflektierte Auseinandersetzung mit der eigenen Studien- und Berufswahl,
- Auseinandersetzung mit Inhalten zum Projektthema,
- eigenverantwortliche Mitgestaltung der Erkundung durch einzelne Schülerinnen/Schüler bzw. Teams,
- Einplanung persönlicher Begegnungen mit Ansprechpartnern aus der Berufs- und Arbeitswelt,
- Förderung von Kooperationen zwischen Schule und Unternehmen, Einrichtungen o. Ä., gegebenenfalls Coaching von Schülerinnen/Schülern durch Mitarbeiterinnen und Mitarbeiter

Ablaufschema einer Erkundung

Das folgende **Ablaufschema einer Erkundung** kann problemlos auch auf andere Aspekte einer Erkundung übertragen werden. Sollen Erkundungen bzw. Besuche von Hochschulen, Museen, Behörden, Institutionen u. Ä. angestrebt werden, dann kann dieses Schema problemlos individuell angepasst werden. Wichtig ist, dass es sich nicht um eine standardisierte Besichtigung handelt, die auch für andere Besuchergruppen angeboten wird, sondern um eine Erkundung mit bestimmten Aspekten und Schwerpunkten, die sich an den individuellen Bedürfnissen der P-Seminargruppe orientiert. Das erfordert eine vertrauensvolle Zusammenarbeit und eine geeignete Kommunikation zwischen Schule und Betrieb/Einrichtung.

Vorbereitung einer Erkundung

Eine Erkundung soll vorab im Unterricht nach Möglichkeit durch Teams geplant werden; dabei sollten Sie folgende Fragen klären:

- Welche Themenschwerpunkte (Aspekte) in den Modulen Studien- und Berufsorientierung und/oder Projekt interessiert das P-Seminar besonders?
- Wie kann das P-Seminar gezielt einbezogen werden, z. B. durch einen von Schülerteams zu erstellenden Fragenkatalog, durch Einübung der Fragetechnik, durch Vorbereitung von Interviews oder durch das Zusammenstellen von Arbeitsaufträgen und Fragen für die Führung durch einen Betrieb, eine Einrichtung o. Ä.? Inhalte für Fragestellungen könnten z. B. sein: Größe der Ausbildungsabteilung; Dauer, Art und Umfang der Berufsausbildung; Sonderausbildungsgänge für Abiturienten; Praktikumsmöglichkeiten; Anforderungsprofile; Jugendvertretung; Bewerbungs- und Einstellungsverfahren; Ausbildungsvergütung und Sozialleistungen; Wettbewerbsfähigkeit des Unternehmens; Fertigungstechniken; spezifische Ausbildung für Mädchen; Aufstiegs- und Weiterbildungsmöglichkeiten; wichtige Prinzipien der Personalführung; Möglichkeiten der Mitwirkung der Beschäftigten.
- Sie sollten auch genau überlegen, wer oder welches Team genau was macht!
- Welche Vorinformationen über den zu erkundenden Betrieb, die Einrichtung o. Ä. erwarten Sie, wer macht diese Recherchen (z. B. Anforderung von Informationsmaterialien durch ein zu formulierendes Anschreiben oder durch ein Gespräch oder mithilfe einer Internetrecherche)?
- Welches Vorwissen ist bei den P-Seminarteilnehmern bereits vorhanden?
- Welche Begriffe oder Kenntnisse müssen Sie vorab noch klären?
- Was müssen Sie organisatorisch beachten (z. B. Termin, Zeitdauer und Ansprechpartner)?

Durchführung einer Erkundung

- Welche Kurzinformationen werden vom Betrieb erwartet?
- Erkundungsgang in Gruppen mit bestimmten Aufgaben und Themenschwerpunkten entsprechend der Absprache
- Fragemöglichkeiten und Diskussion, z. B. auch mit Auszubildenden
- Abschlussgespräch am Ende der Erkundung mit ersten Rückmeldungen

Nachbereitung einer Erkundung

- Auswertung der Erkundungsaufträge, z. B. in Teams, in der Schule
- Vorbereitung der Präsentation der Ergebnisse in Teams
- schriftliche Fixierung der wesentlichen Ergebnisse, Darstellung gegebenenfalls mithilfe von Plakaten, Powerpoint oder auf der schuleigenen Homepage
- Überprüfung, inwieweit die Ergebnisse auf andere Betriebe, Einrichtungen u. Ä. übertragbar sind
- Sammeln offener Fragen und Weiterleitung an den Betrieb, die Einrichtung o. Ä., gegebenenfalls Nachbereitung mit einem Betriebsvertreter
- Erkenntnisgewinn für die eigene Studien- und Berufswahl
- Erkenntnisgewinn für das Projektthema
- gegebenenfalls Kontaktaufnahme im Falle einer beabsichtigten Bewerbung
- Wichtig ist auch, dass Sie den Betrieb, die Einrichtung u. Ä. über wesentliche Ergebnisse informieren.

16.3 Entscheidungstabelle

Ausgangsfall

Die 17-jährige Carmen ist ein freundliches, engagiertes und kommunikatives Mädchen. Sie besucht derzeit die 11. Klasse eines bayerischen Gymnasiums. In ihren bisherigen Zeugnissen hatte sie in den Fächern Mathematik, Informatik, Physik, Chemie und Deutsch sehr gute, in den Fremdsprachen sowie in den künstlerischen und gesellschaftswissenschaftlichen Fächern gute bis befriedigende Leistungen. Im Unterricht beteiligt sie sich sehr aktiv und selbstständig, sie lernt zuhause sehr konsequent und zielorientiert. Im Kernkreis der SMV sowie bei der Hausaufgabenbetreuung „Schüler helfen Schülern" engagiert sie sich ebenfalls.

In ihrer Freizeit leitet sie mit großem Einsatz das Training eines Basketballvereins, bei dem sie später den Übungsleiterschein machen möchte, damit sie eine Gruppe von talentierten Schülerinnen trainieren kann. Darüber hinaus arbeitet Carmen gerne am Computer und ist sehr versiert bei der Internetrecherche. Auch das wirtschaftliche Tagesgeschehen verfolgt sie mit Interesse. Bei ihrer Jugendarbeit zeigt sich, dass Carmen mit Jugendlichen sehr gut umgehen, Trainingsabläufe sehr gut erklären und auch vormachen kann.

Carmen interessiert sich für die Berufsbilder einer Ingenieurin für Maschinenbau, einer Gymnasiallehrerin für Mathematik und Sport sowie für eine Tätigkeit als Industriekauffrau. Sie beschafft sich deshalb beim Beratungslehrer und beim BIZ Unterlagen über den Weg zum Beruf einer Maschinenbauingenieurin und informiert sich beim Studienberater der nahe gelegenen Universität und der Fachhochschule. Außerdem informiert sie sich bei verschiedenen Personalabteilungen international tätiger Unternehmen über die Ausbildung zur Industriekauffrau.

Problemstellung

Die angehende Abiturientin Carmen muss mit ihrer Wahl des richtigen Studiums eine wichtige persönliche Entscheidung treffen. Ähnlich ist es bei Unternehmen, die vielfältige Entscheidungen, z.B. eine Standortentscheidung, treffen müssen. In unserem Fall sollen Schülerinnen und Schüler als Entscheidungsträger eine Studien- bzw. Berufswahlentscheidung treffen.

Problemlösung

Carmen hat im Unterricht des Faches Wirtschaft und Recht das Erstellen einer Entscheidungstabelle kennengelernt. Sie wählt sechs Kriterien für ihre Studien- und Berufswahlentscheidung aus, die ihr bedeutsam erscheinen:

- Ausbildungsweg, Kosten und Dauer,
- Eignung, Interessen und Neigung für diesen Beruf,
- Anforderungen im Beruf,
- erwartetes Einkommen, Sicherheit und positive Zukunftserwartung,
- soziale Kontakte zu Mitmenschen,
- verfügbare Freizeit.

Sie bestimmt als Nächstes das Gewicht (die Bedeutung) der einzelnen Kriterien. Ihr sind z. B. der Ausbildungsweg, der Bereich Eignung/Interessen/Neigung und das Einkommen wichtig. Da sie drei verschiedene Berufe (Ingenieurin, Industriekauffrau, Gymnasiallehrerin) in die engere Wahl zieht, erstellt sie eine Entscheidungstabelle und vergleicht die Ergebnisse.

Carmen muss als Entscheidungsträgerin versuchen, bei ihren drei Berufsalternativen anhand der für sie wichtigen sechs Kriterien eine Gewichtung vorzunehmen. Nur so kann sie aussagefähige Ergebnisse gewinnen und eine abgesicherte Entscheidung treffen. Eine Entscheidungstabelle kann von Einzelpersonen oder am besten in Teamarbeit erstellt werden.

Das Team entscheidet sich für folgende **Bearbeitungsschritte**:

1. Informationsbeschaffung anhand konventioneller bzw. elektronischer Möglichkeiten, z. B. Broschüren der Bundesagentur für Arbeit, Prospekte von Ausbildungsbetrieben, Fachhochschulen, Universitäten, Internetadressen.

2. Informationsverarbeitung: Anhand der zusammengestellten Kriterien erstellt Carmen Gewichtungen. Sie bestimmt das Gewicht der einzelnen Kriterien, indem sie insgesamt 100 Punkte darauf verteilt. Je bedeutsamer ein Kriterium bewertet wird, umso höher ist die zu vergebende Punktzahl. Um eine Rangfolge entsprechend der Bedeutung der Kriterien zu gewinnen, kann sie z. B. zunächst mit Bleistift Eintragungen vornehmen, die sie gegebenenfalls noch anpassen kann.

3. Anschließend erstellt sie per Hand oder mit einem Tabellenkalkulationsprogramm eine Entscheidungstabelle. Als Muster dient folgende Matrix:

Kriterien	**individuelle Wertung/ Gewichtung**	**vermuteter Grad der Erfüllung**		
		Ingenieurin	Industriekauffrau	Gymnasiallehrerin
Ausbildungsweg	20	10	15	5
Eignung, Interessen	25	25	5	15
Berufsanforderungen	10	10	5	10
Einkommen/ Sicherheit	25	20	15	20
soziale Kontakte	10	10	10	10
Freizeit	10	5	10	10
Summe	**100**	**80**	**60**	**70**

Anstelle einer Punktebewertung kann auch eine Bewertung mithilfe unterschiedlicher Kategorien vorgenommen werden, z. B. mit:

Bewertung anhand von Kategorien

++	spielt eine sehr wichtige Rolle
+	spielt eine Rolle
o	trifft in etwa zu
–	spielt eine geringe Rolle
– –	spielt keinerlei Rolle

In unserem Fall entscheidet sich Carmen für ein Bachelor-Studium als Maschinenbauingenieurin an der Fachhochschule, damit sie praxisorientiert und in einem kürzeren Zeitraum als an der Universität ihr Studium abschließen kann.

9. Recherchieren Sie über verschiedene Möglichkeiten eines Studiums für Maschinenbau an Fachhochschulen unter www.abi.de in der Rubrik Studium – Hochschulpanorama bzw. auf den Homepages der für Sie interessanten Fachhochschulstandorte sowie im Online-Portal „Lehrer werden" unter www.fwu.de/dbs/Lehrer-werden!
10. Informieren Sie sich über die Gesichtspunkte „Chancen auf dem Arbeitsmarkt" sowie „Frauen in Ingenieurberufen" und bewerten Sie auf dieser Grundlage Carmens Studienentscheidung!

16.4 Szenario-Technik

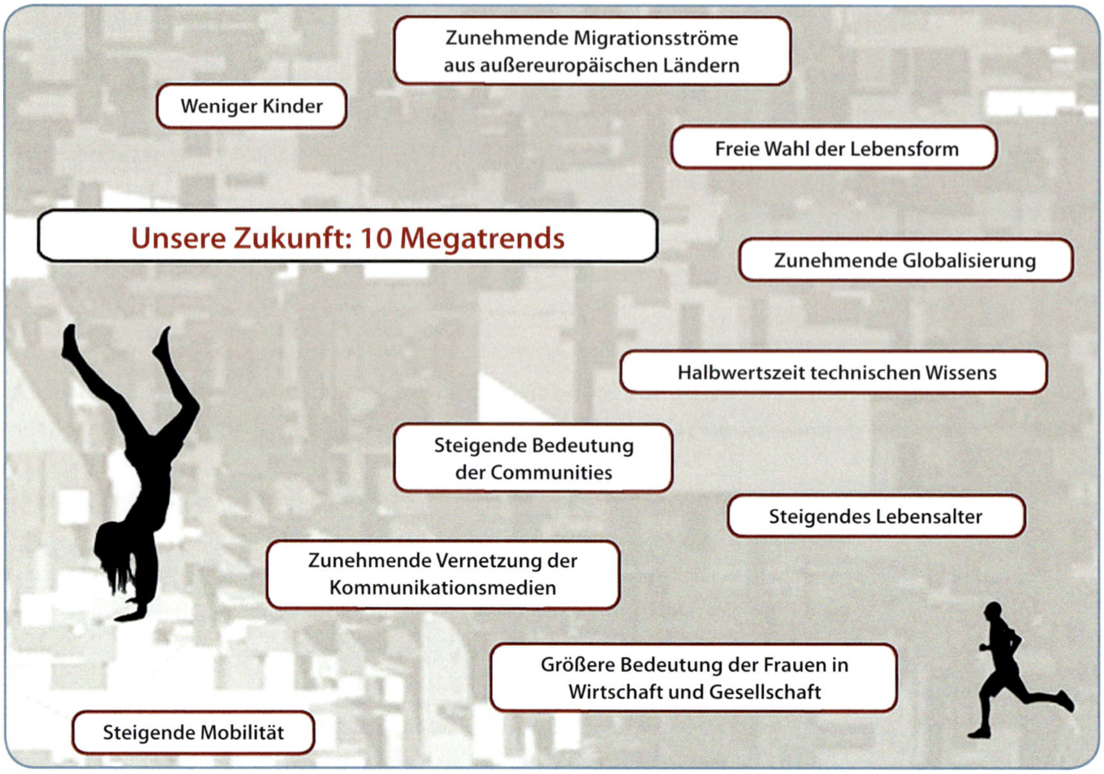

Abb. 16.4: Unsere Zukunft: 10 Megatrends

11. Von welchen Studien über denkbare zukünftige ökonomische, soziale oder technische Entwicklungen haben Sie schon gehört?
12. Welche der in Abb. 16.4 dargestellten Megatrends haben möglicherweise einen inhaltlichen Bezug zu Ihrem Projekt?

Die Szenario-Technik ist eine Methode, die meist von Unternehmen oder Regierungen im Zusammenhang mit der Vorbereitung von Entscheidungen, z. B. Produktionsverlagerung in Niedriglohnländer im Rahmen der Globalisierung, im Falle eines Krisenmanagements, z. B. Bewältigung einer Finanzmarktkrise, oder beim Projektmanagement, z. B. Bau eines Staudamms, genutzt wird. Trotz dieser Komplexität kann die Szenario-Technik auch an geeigneter Stelle im P-Seminar eingesetzt werden. Dabei muss jedoch unbedingt beachtet werden, dass die Anwendung nur in einem überschaubaren Umfang, also in einem deutlich kleineren Rahmen, und mit individuellen Schwerpunktsetzungen erfolgen kann. Beispielsweise bietet sich die Entwicklung einfacher Szenarien bei folgenden wirtschaftlichen, gesellschaftlichen oder naturwissenschaftlichen Themen an:

- Arbeitswelt 2020
- Sicherheit der Sozialsysteme
- demografische Wandlungsprozesse
- Bewältigung einer Finanz-/Börsenkrise
- Entwicklung eines neuen Stadtviertels
- Verkehrssysteme der Zukunft
- Energieversorgung der Zukunft
- Ingenieursmangel in Deutschland
- Trends in der Mikroelektronik
- Klimawandel
- Verbesserung der Nachhaltigkeit

Das Interesse an der Zukunft ist so alt wie die Menschheit. In schwierigen Situationen wie Kriegen oder Naturkatastrophen befragten z. B. die alten Griechen und Römer ein Orakel, um sich zumindest geistig auf die bevorstehenden Entwicklungen einzustellen. Das Bedürfnis, mehr über die persönliche Zukunft – sei es in Bezug auf Familie, Gesundheit oder Beruf – zu erfahren, ist ein einträgliches Geschäft. Auf diesem „Zukunftsmarkt" finden sich sogenannte Trend- und Zukunftsforscher, die mit Unterstützung einer hoch leistungsfähigen Informationstechnologie hypothetische Bilder zu heute schon absehbaren, zukünftigen wirtschaftlichen und gesellschaftlichen Problemfeldern zeichnen.

Szenarien sind keine Vorhersagen oder Prognosen (siehe Kapitel 5); sie zeigen vielmehr die in der Gegenwart angelegten möglichen Zukunftsentwürfe auf. Berühmtheit erlangte das Szenario „Grenzen des Wachstums", das Dennis Meadows 1972 zusammen mit anderen Zukunftsforschern für den „Club of Rome" erstellte. Er hatte darin anhand einer rechnergestützten Simulation das Systemverhalten der Erde als Wirtschaftsraum bis zum Jahr 2100 untersucht. Meadows benutzte ein Modell, das eine Vielzahl bekannter Zusammenhänge von Kenngrößen und zeitliche Verzögerungen zwischen Ursachen und Wirkungen berücksichtigte. Seine Analyse ergab, dass dem Wirtschafts- und Bevölkerungswachstum durch Nahrungsmittelknappheit, Umweltverschmutzung und Rohstoffknappheit eindeutige Grenzen gesetzt sind.

13. Informieren Sie sich über die Ideen des Club ob Rome genauer, falls in Ihrem P-Seminar ein umweltbezogenes Projekt behandelt wird!

Die folgende ausführliche Darstellung der Szenario-Technik soll dazu dienen, die notwendigen Voraussetzungen zu schaffen, um ein individuelles Szenario im Rahmen des P-Seminars zu entwickeln.

Bei der Szenario-Technik gibt es drei Grundtypen:

- Ein **positives Extrem-Szenario** (eine Art Wunsch- oder Best-Case-Szenario), dessen tatsächliche Realisierung zwar unwahrscheinlich, aber nicht unmöglich ist.
- Ein **negatives Extrem-Szenario** (eine Art Horror- oder Worst-Case-Szenario), dessen negativ bewerteter Extremzustand zwar unwahrscheinlich, aber nicht unmöglich ist.
- Ein **Trend-Szenario,** bei dem die heutige Situation in die Zukunft fortgeschrieben wird. Als „verlängerte Gegenwart" wird eine Art „Weiter-so-wie-bisher-Szenario" gezeichnet. Die Wahrscheinlichkeit, dass dieses Szenario eintritt, ist größer als bei den beiden Extrem-Szenarien. Daher der Name Trend-Szenario.

Szenarien werden häufig als sogenannter „Szenarien-Trichter" dargestellt. Ausgangspunkt ist parallel zur Zeitachse das Trend-Szenario, bei dem man von stabilen Umfeldfaktoren ausgeht. Wie die Realität zeigt, muss man aber von instabilen Umfeldbedingungen ausgehen, sodass die Szenarien sowohl positive als auch negative Entwicklungsmöglichkeiten berücksichtigen. Je weiter die Entfernung von der Gegenwart (links in der Zeitachse) ist, desto größer sind die Abweichungen vom Trend-Szenario.

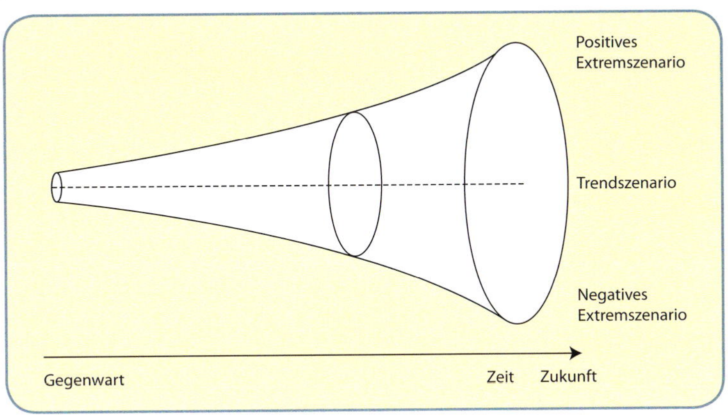

Abb. 16.5: Szenarientrichter

Wie wird ein Zukunftsszenario erstellt?

Bis ein Szenario fertig ist, müssen mehrere Phasen durchlaufen werden. Abb. 16.6 zeigt beispielhaft die Arbeitsschritte, welche ein Unternehmen für die europäische Zukunftsstudie „Horizons 2020" durchgeführt hat.

1. **Schritt: Definition Untersuchungsfeld**
   Der zu untersuchende Themenbereich wird zuerst genau formuliert und in das Rechteck in der Mitte der Szenario-Skizze (Abb. 16.7) eingetragen.

2. **Schritt: Erfassen wesentlicher Einflussfaktoren**
   In verschiedenen Ellipsen werden in der Szenario-Skizze die Umfelder/Faktoren erfasst, die diesen Themenbereich wesentlich beeinflussen.

3. **Schritt: Expertenbefragung**
   Anschließend werden die Experten nach ihrer Meinung zur Entwicklung der einzelnen Faktoren befragt. Dabei geht es z. B. um Zukunftsoptimismus, aus dem dann ein Zukunftsindex ermittelt wird. Die Ergebnisse der Expertenbefragung werden auf einem Fragebogen oder in Stichworten auf separaten Blättern festgehalten. Bei der Bestimmung wirtschaftlicher Zukunftsentwicklungen können z. B. Experten aus Wissenschaft und Forschung von Universitäten, Fachhochschulen, Forschungseinrichtungen, aus der Wirtschaft – z. B. Unternehmenschefs, leitende Angestellte, Mitarbeiter aus der Forschungs- oder Marketingabteilung –, aus öffentlichen Unternehmen bzw. Einrichtungen wie Bundesagentur für Arbeit, Industrie- und Handelskammern oder aus der Politik – z. B. Abgeordnete – befragt werden.

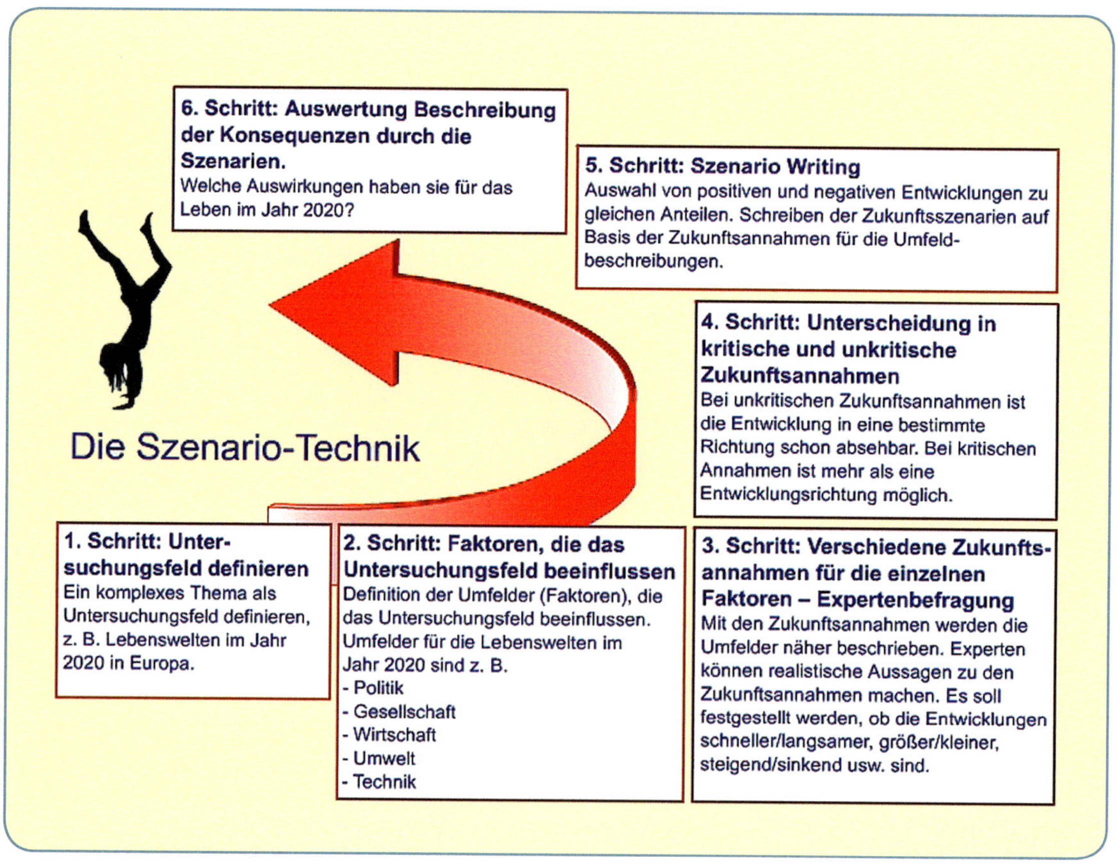

Abb. 16.6: Szenario-Technik

Anstelle von Expertenbefragungen oder zusätzlich zu Expertenbefragungen finden auch Meinungsumfragen statt (siehe auch Kapitel 16.1).

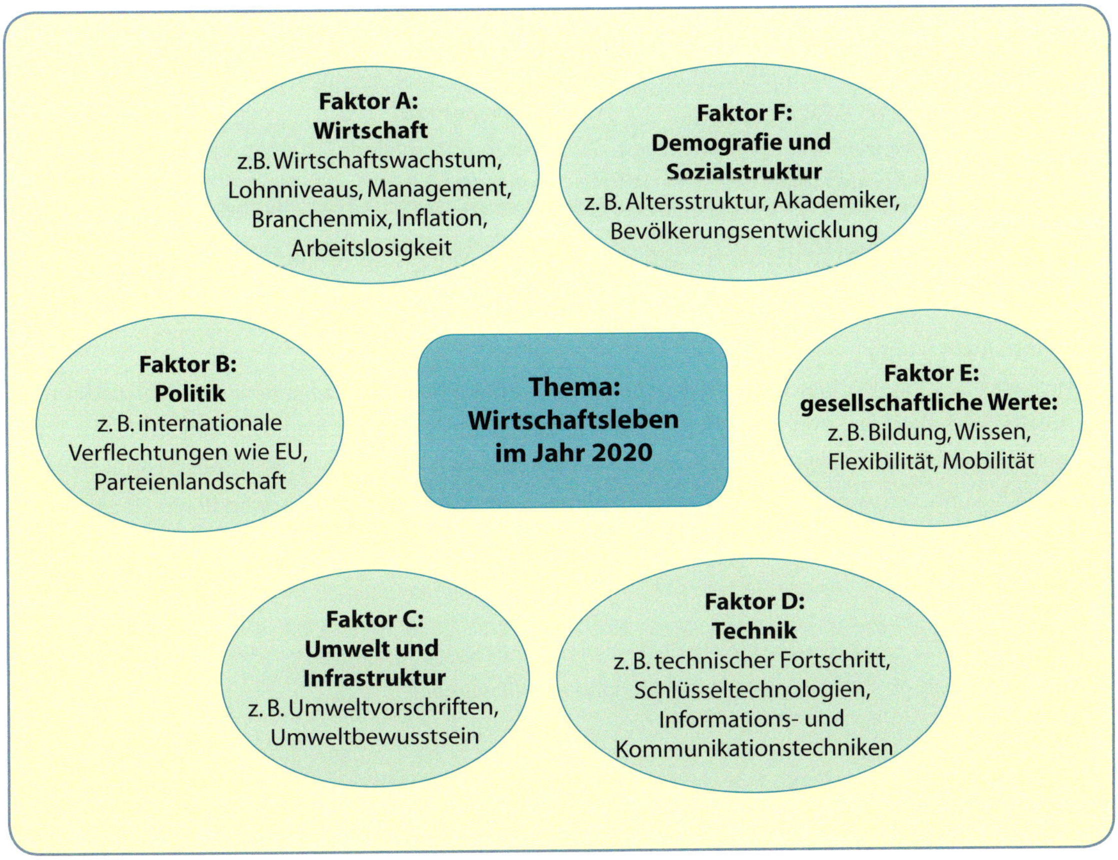

Abb. 16.7: Szenario-Skizze

4. **Schritt: Kritische und unkritische Zukunftsannahmen**
   In einer Tabelle wird auf der Grundlage der Expertenbefragung anschließend festgelegt, bei welchen Faktoren die Zukunftsannahmen deutlich in eine bestimmte Richtung (unkritische Faktoren) gehen und bei welchen Faktoren mindestens zwei Richtungen (kritische Faktoren) möglich sind. Bei den Faktoren wird auch noch bewertet, ob sie einen großen (Beispiel Megatrend) oder einen kaum gestaltenden Einfluss auf die Zukunft haben. Die kritischen und unkritischen gestaltenden Faktoren werden im weiteren Szenario-Prozess in einer Tabelle zusammengefasst, z. B.

kritische Faktoren (unsichere Trends) **wie**	**unkritische Faktoren** (Megatrends) **wie**
• Prognosen von Finanzdaten • politische Veränderungen • Verfügbarkeit von Ressourcen • Rechtssicherheit • Urheberrecht und Patente	• zunehmende Globalisierung • steigendes Lebensalter • zunehmende Vernetzung der Kommunikationsmedien • zunehmende Migrationsströme

5. Schritt: Szenario-Writing

Die Szenarien werden auf der Basis der Zukunftsannahmen der Experten bzw. Meinungsumfragen ermittelt. Dabei wird eine Auswahl von positiven und negativen Entwicklungen getroffen und gegenübergestellt.

Auswahl an Entwicklungen: positiv	Auswahl an Entwicklungen: negativ
• stärkeres Umweltbewusstsein • Verwirklichung der Gleichstellung von Frauen • energiesparende Technologien	• Klimawandel • Nahrungsmangel • Armut

Alternativ können auch „Extremszenarien" geschrieben werden, d. h., es werden nur positive oder nur negative Entwicklungen in einem Szenario angenommen.

6. Schritt: Auswertung

Hier wird beschrieben, welche Auswirkungen bzw. Ausprägungen die Szenarien z. B. in der zukünftigen Arbeitswelt haben. Derartige Trends, die teilweise mithilfe der Szenario-Technik gewonnen werden, sind im Kapitel 4 (Trends und Wandel in der modernen Arbeitswelt) näher beschrieben. Unter diesen wirtschaftlichen Zukunftsszenarien werden Sie Ihren zukünftigen Beruf ausüben. Deshalb wird dringend empfohlen, sich daran zu orientieren.

14. Überlege Sie, ob sich für Ihr Projekt die Erstellung eines Szenarios anbietet!
    Falls ja, sollte im Team ein geeignetes Szenario erstellt werden!
15. Wo zeigen sich die Grenzen bei der Erstellung eines Szenarios?

16.5 Präsentation von Ergebnissen

Abb. 16.8: Präsentation im Team

Ein wesentlicher Bestandteil eines Projekts ist die Präsentation wichtiger Ergebnisse vor einem Publikum, z. B. dem P-Seminar oder bei Externen. Sie ist häufig mit einer Computer-Präsentation, z. B. mithilfe von Powerpoint, oder mit anderen Mitteln der Veranschaulichung, z. B. einem Tageslichtprojektor, verbunden. Damit dem Publikum die zentralen Aussagen zum Projekt vorliegen, wird meistens eine schriftliche Zusammenfassung (ein Handout) verteilt, die objektiv, so kurz wie möglich und in einer klaren und nachvollziehbaren Sprache dargestellt wird. Gegebenenfalls können für einen interessierten Leser Anmerkungen mit wichtigen Querverweisen zu weitergehenden Fundstellen hinzugefügt werden. Denkbar ist auch eine Veröffentlichung in Form einer Webseite.

Die häufigste Form einer Präsentation ist nach wie vor das Schülerreferat; üblich ist z. B. auch die Gestaltung eines Tafelanschriebs, von Schautafeln, Plakaten oder Ausstellungen. Da es sich bei der Präsentation um die Ergebnisdarstellung einer Projektgruppe handelt, sollte auch überlegt werden, ob sie einzeln, zu zweit oder im Team vorgetragen wird.

Trotz der multimedialen Entwicklungen sollte das gesprochene Wort nach wie vor der zentrale Bestandteil einer Präsentation sein. Damit diese möglichst wirkungsvoll ist, sollten Sie z. B. folgende Aspekte beachten:

- Bereits in der **Vorbereitungsphase** sollte in der Gruppe Klarheit über die wesentlichen Ziele, Strategien und Botschaften des Referats bestehen. Dabei spielt auch die Zusammensetzung der Zuhörer eine wichtige Rolle. Je nachdem, welche Vorkenntnisse diese besitzen, sollten Sie für die nötigen Vorinformationen sorgen. Ideal ist es, wenn dadurch alle im Publikum über einen ausreichenden Wissensstand verfügen, um Ihrem Vortrag problemlos zu folgen. Eine Präsentation vor dem P-Seminar wird daher anders aussehen als eine Präsentation vor Mitarbeitern in einem Unternehmen.

- In der **Einstimmungsphase** ist es wichtig, die Stimme vorzubereiten sowie Gestik, Mimik und das richtige Stehen zu üben. Die 4-S-Regel „Stehen, Schnaufen, Sehen, Sprechen" sollte beachtet werden.
- Stellen Sie sich den Zuhörern gegebenenfalls vor (Name, Schule, Thema und dessen Bedeutung) und **starten Sie schwungvoll**, damit Ihre Zuhörer von Anfang an für die Inhalte gewonnen werden können.
- Eine **klare Struktur** ist sowohl für den Redner als auch für die Zuhörer eine Art roter Faden. Hilfreich dabei sind Karteikarten im Sinne einer Gedächtnisstütze.
- Das Referat sollte **lebendig, möglichst frei und abwechslungsreich** vorgetragen werden und am Ende einen einprägsamen Höhepunkt sowie eine **kurze Zusammenfassung** haben.
- Bereiten Sie sich auf mögliche Fragen der Zuhörer vor und beschaffen Sie sich dafür rechtzeitig die notwendigen Hintergrundmaterialien.

In welcher Form Sie Ihre Projektergebnisse präsentieren, hängt von der Art der Ergebnisse, von der Zielgruppe und von der Entscheidung des Teams ab.

Präsentationsarten			
mündlich z. B. • Vortrag • Referat • Bericht	**visuell z. B.** • Experiment • Modell/Objekte • Ausstellung • Theaterspiel • Videoaufzeichnung	**schriftlich z. B.** • Buch • Dokumentation • literarisches Werk • Broschüre • Internetpräsenz	**interaktiv z. B.** • Debatte • Diskussionsrunde • Hearing • Podiumsgespräch • Radio-Feature • Rollenspiel
Vorbereitung			
• wirkungsvollen Einstieg und Schluss gestalten • Erwartungen der Zuhörer beurteilen • Stichwortkarten anfertigen • Vortragszeit ermitteln • Hilfsmittel bereitstellen • überlegten Medieneinsatz planen • Handouts erstellen	• Informationen und Material ordnen • dynamische Anordnung planen • Grafik und Farben überlegen • augenfreundliche Anordnung vornehmen	• erkennbare Gliederung wählen • Absätze einfügen • guten Einstieg und Schluss planen • Visualisierungsmöglichkeiten überlegen	• dynamischen Ablauf planen • überlegt Medien einsetzen • Ausrüstung überprüfen • Übersicht behalten • räumliche Anordnung der Gesprächsteilnehmer überlegen

Abb. 16.9: Präsentation

Gruppenpräsentationen sind grundsätzlich wie Einzelpräsentationen vorzubereiten, abgesehen von dem für den fließenden Übergang zwischen den einzelnen Rednern entstehenden Mehraufwand. Zu Beginn der Präsentation sollte sich das Team vorstellen. Pausierende Redner stehen oder sitzen im Hintergrund und hören ebenfalls aufmerksam zu. Der Wechsel zwischen den Rednern darf nicht willkürlich sein, sondern ist themengerecht zu wählen. Bei häufigem Rednerwechsel entfallen Überleitungssätze (Redner: „Im Folgenden wird Ihnen Hans Maier unseren Prototypen erklären.") und es wird fortgefahren, als ob nur eine Person präsentierte („Ich zeige Ihnen nun den Prototypen …").

Folien werden in der Regel von der redenden Person aufgelegt, das Gleiche gilt auch für die Benutzung des Computers. Einzig die Vorführung spezieller Modelle oder Illustrationen kann mithilfe einer weiteren Person erfolgen. Die pausierenden Teammitglieder dürfen nur bei offensichtlichen Mängeln eingreifen, z. B. wenn das Folienbild abgeschnitten ist.

Sie sollten bereits frühzeitig vor einer Präsentation im Rahmen der Module Studien- und Berufsorientierung bzw. Projektarbeit überlegen, welche Aspekte bei der Bewertung eine Rolle spielen.

16. Überlegen Sie in einer Kleingruppe, welche Aspekte für die Bewertung einer guten Präsentation relevant sind und in welcher Gewichtung sie in die Gesamtnote einfließen müssten!
17. Diskutieren Sie Ihre Ergebnisse im Vergleich mit dem unten stehenden Bewertungsbogen!

Beispiel eines Bewertungsbogens einer Präsentation

Bewertungsbereiche	Beurteilungskriterien, z. B.	Gewichtung, z. B.
I. Inhalt/Aufbau	**Erfassen/Darstellung des Themas:** Richtige Gewichtung der Einzelteile innerhalb des Gesamtzusammenhangs **Aufbau/Strukturierung:** zwingend logisch, klar **Gehalt/Sachliche Richtigkeit:** Richtigkeit der Aussagen, Begriffserklärungen, Vollständigkeit **Ergebnissicherung (z. B. Handout und Bibliografie):** Richtige Quellenangaben, inhaltlich und formal korrektes Handout, Vollständigkeit in erheblichen Aussagen etc.	3 2 3 2
II. Präsentation/ Diskussion/ Kommunikation	**Einstieg:** dem Thema angemessen, motivierend, originell **Klarheit der Darstellung/sprachliche Gewandtheit** **Zuhörerbezug/Lebendigkeit der Darstellung:** ständiges Einbinden durch Blickkontakt, passende Stimmmodulation, flüssige, freie Vortragsweise **Auswahl/Beherrschung der Präsentationsmittel:** reibungsloses Einbinden der Medien, gewinnbringende Visualisierung mit nachvollziehbaren Erklärungen	2 3 3 2
III. Experimente	**Auswahl der Teilexperimente** **Beherrschen der Geräte:** während des Vorführens und/oder Aufbauens **Durchführung der Experimente** **Auswertung und Interpretation** **Flexibilität**	1 2 3 3 1

Abb. 16.10: Beispiel für einen Bewertungsbogen einer Präsentation mit Experiment

Im Hinblick auf das P-Seminar sind z. B. Präsentationen zu folgenden Themen denkbar:

- Darstellung des regionalen Ausbildungsmarktes
- Informationsbeschaffung und -bewertung für die Umsetzung der beruflichen Orientierung von Jugendlichen
- Materialien der Bundesagentur für Arbeit sowie der örtlichen Agenturen für Arbeit
- Erstellen eines Bewerbungsschreibens mit Lebenslauf
- Ablauf eines Bewerbungs- und Auswahlverfahrens
- Arten von Einstellungstests
- Simulation eines Einstellungsgesprächs
- Darstellung von Konzeptionen bzw. Ergebnissen im Rahmen der Projektarbeit
- Vorbereitung, Durchführung und Nachbereitung einer Betriebserkundung bzw. einer Expertenbefragung
- Planung, Durchführung und Nachbereitung einer gemeinsamen Veranstaltung mit Ausbildungsabteilungen oder mit Fachbereichen an einer Hochschule
- Planung, Durchführung und Nachbereitung eines Projekttages zum Thema Beruf und Studium
- Planung, Durchführung und Nachbereitung eines Projekttages zum Projektthema

18. Bearbeiten Sie eins der oben stehenden Themen und präsentieren Sie die Ergebnisse!
19. Bereiten Sie die Präsentation Ihres Projektthemas vor!

16.6 Projekttag

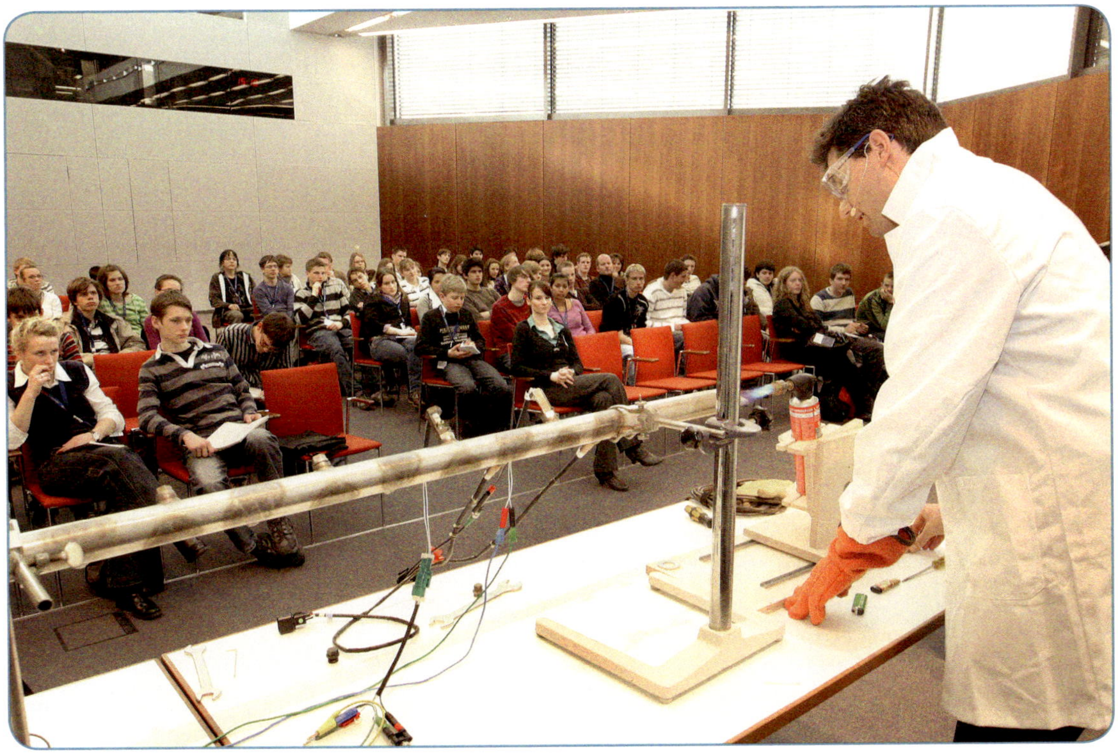

Abb. 16.11: Projekttag

Beim P-Seminar ist es sinnvoll, zum Abschluss eines oder beider Module gemeinsam mit externen Partnern wesentliche Aspekte im Rahmen eines Projekttages zusammenzufassen. Die Öffnung des Gymnasiums durch Praxisbegegnungen sollte dabei schwerpunktmäßig in Richtung Unternehmen und Hochschule erfolgen. Es bietet sich aber auch an, im Programmablauf z. B. die Berufs- und Studienberatung, Behörden sowie Wirtschaftskammern oder geeignete Partner im Rahmen des Projekts einzubeziehen. Ein Projekttag kann ein bis zwei Tage dauern und sollte nach Möglichkeit in externen Räumen, z. B. in einem Unternehmen, stattfinden, damit eine besondere Atmosphäre geschaffen werden kann. Von der zeitlichen Ablaufplanung kann ein Projekttag im Verlauf des P-Seminarprojekts flexibel terminiert werden.

Da auch beim Projekttag die Selbstaktivierung und die Teamfähigkeit des P-Seminars im Vordergrund stehen, bietet es sich an, einen Projekttag mit inhaltlichen Schwerpunkten unter wesentlicher Mitwirkung von unterschiedlichen Schülerteams einzuplanen. Dabei sollten Sie auf jeden Fall die Methoden Projekt- und Zeitmanagement (siehe Kapitel 14) anwenden.

20. Sammeln Sie in Teams, z. B. im Brainstorming-Verfahren, geeignete Ansatzpunkte für einen Projekttag „Berufswahl" bzw. „Studium" bzw. für ein projektbezogenes Thema!
21. Suchen Sie sich geeignete externe Partner, damit die Praxisorientierung entsprechend umgesetzt werden kann!
22. Planen Sie unter Berücksichtigung von Methoden wie Projekt-, Zeitmanagement, Betriebserkundung, Expertenbefragung möglichst selbstständig einen Projekttag!
23. Erstellen Sie eine kleine Broschüre bzw. eine Homepage zum Projekttag!

So oder ähnlich könnte ein Projekttag gestaltet werden:

Programm zum Projekttag „Berufswahl"

am [Datum]

im P-Seminar des Gymnasiums [Name und Ort]

Veranstaltungsort: Unternehmen [Name und Ort]

Zeitplanung	Themen	Bearbeiter
08.00–08.15 Uhr	Begrüßung und kurze Einführung	Schulleitung und Projektleiter
08.15–10.00 Uhr	Präsentation und Diskussion der Ergebnisse der einzelnen Projektgruppen	Projektteams
10.00–10.45 Uhr	Pause mit Besuch der Ausstellung, Präsentation der Gruppenergebnisse sowie Gesprächsmöglichkeiten mit Vertretern aus der Praxis	alle Teilnehmer
10.45–11.15 Uhr	Video mit Darstellung der modernen Arbeitswelt mit anschließender Gesprächsmöglichkeit	Unternehmen A
11.15–11.45 Uhr	Anforderungen der Wirtschaft an Schulabsolventen (mit Diskussion)	Herr Meier von Unternehmen B
11.45–12.15 Uhr	Information über das Angebot der Berufsberatung	Herr Huber von der Arbeitsagentur
12.15–13.00 Uhr	gemeinsames Mittagessen in der Kantine	Unternehmen A
13.00–15.00 Uhr	verschiedene Betriebserkundungen zu Themen wie Ausbildung, Bewerbungsverfahren, Einstellungstests mit Personal- und Ausbildungsabteilung	Unternehmen A: Auszubildende, Personal- und Ausbildungsabteilung
15.00–15.15 Uhr	Pause	alle Teilnehmer
15.15–16.00 Uhr	Abschlussgespräch, anschließend zwangloses Beisammensein mit vertiefenden Gesprächen	alle Teilnehmer

Programm zum Projekttag „Studium"

an der Universität/Fachhochschule [Name und Ort]
im P-Seminar des Gymnasiums [Name und Ort]
am [Datum]

Veranstaltungsort: Hochschule A

Zeitplanung	Themen	Bearbeiter
08.00–08.15 Uhr	Begrüßung und kurze Einführung	Hochschule und Schulleitung
08.15–09.00 Uhr	Präsentation und Diskussion der Ergebnisse der einzelnen Projektgruppen	Projektteams, Vertreter der Hochschule
09.00–10.00 Uhr	Was muss ich zum Beginn des Studiums beachten? Welche Schwierigkeiten können auftreten und wie löse ich diese?	Studierende, Ehemalige der Schule
10.00–10.45 Uhr	Pause, gegebenenfalls Besuch der aufgestellten Präsentationen der Gruppenergebnisse, Gesprächsmöglichkeiten mit Vertretern aus der Hochschule	alle Teilnehmer
10.45–11.30 Uhr	Vorstellung der Hochschule und Information über das Beratungsangebot mit Gesprächsmöglichkeit	Studienberater
11.30–12.30 Uhr	Anforderungen der Hochschule an Abiturienten, Verfahren Hochschulzugang mit Diskussion	Professor X Studierende
12.30–13.30 Uhr	gemeinsames Mittagessen in der Mensa	Hochschule
13.30–15.30 Uhr	Besuch verschiedener Fachbereiche/Institute mit Themen wie Studienwege Bachelor und Master, Prüfungen, Stipendien	Hochschule
15.30–16.00 Uhr	Abschlussgespräch, anschließend zwangloses Beisammensein mit vertiefenden Gesprächen	alle Teilnehmer

24. Planen Sie einen Projekttag zu Ihrem Projekt unter Einbeziehung externer Partner!

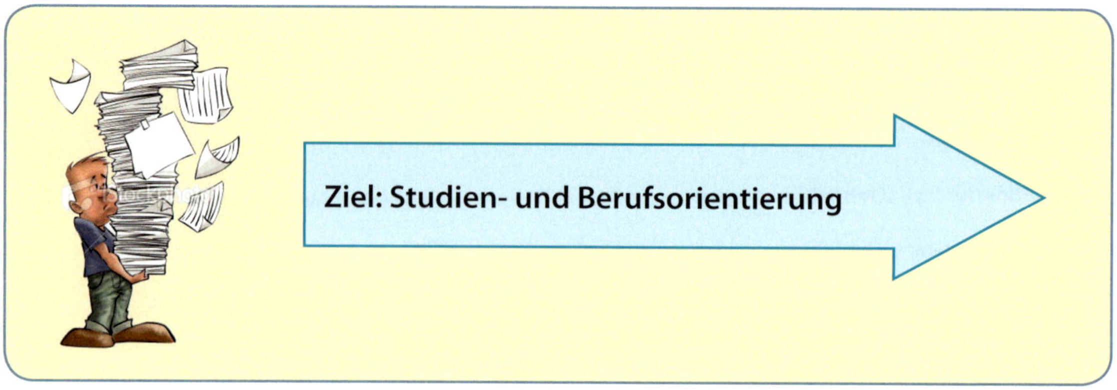

Abb. 17.1: Haben Sie Ihr Ziel erreicht?

Am Ende des P-Seminars geht es um die Fragen: Wie konkret ist inzwischen meine Entscheidung hinsichtlich der Studien- und Berufswahl und gegebenenfalls, welcher Schritte bedarf es noch, um zu einer endgültigen Entscheidung zu kommen? Der folgende Fragebogen soll helfen, Anhaltspunkte für eventuelle Defizite aufzuzeigen.

Fragebogen zur Ermittlung „Wo stehe ich jetzt im Studien- und Berufswahlprozess?"

	++ trifft zu	+ trifft eher zu	– trifft eher nicht zu	– – trifft nicht zu
Die Notwendigkeit einer frühzeitigen Studien- und Berufsorientierung ist mir bewusst geworden.	☐	☐	☐	☐
Mein Kenntnisstand hinsichtlich einer Studien- oder Berufswahl hat sich erheblich verbessert.	☐	☐	☐	☐
Ich konnte ausreichende Informationen zur Berufswahl sammeln.	☐	☐	☐	☐
Ich konnte ausreichende Informationen zur Studienwahl sammeln.	☐	☐	☐	☐
Ich habe einen Überblick über spezielle Ausbildungsmöglichkeiten für Abiturientinnen und Abiturienten.	☐	☐	☐	☐
Ich kenne die wesentlichen Bewerbungs- und Auswahlverfahren in Unternehmen.	☐	☐	☐	☐
Ich habe einen Überblick über Studienmöglichkeiten an Hochschulen.	☐	☐	☐	☐
Ich kenne die wesentlichen Auswahl- und Bewerbungsverfahren an Hochschulen.	☐	☐	☐	☐
Ich bin bei meiner Berufs- und oder Studienwahl entscheidend weitergekommen.	☐	☐	☐	☐

	++ trifft zu	+ trifft eher zu	– trifft eher nicht zu	– – trifft nicht zu
Ich weiß, an wen ich mich wenden muss, um weitere Informationen zur Studium- und Berufswahl zu erhalten.	☐	☐	☐	☐
Mir ist klar, wo meine Stärken liegen.	☐	☐	☐	☐
Über meine Schwächen bin ich mir bewusst.	☐	☐	☐	☐
Meine Kompetenzen konnte ich beim Schwerpunkt Studien- und Berufsorientierung verbessern.	☐	☐	☐	☐
Ich konnte einen guten Einblick in die moderne Arbeitswelt gewinnen.	☐	☐	☐	☐
Ich habe interessante Kontakte zu externen Partnern gewonnen.	☐	☐	☐	☐
Meine Kompetenzen konnte ich beim Projekt verbessern.	☐	☐	☐	☐
Ich habe während der Projektarbeit viel über wirtschaftliche Inhalte erfahren, die mich bei meiner Berufswahl weitergebracht haben.	☐	☐	☐	☐
Ich bin mir im Klaren, welche Arbeitsbedingungen ich für mich möchte.	☐	☐	☐	☐
Ich bin mir insgesamt im Klaren, welche Werte und Lebensziele ich habe, die für meine Studien- und Berufswahl bedeutend sind.	☐	☐	☐	☐
Ich bin mir über meine Studien- und Berufswahl sicher.	☐	☐	☐	☐
Ich habe konkrete Vorstellungen wie meine nächsten Schritte aussehen.	☐	☐	☐	☐

Wenn sich bei Ihnen im Verlauf des P-Seminars Ihr Studien- und Berufswunsch entwickelt oder verfestigt hat, wissen Sie genau, welche weiteren Schritte Sie gehen müssen, um diesem Ziel näher zu kommen. Sollten Sie noch Zweifel haben, ob die getroffene Entscheidung auch die richtige für Sie ist, können Sie letzte Zweifel bestimmt bei einem Gespräch, z. B. mit einem Berufsberater, ausräumen.

Der Schlüssel zu einer erfolgreichen Wahl liegt im Wesentlichen darin, sich selbst richtig einzuschätzen. Wenn Sie aufgrund des Fragebogens „Wo stehe ich jetzt im Studien- und Berufswahlprozess?" das Gefühl haben, doch noch weiter von einer tragfähigen Berufsentscheidung entfernt zu sein, sollten Sie sich vor allem noch einmal die grundsätzlichen Fragen stellen:

- Welche Interessen habe ich?
- Wo liegen meine Fähigkeiten?
- Was erwarte ich mir von meinem Beruf?
- Welche Charaktereigenschaften habe ich?

Der Abschluss des P-Seminars besteht darin, dass jede Schülerin und jeder Schüler einen individuellen Plan für die nächsten fünf Monate erstellt, in dem konkrete Schritte für die weitere Umsetzung der Studien- und Berufswahlentscheidung festgehalten werden. Dazu gehören die Festlegung der noch offenen Fragen, die Bestimmung der dazu benötigten Informationsquellen und die Strategie der Umsetzung. Sie könnten beispielsweise folgendermaßen vorgehen:

Fragen	Informationsquellen	Strategie
Praktikum – noch vor Studienbeginn?	Externe (Projekt)Partner Sprungbrett-Praktikumsbörse Bekanntenkreis ...	Bewerbungsschreiben Portfolio ...
Zulassung, Bewerbung, Einschreibung für Studium?	www.studienwahl.de Studienberatung der örtlichen Hochschulen ZVS ...	Erste Recherchen im Internet Kontakt zu Studierenden ZVS-Broschüre ...

Abb. 17.2: Beispiel einer „Schritteplanung"

1. Beantworten Sie abschließend den kopierten Fragebogen zur Ermittlung der Methodenkompetenz (siehe S. 16) und werten Sie Ihre Ergebnisse und die des gesamten P-Seminars aus!
2. Erstellen Sie für sich einen „Schritteplan", in dem Sie festlegen, was Sie in den nächsten fünf Monaten unternehmen müssen, um Ihre Studien- und Berufswahl umsetzen zu können!

Adressen- und Literaturverzeichnis zum Recherchieren

- **Abiturientenausbildung in der Wirtschaft**: www.abiturientenausbildung.net; Helmut E. Klein, Abiturientenausbildung der Wirtschaft. Die praxisnahe Alternative zur Hochschule, Deutscher Instituts-Verlag, Köln
- **Arbeitsmarktprognosen**: www.abi-magazin.de unter Archiv das Stichwort „prognosen" eingeben
- **Assessment-Center. Souverän agieren – gekonnt überzeugen**, Silke Heil, Beck Juristischer Verlag, München 2006; **Fit fürs Assessment-Center**. Mit Aufgaben, Checklisten und Beurteilungsschlüssel, Coelius Claus, Cc-VERLAG, Hamburg 2006
- **Bachelor und Master:** www.ba-ma.bayern.de mit allen wesentlichen Informationen über Bachelor und Master in Bayern
- **Bundesagentur für Arbeit**: umfangreiches Angebot, Suchadressen siehe auch Kapitel 6, S. 45
- **Carreer Center**: In diesem Netzwerk sind viele Hochschulen vernetzt, die Studentinnen und Studenten bei ihrer beruflichen Orientierung unterstützen.
- **Das Uni-Einmaleins.** Studieren, alles was man wissen muss, dtv, München 2008
- **Diagnose**: z. B. www.bpv.de/stiftung; BuS-Selbsterkundungshefte: Staatsinstitut für Schulqualität und Bildungsforschung (ISB), München 2005; www.geva-institut.de/privatkunden/tipps/themen/bewerben)
- **duale Ausbildung und duales Studium:** www.ausbildung-plus.de
- **HIS** (Hochschul-Informations-System GmbH): vielfältige Informationen zur Hochschule, z. B. zu Informationsbedarf, Informationsangeboten und Schwierigkeiten bei der Studien- und Berufswahl
- **Jetzt**: http://jetzt.sueddeutsche.de/f/linksnav/jetzt/wissensammeln/was-werden/dossier/praktikum
- **Junge Karriere**: www.karriere.de/psjuka/fn/juka/SH/0/sfn/buildjuka/url/Page_16/index.html
- **Praktikum online**: www.praktikum-online.com
- **Prabo**: www.prabo.de
- **Praktikum**: Erfolgreiches Praktikum, in: Institut der deutschen Wirtschaft Köln (Hrsg.): Wirtschaft und Unterricht, Köln Nr. 8/2005; siehe auch Kapitel 13.3 Methode: Praktikum
- **Rankings von Hochschulen**: www.che.de oder www.hochschulranking.de
- **Studiengänge, Hochschulen**: www.studienwahl.de (offizieller Server, alles rund ums Studium)
- **Studiengänge**: www.uni-essen.dce/isa (Informationen zu allen wichtigen Studiengängen)
- **Studienmöglichkeiten im Ausland**: www.daad.de, www.ba-auslandsvermittlung.de
- **Studium in Bayern**: www.stmwfk.bayern.de (mit allen Zulassungsregelungen u. a.)
- **www.hochschulkompass.de**: Hochschulrektorenkonferenz bietet Infos zu 8 900 Studiengängen
- **www.karriere.de**: gegliedert in drei Rubriken: Bildung, Bewerbung und Beruf
- **www.orientiere-dich.de:** aktuelle Studien- und Berufsorientierung für Abiturienten
- **www.wege-ins-studium.de**: umfassende Informationen im Netzwerk von Bundesagentur für Arbeit, Bundeselternrat, BM für Bildung und Forschung, deutschem Studentenwerk, HRK, KMK
- **Zeit-Studienführer**: www.zeit/de/studium
- **ZVS**: www.zvs.de (zentrale Vergabe von Studienplätzen in Fächern mit Zugangsbeschränkung)

Stichwortverzeichnis

Abi plus 72
Abiturientenausbildung 73
Anforderungsprofil 23
Arbeitsmarkt 22 ff.
Arbeitsmarktprognose 29 ff.
Assessment-Center 84 ff.
Auslandsstudium 61, 63
Auswahltest 43
Auswahlverfahren 37 ff., 75 ff., 92

Bachelor-Studiengang 66
Balkendiagramm 105
Befragung 125 ff.
Benchmarking 27
Berufsakademie 43, 63
Berufsbild 9 ff., 50 f.
Berufsfelder 56 f.
Bewerbungsschreiben 77 ff.
Bewerbungsverfahren 76 ff.
BuS-Themenordner 34 ff.
Bundesagentur für Arbeit 45, 49

Change-Management 27
Coaching 27

Demografische Entwicklung 26
Diagnose 34 ff.
duale Ausbildung 70 ff.
duales Studium 62 f., 74

Einstellungstest 44
Entscheidungsfindung 50 ff.
Entscheidungstabelle 50, 133
Erkundung 131 f.
Erwerbstätige 22, 26
Evaluation 121

Fachhochschule 62
Fachkompetenz 14 f.
Feedback 113 f.
Fernstudium 63

Gantt-Diagramm 105
Globalisierung 24 ff.

HIS (Hochschul-Informations-System GmbH) 11, 47 f.

Informationsquellen 46 ff.
Ingenieur 32
internationale Studiengänge 63
Interview 125 ff.

Just-in-time-Produktion 27

Kommunikation 115 ff.
Kommunikationsfähigkeit 86
Kompetenzen 14 ff.
Kreativität 18

Lean Production 27
Lebenslauf 79

Master-Studiengang 66 f.
MBA-Studium 64
Medizinertest 41
Megatrend 24
Meilensteine 104
Methodenkompetenz 14 ff.
moderne Arbeitswelt 22 ff.

Netzplan 105

Online-Bewerbung 76 f.
Outsourcing 27

Pflichtenheft 102 ff.
Portfolio 19 ff.
Präsentation 141 ff.
Praktikum 52 f.
Projekt
-abschluss 119 ff.
-definition 99 ff.
-durchführung 112 ff.
-management 96 ff.
-plan 99 ff.
-planung 99 ff.
-strukturplan 103
-tag 145

Rankings von Hochschulen 64

Schlüsselqualifikationen 24, 59
Selbsteinschätzungstest 34 ff.
Selbsterkundung 36
Selbstkompetenz 14 ff.
Shareholder-Value-Management 27
SMART-Regel 100
Sozialkompetenz 14 ff.
Sprachtest 42
Stakeholder-Management 27
Studien-
-abbruch 9 ff.
-dauer 66
-gänge 58 ff.
-gebühren 65
-wechsel 9 ff.
Studium 58 ff.
SWOT-Analyse 121
Szenarien 136 ff.
Szenario-Technik 136 ff.

Teamentwicklung 107 f.
Teamfähigkeit 86
Testverfahren 39 ff.
Trainee 90

Vernetztes Denken 15
Vorstellungsgespräch 82

Wirtschaftssektoren 22

Zeitmanagement 106
Zieldefinition 99 ff.
ZVS 91

Quellenverzeichnis

1.1 Burkhard Mohr, Königswinter; 1.3-1.5 HIS:Forum Hochschule 12/2007; 3.1 bpk/Bayerische Staatsgemäldesammlungen/BStGS; 4.1 Erich Schmidt Verlag, Berlin; 4.2 Institut für Arbeitsmarkt- und Berufsforschung: IAB-Prognos-Projektion 1999; 4.3 Institut für Arbeitsmarkt- und Berufsforschung: IAB-Kurzbericht Nr. 26/2007; 4.4 Institut für Ökonomische Bildung, Oldenburg; 4.5 Bayerisches Staatsministerium für Wirtschaft, Verkehr und Technologie (Hrsg.): Chancen für Bayern, München 2000, S. 18; 5.1 Hendrik Kranenberg, Drolshagen; 5.2 iwd-Informationsdienst des Instituts der deutschen Wirtschaft Köln, Nr. 30/2006, Deutscher Instituts-Verlag; 5.3 iwd-Informationsdienst des Instituts der deutschen Wirtschaft Köln, Nr. 26/2008, Deutscher Instituts-Verlag; 6.1 Hendrik Kranenberg, Drolshagen; 6.2 und 6.3 BuS-Selbsterkundungsheft für Typ A, ISB, München 2005, S. 52 f.; 7.1 Bundesagentur für Arbeit; 8.1 Peter Kaczmarek, Opladen; 8.2 Microsoft Deutschland GmbH, Unterschleißheim; 8.3 Siemens AG, München, Fotolia.com, Robert Bosch GmbH, Stuttgart, Microsoft Deutschland GmbH, Unterschleißheim; 9.1 Fotolia.com; 10.3 in Anlehnung an abi Ausbildung 2007/2008, Bundesagentur für Arbeit, Nürnberg, S. 31; 10.4 Globus Infografik, Hamburg; 10.5 Studien- und Berufswahl 2007/2008, Bundesagentur für Arbeit, Nürnberg, S. 67; 11.1 Hendrik Kranenberg, Drolshagen; 11.2 Abi & Praxis 06/2008, Agentur für Arbeit (Regionalinformation Bayern), Nürnberg; 11.3 iwd-Informationsdienst des Instituts der deutschen Wirtschaft Köln, Nr. 31/2007, Deutscher Instituts-Verlag; 11.4 in Anlehnung an abi-Magazin 3, 2007/2008, Bundesagentur für Arbeit, Nürnberg, S. 9; 12.1 iwd-Informationsdienst des Instituts der deutschen Wirtschaft Köln, Nr. 22/2007, Deutscher Instituts-Verlag; 12.2 iwd-Informationsdienst des Instituts der deutschen Wirtschaft Köln, Nr. 32/2006, Deutscher Instituts-Verlag; 12.4 Fotolia.com; 13.2 nach: abi STUDIUM, 2007/2008, Agentur für Arbeit, Nürnberg, S. 15, Stand: 2006; 13.3 iwd-Informationsdienst des Instituts der deutschen Wirtschaft Köln, Nr. 4/2007, Deutscher Instituts-Verlag; 14.4 Pamela McCreight; 14.5 in Anlehnung an Staatsinstitut für Schulqualität und Bildungsforschung, Die Seminare in der gymnasialen Oberstufe, München 2007, S. 45; 14.6 in Anlehnung an bbw/vbw, Projektmanagement, Projektgruppe III, 2003-2005, S. 6; 14.8 in Anlehnung an Dörthe Krause/Peter Eyer (Hrsg.): Schülerprojekte managen, Bielefeld 2008, S. 196 f.; 14.11 aufbereitet nach bbw Fortbildung „Grundlagen des Projektsmanagements für eine gelungene Berufsorientierung im Seminar 2 der neuen gymnasialen Oberstufe", Skript Petra Hofmann, Allianz München; 14.20 Fotolia.com (Foto); 14.22 in Anlehnung an Bernd Kolossa, Ganzheitliches Projektmanagement, Berlin 2006, S. 184; 14.23 http://lehrerfortbildung-bw.de/kompetenzen/projektkompetenz/durchfuehrung/organisation/teamuhr.htm; 14.24 Martin Guhl, Stein am Rhein/Schweiz; 14.25 nach Fit for the job, Regionale Lehrerfortbildung (MB-West), 22. April 2004; 14.26 in Anlehnung an Dörthe Krause, Peter Eyer (Hrsg.) Schülerprojekte managen, Bielefeld 2008, S. 216; 14.28 in Anlehnung an www.schulz-von-thun.de; 16.2 Andreas Lode; 16.3 Robert Bosch GmbH, Stutgart; 16.4 und 16.6 www.horizons2020.com; 16.8 Piero Chiussi für Deutsche Kinder- und Jugendstiftung (DKJS), Berlin; 16.10 in Anlehnung an Staatsinstitut für Schulqualität und Bildungsforschung, Die Seminare in der gymnasialen Oberstufe, München 2008, S. 86; 16.11 Robert Bosch GmbH, Stuttgart; 17.1 iStockphoto.com